VICTOR HEHN

ITALIEN

BIBLIOTHEK KLASSISCHER TEXTE

WISSENSCHAFTLICHE BUCHGESELLSCHAFT
DARMSTADT

VICTOR HEHN

ITALIEN

ANSICHTEN UND STREIFLICHTER

Mit
Lebensnachrichten über Victor Hehn
von Georg Dehio
und einem Nachwort zum Neudruck
von Ralph-Rainer Wuthenow

WISSENSCHAFTLICHE BUCHGESELLSCHAFT
DARMSTADT

Nachdruck 1992 der zweiten, stark vermehrten Auflage, Berlin 1879.
Die Nachdruckvorlage stellte freundlicherweise
die Stadtbibliothek Mainz zur Verfügung.

Die Deutsche Bibliothek – CIP-Einheitsaufnahme

Hehn, Victor:
Italien: Ansichten und Streiflichter / Victor Hehn.
Mit Lebensnachrichten über Victor Hehn /
von Georg Dehio. –
Nachdr. der 2., stark vermehrten Aufl., Berlin, 1879 /
Nachw. zum Neudr. von Ralph-Rainer Wuthenow. –
Darmstadt: Wiss. Buchges., 1992
(Bibliothek klassischer Texte)
ISBN 3-534-11923-1
NE: Dehio, Georg: Lebensnachrichten über Victor Hehn

Bestellnummer 11923-1

Druck und Einband: Wissenschaftliche Buchgesellschaft, Darmstadt
Gedruckt auf säurefreiem und alterungsbeständigem Werkdruckpapier
Printed in Germany

ISBN 3-534-11923-1

ITALIEN.

Ansichten und Streiflichter

von

Victor Hehn.

Zweite, stark vermehrte Auflage.

BERLIN, 1879.

Gebrüder Borntraeger

(Ed. Eggers).

INHALT

VORWORT.

Vorliegendes Buch bestand in seiner ersten Ausgabe aus einer Reihe von Bildern, — jedes ein Ganzes für sich und in eigenem Rahmen und in sich selbst so vollendet, als es dem Verfasser nach dem Masse seiner Kräfte gelingen wollte. Diese Form aufzulösen, wäre nicht schicklich gewesen; so hat der Verfasser bei dieser zweiten Auflage nur einzelne Züge berichtigt und aufgefrischt, im Uebrigen aber die Anordnung gelassen, wie er sie vorfand, und was er Neues zu sagen hatte, in ähnlichen geschlossenen Bildern den frühern einfach zur Seite gehängt. Herrscht in den Zusätzen oft eine veränderte Stimmung und Empfindung, eine abweichende Erfahrung, so spricht man ja auch bei Malern von einer ersten und zweiten, ja dritten Manier und lässt jede in ihrer Art, mit den ihr eigenen Mängeln und Vorzügen, gelten, wie sie ist.

Diejenigen Stücke, die den Inhalt der ersten Ausgabe bildeten, haben neben manchem, lebhaft ausgedrückten Beifall doch auch hin und wieder den Tadel erfahren, sie malten einseitig ins Schöne, sowohl was das Land und seine Natur, als was die Menschen und ihr Thun und Lassen betreffe. Dieser Tadel ist verdient und unverdient, je nachdem. Rein abstrakt genommen, d. h. von allen begleitenden Umständen, Forderungen des Augenblicks, literarischen und politischen Rücksichten, von Verfasser und Leser abgesehen — mag es ja wohl richtig sein, dass in jenen Schilderungen der Grund zu hell und der Schatten nicht kräftig genug angelegt sei. Stellt man sich aber das Publikum vor Augen, welchem das Buch zugedacht war, so wird man finden, dass der Verfasser bemüht gewesen ist, das Gewicht so zu vertheilen, dass die Schalen möglichst gleichschwebend würden. Zu Harthörigen spricht man lauter und der voreingenommene und abgewandte oder auch nur kalte und gleichgültige Leser wird schon selbst den Abzug vornehmen, den die Wahrheit der Sache fordert. Das Buch sprach zu Deutschen, an Italiener gerichtet hätte es vielleicht ganz anders gelautet.

Der Verfasser hat sich manchmal an dem Gedanken ergötzt, die Bevölkerung der norddeutschen Ebene durch Mischung mit der des Apenninengebirges zu einer dritten und vierten, veredelten, mit den schönsten Anlagen und Eigenschaften ausgestatteten Race zu machen. Könnte man zehntausend Jungfrauen von der Weser und Elbe auf Schiffe setzen, sie in Apulien oder Kalabrien landen und dortigen Männern zu Frauen geben; könnte man gleichzeitig zehntausend kalabrische Mädchen einschiffen, sie in Bremen, Hamburg und Rostock wieder ausschiffen und tüchtigen hannöverschen, holsteinischen, und meklenburgischen Landleuten als Gattinnen zur Seite stellen! Die Ersteren, mit der durchsichtigen Haut und dem seidenen Haar, Milch und Blut auf den Wangen — wie würden sie dem zappelnden Südländer Gelassenheit lehren, sein Haus fleissig kehren und rein halten, dass es ihm lieber würde als Markt und Kaffeehaus, ihm Butter aufs Brod schmieren und Fleisch und Grütze auf den Tisch stellen, den Söhnen und Töchtern aber, die sie ihm schenkten, Gemüth und ehrliche Bedächtigkeit, einen umschleierten, nach Innen gewandten Blick, Freude am Walde und am Vollmonde, an Kuh und Gans und deren Gaben, auch an hallendem Chorgesang und einem reichlichen Trunk mit auf den Lebensweg geben! Und jene Andern aus dem vulkanischen Süden, mit der bronzefarbenen, wie mit einem Sonnenstrahl leicht vergoldeten Haut, dem aufmerksamen Auge, dem zarten Knochenbau, dem elastischen Gang, den feinen Händchen und Füsschen — wie würden sie ein wenig Phantasie in das deutsche Bürger- und Bauernhaus bringen, in dem nur die alte Schwiegermutter Trockenheit waltete, ihrer männlichen und weiblichen Nachkommenschaft aber natürliche Anmuth und schnelle Gedanken, Takt und Form, absichtslose Liebenswürdigkeit und Lust an Darstellung, wenn auch zweckloser, als Erbtheil hinterlassen!

Doch da diese Idee nur ein Scherz sein kann -— denn wir haben wohl Sperlinge von Europa nach Australien und amerikanische und russische Fische in deutsche Gewässer gebracht, aber nur die alten asiatischen Despoten versetzten ganze Völkermassen von einem Ende ihres Reiches an das andere —, so bleibt nichts übrig als auf geistigem

Wege, durch Worte und Reden, die Einen den Andern nahe zu bringen und die ihnen gezogenen historischen und natürlichen Schranken zu erweitern. Durch Worte, die der Wind verweht! Durch Reden, gekräuselte Schnitzel, die sich ohnehin bei uns bergehoch aufgehäuft haben! Was die Natur sicher und mächtig leisten würde, wird mit den Mitteln des bewussten Geistes schwerlich, auch nicht mit einem Bruchtheilchen, gelingen. So sei denn auch dieses Buch nichts als ein Zeugniss mehr, dass es immer noch Einzelne unter uns giebt, die dem idealen Gedanken, der unsere klassische Dichtung und Philosophie geschaffen hat, nicht völlig entsagen mögen; die sich bestreben, wie Winckelmann und Goethe, wie Schelling und Hegel anzuschauen, zu empfinden und zu denken; die gegen Plattheiten, wie inductiv und deductiv, und gegen Streitfragen, wie die, ob die Welt, die ja Alles in sich fasst, ein Uebel sei oder nicht, nur Verachtung hegen; die, was sie auch im Einzelnen als ihr Fach betreiben, seien es Kegelschnitte oder Werk- und Buchführung oder der Beruf des Civilingenieurs oder das Geschäft des Apothekers oder etwas Anderes, doch das Bedürfniss fühlen, ein Ganzes zu werden und wahre Menschlichkeit in sich zu entwickeln; die endlich, um das Letztere zu erreichen, aus der Dürre der Technik und Mechanik, des gemeinen Verstandes und groben Nutzens gern zu Kunst und Alterthum, zu der Naturgestalt und uralten Kultur des Südens wie zu einer reinen Bildungs- und Lebensquelle flüchten.

LEBENSNACHRICHTEN ÜBER VICTOR HEHN

Es ist, wenn wir auf die Geschichte des deutschen Geistes in den letzten hundert Jahren zurückblicken, kein Zufall, sondern in einem merkwürdigen Gesetze der Polarität begründet, daß diejenigen Künstler und Schriftsteller, die den sympathetischen Zug nach südlichem, romanischem, antikem Wesen am tiefsten empfunden und darin die Ergänzung ihrer eigenen, unvollständigen Naturanlage gesucht haben wo nicht alle, so doch zu einem großen Teile, Söhne des Nordens waren, so: Carstens, Schinkel, Genelli, Thorwaldsen (den wir doch ohne Bedenken geistig Deutschland zurechnen dürfen), Winckelmann, Niebuhr, W. v. Humboldt. In ihre Reihe, und zwar als deren letzter, gehört Victor Hehn. Nicht bloß durch Stimmung und Gesinnung ist er jenen verwandt, sondern auch durch die Lage seiner Heimat an der äußersten nördlichen, potenziert: nordöstlichen, Grenze deutscher Wohnsitze. Er ist in Dorpat geboren, am 26. September (8. Oktober) 1813.

Es entstehen keine klaren, starken Individualitäten, als durch Steigerung und zugleich Reinigung der Art und Gaben ihres Stammes. Nur wer Livland und die Livländer kennt, wird Victor Hehn (dessen Schriften in jeder Zeile von einem starken Duft persönlichen Wesens durchdrungen sind) ganz verstehen. Den Deutschen in den Ostseeprovinzen ist es in 700jährigem Besitz des Landes nicht beschieden worden, über die Stufe des Kolonistentums hinauszukommen; sie wohnen zusammen mit Letten (Littauern) und Esten (Finnen); sie haben gegen übergreifende Nachbarn, Schweden, Polen, Russen in immerwährender Bedrohung ihre Volksart zu verteidigen gehabt. Daß dem auf einem so alten Kampfplatze nationaler Differenzen Aufgewachsenen der

Blick für fremde Volksphysiognomie sich schärfen und in Sympathie wie Antipathie eine feine Reizbarkeit zur Natur werden muß, begreift sich leicht; ebenso, daß hier dem Deutschen als solchem ein aristokratisches Bewußtsein angeboren ist, gleichviel zu welchem der drei herrschenden Stände er gehöre, zum grundbesitzenden eigentlichen Adel, zu den städtischen Patriziern oder zu den „Literaten". In die letztere Gruppe, die in ihrer eigentümlichen Stellung ohne Analogie zu den Verhältnissen des deutschen Mutterlandes ist, war Victor Hehn schon kraft mehrerer Generationen von Vorfahren eingewiesen. Sein Großvater Johann Martin, ein im Jahre 1766 aus Königsberg in Franken eingewanderter Gottesgelahrter, war Rektor der Dorpater Stadtschule, dann Pastor in Kirchspiel Odenpäh südlich von Dorpat, nahe der estnisch-lettischen Sprachgrenze. Er war Verfasser einer Grammatik und eines Wörterbuchs des Estnischen. Der Name von dessen Schwiegervater (Victor Hehns Urgroßvater) F. R. Gadebusch, Bürgermeisters von Dorpat, steht durch zahlreiche rechts- und kulturgeschichtliche Arbeiten noch heute in Ehren. Auf Johann Martin folgte in der Pfarre von Odenpäh sein Sohn Gustav Heinrich, unseres Victors Vater; aber er mußte gewahr werden, daß ihm das in sehr jugendlichem Alter auf das Drängen der Gemeinde übernommene Amt innerlich fremd war; er hatte den Mut, es nach sechs Jahren der Verwaltung aufzugeben und noch einmal die Universität zu beziehen. In Erlangen erwarb er sich den philosophischen Doktorhut, daneben hatte er als Basis für seine bürgerliche Existenz die Rechte studiert und wurde Beisitzer des Landgerichts zu Dorpat. Das wichtigste aber, was er aus Deutschland mitbrachte und in der Heimat treulich weiterpflegte, war die Verehrung der klassischen Dichtung, der griechisch-römischen, wie der deutschen, Goethes zumal. Man sieht: Victor Hehn hat mit seinen sprachwissenschaftlichen, seinen kulturgeschichtlichen, seinen Goethe-Studien gleichsam ein Familienerbe übernommen und verwaltet; auch dies ein aristokratischer Zug.

Erinnerungen aus seiner Jugendzeit sind nicht überliefert; denn was er davon in dem Aufsatz über Karl Petersen verarbeitet hat, betrifft nur die allgemeinen Verhältnisse von Stadt und Provinz, während er das persönliche Gebiet nach seiner Gewohnheit beschweigt. So müssen wir uns mit der kurzen Erwähnung begnügen, daß er den Vater im elften Jahre verlor, daß die Familie in dürftigen Umständen zurückblieb, daß Victor Hehn zu Neujahr 1830 die Landesuniversität Dorpat bezog, um Philologie und Geschichte zu studieren, 1833 sein Examen absolvierte, endlich mehrere Jahre hindurch Hauslehrerstellen aufsuchte, die ihm die Mittel liefern sollten, in Deutschland seine Studien fortzusetzen. „Dürstend nach Wissenschaft und Weltstoff", wie er sich fünfzig Jahre später ausdrückte, kam er im Herbst 1838 nach Berlin. Er hörte vornehmlich bei Bopp, Böckh, Lachmann; den tiefsten Einfluß auf ihn gewannen aber die Schriften Jakob Grimms, dessen Deutsche Grammatik im Jahre vorher erschienen war. Zugleich zog ihn die Hegelsche Philosophie in ihren Zauberkreis. Er ist zwar nicht im strengen Schulsinne, aber in der Grundrichtung seines wissenschaftlichen Denkens Hegelianer geblieben bis ans Ende.

Hätte Hehn damals für ein „Fach" sich erklären, irgend einem berühmten Meister sich anschließen, kurz auf den ausgetretenen Pfad der akademischen Laufbahn einlenken wollen, so hätte es ihm wahrscheinlich eben so gut gelingen müssen, wie so vielen anderen, die an Glücksgütern nicht reicher und an Gaben des Geistes ärmer gewesen sind, als er. Daß er diesem so nahe scheinenden Gedanken keinen Raum gab, ist bezeichnend für ihn: ihm mangelte alles, was man Ehrgeiz, wenigstens im gewöhnlichen Sinne, nennen könnte. Sein schon damals klar erkanntes Verhältnis zur Wissenschaft leuchtet aus den wenige Jahre später niedergeschriebenen Worten hervor: „Wo die Iphigenie Goethes schon ist, dort liegt das Ziel der Altertumsstudien, zu dem ihre gelehrten Forschungen nur Mittel sind: Das Altertum, seine humane Einheit und Kalokagathie für unser zwar vertieftes, aber auch zerrissenes und unseliges Leben wieder zu gewinnen." So begreift man, daß ihm in diesem Augenblick das Ziel der Ziele Italien war. Er trat die Reise dorthin im Hochsommer 1839 und den Rückweg, der ihn über Südfrankreich nach Paris führte, im Frühjahr des folgenden Jahres an. Von dieser ersten italienischen Reise haben sich in Hehns Nachlaß ausführliche Aufzeichnungen, nicht eigentlich Tagebücher, mehr Reflexionen und Studien, erhalten, die jetzt gedruckt vorliegen (Stuttgart 1894, J. G. Cotta'sche Buchhandlung). Sie zeigen uns den Hehn von damals als einen Jüngling mit fast überempfindlicher Resonanz gegenüber den Eindrücken der Außenwelt, in seiner Weltanschauung ein Hegelscher Epigone vom linken Flügel; daß er über diesen Standpunkt bald genug hinauswuchs, war wohl der Hauptgrund, weshalb er die eine Zeit lang erwünschte Veröffentlichung seiner Reisebilder unterließ. Wäre sie erfolgt, so hätte Hehn sicher schon damals sich den Schriftstellerruhm erworben, mit dessen Einerntung er in Wirklichkeit noch dreißig Jahre wartete. Denn so unreif diese Jugendarbeit dem Manne ihrem Inhalt nach erscheinen mochte, in der künstlerischen Form ist sie schon erstaunlich, ja vollkommen reif und von Hehn selbst nicht mehr übertroffen. Es liegt ein Wohllaut, eine musikalische Bewegung, eine lebensvolle und doch gemessene Grazie in diesen Augenblicksergüssen, um deretwillen allein wir, auch wenn er nichts weiter geschrieben hätte, Hehn einen der ersten Prosaisten des Jahrhunderts nennen müßten.

Mit der Heimkehr (1841) wurde die Lösung der Brotfrage unaufschiebbar. Er trat in die in jeder Hinsicht bescheidene Stellung eines Lehrers der deutschen Sprache an der Höheren Kreisschule zu Pernau, einer kleinen, übrigens behäbigen und von gebildeten Menschen nicht ganz entblößten Landstadt im nördlichen Livland. Wo indessen seine Gedanken zu Hause waren, zeigen die als Einladungsschriften seiner Schule gedruckten Abhandlungen ›Zur Charakteristik der Römer‹ (1843) und ›Über die Physiognomie der italienischen Landschaft‹ (1844). Die zweite dieser Arbeiten ist ein konzentrierter Auszug aus den ungedruckt gebliebenen Reisebildern und zugleich der Keim, der sich später zu dem vorliegenden Buch über Italien ausgewachsen hat. Auf den Gegenstand der ersten ist er nicht mehr zurückgekommen. Hegel beherrscht sehr deutlich den Gedankengang; aber derselbe bewegt sich überall auf dem realen Boden einer umfassenden Lektüre der alten Schriftsteller; bemerkenswert ist, wie die Versuchung, mit seiner doch keineswegs alltäglichen Gelehrsamkeit zu prunken, für den jungen Lehrer kaum bestanden zu haben scheint. – Allmählich war man in Dorpat auf den talentvollen jungen Landsmann aufmerksam geworden. Man zog ihn an die Universität (Ende 1846) mit dem Lehrauftrag für deutsche Sprache und Literatur, zunächst unter der Form des Lektorats, da eine Professur für diese Fächer nicht vorgesehen war. In seinen Vorlesungen behandelte er Alfilas, Nibelungenlied, deutsche Grammatik, wiederholt die Literatur des 18. Jahrhunderts, bald im ganzen, bald in ausgewählten Kapiteln; auch finden sich Übungen im deutschen Stil angekündigt. Die in seinem Nachlaß vorgefundenen Kolleghefte sind merkwürdige Dokumente noch mehr als für seinen gelehrten für seinen künstlerischen Fleiß. Es gehörte, wie auch seine leider nur zu spärlich erhaltenen Briefe bezeugen, gleichsam zu seiner ästhetischen Selbstachtung, nie auch nur eine formlose Zeile aufs Papier zu bringen; manche Partien dieser Hefte sind Muster der sprachlichen Behandlung einer Skizze, andere bis aufs letzte Wort vollendet ausgearbeitet, in einer edel schlichten, nur für die Wirkung im mündlichen Vortrag vielleicht zu zarten Redekunst. Seine Anschauungen zeigen sich als dieselben, die wir sehr viel später erst in den ›Gedanken über Goethe‹ kennen gelernt haben. Hauptgegenstand seiner Privatstudien, in denen die von Jakob Grimm empfangene Anregung in den Vordergrund trat, waren Gotisch und deutsche Dialekte.

Aber es stand nicht in den Sternen geschrieben, daß Victor Hehn ein regelrechter deutscher Professor werden sollte. Eines

Tages im August 1851 traten Gendarmen bei ihm ein, verhafteten ihn und führten ihn ohne Verzug nach St. Petersburg in eine Kasematte der Peter-Paulsfestung ab. Als Hintergrund dieses bizarren Schicksalswechsels stellte sich allmählich folgende Ursachenkette heraus. Victor Hehn war in Dorpat im Hause einer Baronin Bruiningk, geb. Fürstin Liven, einer geistreichen, warmherzigen, von den liberalen Zeitideen entzündeten jungen Frau, freundschaftlich aus- und eingegangen; er blieb mit ihr, als sie eine längere Reise nach Deutschland antrat, im Briefwechsel; völlig unbekannt war ihm aber, daß Frau von Bruiningk an der Flucht Gottfried Kinkels Anteil hatte, insofern sie sich durch die Bekanntschaft mit einigen Radikalen hatte bestimmen lassen, dessen Befreier mit Geld zu unterstützen. Auch Victor Hehn war nach seiner Gesinnung Liberaler, aber noch weniger seine Neigungen, als das politische Stilleben seiner baltischen Heimat hatten ihm je Anlaß gegeben, öffentlich damit hervorzutreten. Der Umstand, daß Briefe von ihm unter den von der preußischen Geheimpolizei (auf dem Boden der freien Stadt Hamburg) beschlagnahmten und der russischen weitergegebenen Papieren der enthusiastischen Freundin gefunden wurden, so unverfänglich auch ihr Inhalt war, genügte zu seiner Verhaftung – fast zu seiner Verurteilung. Die Untersuchung hatte nach zwei Monaten nichts anderes erweisen können als seine Unschuld. Kaiser Nikolaus begnadigte ihn. Hehn sollte sich eine Stadt des Reiches zum Aufenthalt wählen dürfen, unter der Bedingung, daß es keine in den Westprovinzen, auch keine Universitätsstadt sei, und hier in den „Dienst" eintreten, unter fortdauernder polizeilicher Aufsicht versteht sich. Er erinnerte sich, daß in Tula, südlich von Moskau, ein Verwandter, Dr. Moritz, als Arzt ansässig sei, und so sagte er: Schickt mich nach Tula! Nach dem Maßstabe westeuropäischer Kultur besteht zwischen einer Provinzialstadt des innern Rußlands und einer Stadt Sibiriens kein nennenswerter Unterschied. In einer Regierungskanzlei mit Obliegenheiten untergeordnetster Art beschäftigt:

nicht eben viel Arbeit, aber auch nur ein Bettelgehalt; mit einer von Haus aus zarten, im Gefängnis zerrütteten Gesundheit harten Entbehrungen preisgegeben; keine Menschen, mit denen Gedanken auszutauschen gewesen wären, keine Bücher oder wenigstens keine von denen, wonach das Verlangen stand –: und kein Ende zu ersehen! Wir brauchen das Bild nicht weiter auszumalen. Als ein Freund ihm das Erscheinen der ersten Bogen des Grimmschen Wörterbuches meldete, antwortete der Verbannte: „Das Werk muß ich mir schaffen und sollte ich meine Hosen verkaufen müssen." Später gingen ihm die Trümmer seiner in Dorpat konfiszierten kleinen Büchersammlung zu; zu wissenschaftlicher Arbeit waren sie unzureichend, aber es war doch ein Goethe darunter. In Goethe aufzugehen wurde jetzt der eigentliche Lebensinhalt des Verbannten. An ihm bewahrheitete sich buchstäblich das Wort, das einmal Bismarck in Versailles im Tischgespräch hingeworfen hat: „Mit den neun ersten Bänden Goethe könnte ich ziemlich lange auf einer wüsten Insel existieren." Hehn dachte an eine große Goethebiographie, richtiger eine Darstellung der Persönlichkeit und Kunst Goethes, wozu die höchst merkwürdige Disposition sich im Nachlaß erhalten hat. Bruchstücke dieses Planes hat er in seinem hohen Alter dem Druck übergeben: die ›Gedanken über Goethe‹. Eine schon damals ausgearbeitete aber zurückgelegte Abhandlung über Hermann und Dorothea ist nach seinem Tode veröffentlicht worden (Stuttgart 1893). Ein kurzer Lichtblick in dem monotonen Grau seiner Tulaer Tage war ein Besuch seiner Mutter. Nach einem Jahre kam die Nachricht von ihrer hoffnungslosen Erkrankung. Urlaub, sie zu besuchen, wurde verweigert. Er sah sie nicht wieder.

Die endliche Erlösung brachte derselbe Mann, der ihn in diese geistige Öde und Erniedrigung hinabgestoßen hatte, Kaiser Nikolaus; allerdings nicht durch einen Gnadenakt – umsonst hatten die Verwandten und Freunde sich darum angestrengt – sondern durch seinen Tod. Wenige Wochen nach dem in der europäischen Geschichte denkwürdigen 2. März 1855 war Hehn frei und auf dem Wege nach Petersburg. Er verdankte diese Wendung seines Geschickes der Klugheit und Energie seiner Landsmännin Baronesse Editha von Rahden*, der vertrauten Hofdame der bei dem neuen Kaiser hoch in Gunst stehenden Großfürstin Helena Pawlowna. Die Rückkehr in sein Dorpater Lehramt blieb ihm versagt, doch erhielt er eine Anstellung in Petersburg, an der Kaiserlichen öffentlichen Bibliothek, in der er mit der Zeit zum Oberbibliothekar und dem Rang eines Wirklichen Staatsrats mit dem Prädikate Exzellenz aufrückte.

Daß die Jahre in Tula nicht durchlebt sind, ohne tiefe Spuren in seinem Gemüt zurückzulassen, erraten wir mehr, als daß wir von ihm direkte Aussagen darüber besäßen. Sie hatten ihn sein Leben nach innen kehren heißen und ihn in Geduld zu warten gelehrt. Auf verworrensten Schicksalswegen war er nun auf einen Platz gelangt, zu dem er mit seinen Neigungen und Fähigkeiten paßte, wie vielleicht zu keinem anderen. Die St. Petersburger Bibliothek ist eine der besteingerichteten in Europa; sie stand, da Bücher von ihr nicht ausgeliehen werden, jederzeit zu seiner vollständigen Verfügung; eine bequeme Geschäftsordnung ließ Raum zu eigenen Studien, freigebig zugemessene Ferien gaben Muße zu Reisen. Der großen Geselligkeit, namentlich am Hofe der ihm fortgesetzt gewogenen Großfürstin Helena, konnte sich Hehn zwar nicht ganz entziehen: wertvoll war ihm allein der Verkehr mit einigen an der Akademie der Wissenschaften vereinigten liv- und estländischen Landsleuten, dem großen Naturforscher R. E. v. Baer, dem berühmten Reisenden v. Middendorf, dem Sanskritisten Böthlingk, dem Finnologen Schiefner. Der doppelte Interessenkreis dieser gelehrten Freunde spiegelt sich in Hehns eigenen Studien wider, in denen sich nun zu zeigen begann, daß die Jahre in Tula – wie denn ein

* Einige Briefe dieser edlen und bedeutenden Frau wurden kürzlich abgedruckt in dem Buche ›Dr. Ferdinand Walter, Bischof von Livland‹.

bedeutender Mensch nie etwas umsonst erlebt – auch eine gewinnbringende Seite für ihn gehabt hatten. Ihm war, während er sich vergebens nach seiner altdeutschen Welt zurücksehnte, allmählich eine neue, die des Ostens, aufgegangen. „Wer in Rußland lebt, dessen Blick wendet sich von selbst auf die asiatische Hochebene, die der Schauende ahnt, wenn er von den Sperlingsbergen bei Moskau nach Osten blickt, zu den kaukasischen Völkern, deren typische Gestalten ihm auf den Straßen von Petersburg begegnen, nach Konstantinopel, dem alten Zargrad, von wo die Religion, die Form der Kirchen und so manches andere nach Rußland gekommen ist, zu den Ländern des Pontus und wohin nicht sonst." „Die Slawen, eine unhistorische Rasse, die nur einmal von einem geschichtlichen Schicksal getroffen worden ist, wir meinen die Annahme des Christentums, bilden für den Kulturhistoriker eine reiche, bisher noch so gut wie unberührte Fundgrube von Altertümern. Selbst in den Gegenden um Moskau, also im Herzen Rußlands, sowie in Kleinrußland kann der aufmerksame, mit der Sprache bekannte Beobachter tausendmal an Homer und das bei Homer geschilderte Leben erinnert werden." Eindrücke, die er einst in Italien empfangen hatte, traten nun in neue Beleuchtung, Ahnungen und Gedanken über Völkerverkehr der ältesten Zeiten, Wandlung und Entlehnung der Kulturbegriffe begannen sich zu festumrissenen wissenschaftlichen Problemen zu verdichten. Offenbar nur ein Teil derselben ist es, wovon in den Briefen an seinen Freund Berkholz gelegentlich Nachricht erhalten ist. So aus dem Jahre 1864: „Eine Abhandlung möchte ich mit Dir zusammen schreiben: Ur- und Kulturgeschichte der Esten resp. Finnen, erschlossen aus der Sprache derselben"; 1871: „Jenes modern-ethnographische Werk, dessen Du erwähnst und bei dem ich das Bewußtsein habe, der Welt einiges Neue sagen und ihr zugleich nützen zu können – müßte ein posthumes bleiben. Gesammelt habe ich dazu manches, nicht bloß Notizen, sondern auch Reflexionen, noch mehr aber müßte ich vorher lesen"; daneben Vorträge in der Akademie der Wissenschaften u. a. über gotische Sprache und über Homer, Gutachten für die Akademie usw. – Es war Hehns Art, seine Arbeiten aufs breiteste vorzubereiten, mit unermüdlicher Geduld ihr Wachstum zu pflegen, gelassen des Tages zu warten, an dem die Frucht zum Pflücken reif sein werde. Bis zu diesem Punkte gedieh aber keiner der obengenannten Pläne. Vollendet worden ist allein das Buch über die ›Kulturpflanzen und Haustiere in ihrem Übergang von Asien nach Griechenland und Italien, sowie in das übrige Europa‹ Berlin 1870, und als Nebenerzeugnis dieses großen Werkes die Schrift über ›Das Salz‹ ebenda 1873 (während eine Paralleluntersuchung über den Bernstein wiederum unveröffentlicht blieb).

Dieser Bruchteil war immerhin genügend, den bis dahin in der wissenschaftlichen Welt völlig Unbekannten, an Jahren ja auch nicht mehr Jungen, auf einen Schlag in die erste Reihe der lebenden Altertumsforscher zu rücken. Mit seinen engeren Landsleuten allerdings war Hehn unter der Zeit auch als Schriftsteller in Fühlung geblieben. Daß dies geschah, ist das Verdienst seines Jugend- und Lebensfreundes Georg Berkholz aus Riga, dem ein Wort der Erinnerung hier nicht vorenthalten sei. Wohl kein deutscher Stamm hat so sehr wie der baltische Anspruch auf den bedenklichen Ruhm, eine Fülle von Talenten unter seinen Söhnen zu besitzen, die verwildert zugrunde gehen oder in der Enge verkümmern. Auch von G. Berkholz, den seine Landsleute mit Recht als einen ihrer besten schätzten, muß gesagt werden, daß seine bar ausgemünzten Leistungen in keinem Verhältnis standen zu dem, wozu ihn der Umfang seiner Begabung und seines Wissens bestimmt zu haben schien. Den Nachlaß des 1866 gestorbenen Freundes durchblätternd schrieb Hehn: „Wie viel Begonnenes, welche Blicke über ein weites Gebiet! Wie wehmütig stimmt die Nachempfindung so viel vergeblichen Bemühens, so vieler dahingerauschter Stimmungen, Gedanken, Pläne!" Seit 1861 leitete Berkholz die kurz vorher begründete, in Riga erscheinende ›Baltische Monatsschrift‹. Sie sollte den ziemlich schüchternen literarischen Kräften des Landes als Sammelplatz und Schule und insbesondere der Erörterung der öffentlichen Reformen, zu denen nach Anbruch der liberalen Ära unter Alexander II. auch die Ostseeprovinzen sich anschickten, als Sprechsaal dienen und hat diese doppelte Aufgabe so ehrenvoll durchgeführt, daß sie es wohl verdient hätte – was ihr nicht geglückt ist – auch in Deutschland teilnehmende Leser zu finden. Man ist Berkholzens Redaktoreifer großen Dank schuldig, daß er des Freundes Federfaulheit, oder richtiger Publizitätsscheu – eine echt baltische Eigenschaft – zu überwinden verstanden hat, obschon die kleine Konzession der letzteren doch gemacht wurde, daß ein Teil der Beiträge anonym oder pseudonym erschien. Wenn wir von einigen für sich stehenden Aufsätzen absehen – ›Graf Speranski‹ 1861, ›Blick auf die Geschichte der Juden in Europa‹ 1862, ›Der Humanismus‹ 1866 – so ordnen sich die übrigen in zwei Gruppen, deren eine Italien, deren andere die Heimat zum Gegenstande hat. ›Italien, Ansichten und Streiflichter‹, eine im Anschluß an zwei Reisen in den Jahren 1860 und 1863 unternommene Erweiterung der Jugendarbeit von 1844, erschien im Laufe des Jahrgangs 1864. Die Freunde ermahnten ihn, diese Skizzen in Buchform zusammenzufassen, wodurch sie erst dem Lesepublikum Deutschlands zugänglich werden würden. Hehn klopfte auch bei einigen Verlegern, u. a. Brockhaus, an, wurde aber überall ungastlich zurückgewiesen. Schließlich übernahm eine Petersburger Handlung den Druck. Das Buch blieb aber in Deutschland so gut wie unbekannt: teils fand das Publikum die gleichzeitig erscheinenden ›Italienischen Wanderjahre‹ des Romantikers und Demokraten Gregorovius anziehender, teils mochte es denken, wie vorher die Verleger gedacht hatten: was kann von Nazareth Gutes kommen? Bei den wenigen Aufmerksamen und Unabhängigen war aber der Beifall sogleich ein entschiedener. So antwortete z. B. Salomon Hirzel einem Freunde: „Ich fühle mich wahrhaft beschämt, daß ich erst durch Sie einen unserer Klassiker kennen lernen muß." Erst nachdem das Buch in den gegenwärtigen Verlag übergegangen und neu gedruckt war (1879), entdeckte die gebildete Welt Deutschlands, was sie daran besaß: – man wird nicht sagen wollen: das Beste (weil die Zahl der möglichen Betrachtungsstandpunkte zu groß ist), sicher aber das Tiefste, Freieste, Originalste, in die dem Inhalt verwandteste Form Gegossene, was seit Goethe über Italien gesagt worden ist.

Die zweite Reihe beschäftigt sich mit Livland und Rußland. Schon in den vierziger Jahren waren zwei Skizzen, ›Pernau, eine Handelsstadt und ein Seebad‹, und ›Über den Charakter der Liv-, Est- und Kurländer‹, sowie ein Auszug aus dem von Hehn in der vatikanischen Bibliothek gefundenen ›Commentarius Livoniae Gregorio XIII. P. M. scriptus‹ des Jesuiten Antonio Possevino veröffentlicht worden; jetzt folgten in der ›Baltischen Monatsschrift‹ der Aufsatz über den Dichter Karl Petersen (1860), ein glänzender kulturgeschichtlicher Aperçu, und als Wichtigstes die ›Petersburger Korrrespondenzen‹ (1863 bis 1864). Als Kritik der dem Westeuropäer in ihren wahren Motiven so schwer verständlichen Reformära Alexanders II. haben sie dauernden Wert, als stilistische Kunstwerke von vollendeter Anmut und Vornehmheit sind sie leichtlich das beste, was in der Gattung des Feuilletons je in deutscher Sprache geschrieben ist. Sie wiederabgedruckt zu sehen ist ein noch unerfüllter Wunsch. Dagegen ist es mindestens zweifelhaft, ob es vom Herausgeber des Nachlasses wohlgetan war, das Publikum mit der Aphorismensammlung ›De moribus Ruthenorum‹ bekannt zu machen; für den Kenner russischer Menschen und Dinge höchst beachtungswert, werden sie den Nichtkenner, der sie als Ganzes nimmt, leicht irreführen.

Hehn fühlte sich in dem Rußland Alexanders II. ebenso wenig wohl – wenn auch aus anderen Gründen – wie in dem Nikolaus' I. Mit um so vollerer und wärmerer Teilnahme verfolgte er die politische Wiedergeburt Italiens und Deutschlands. Ihm stand fest, als er im Jahre 1873 pensionsberechtigt wurde, daß er die ihm noch bleibenden Lebensjahre nirgend anders verbringen wolle, als in Berlin. Er hat diese Wahl nie eigentlich bereut; aber allerdings ist ihm nicht weniges von den Erwartungen, womit er die Stadt glücklicher Jugenderfahrungen, jetzt die Hauptstadt der sich sammelnden Nation, betrat, unerfüllt geblieben. Zunächst mußte er dieselbe optische Täuschung büßen, der so mancher andere die Begründung des neuen Reiches vom Auslande her ansehende Deutsche unterlegen ist: er kam erfüllt mit den großen und schönen Umrissen, in denen es sich ihm in der Ferne dargestellt hatte, und nun in der Nähe stieß er hart auf so viel kleinliche, häßliche, unfertige Einzelformen, auf die Schmach der Gründerzeit, auf den ganzen Lärm und Dunst des in Eile zur Großstadt sich umarbeitenden Berlins, die den der Stille Gewöhnten nervös zusammenzucken machten. Im Bürgertum mürrische Verkleinerungssucht oder deutschtümelnde Prahlerei; im Parlament und in der Presse doktrinäre Phrasen, in etwas andere Tonart übersetzt dieselben, die er an der Newa hatte verachten lernen – und wo, ja wo in aller Welt die läuternde, hebende, adelnde Wirkung der großen Ereignisse auf die Nation? Auf so vielen Punkten enttäuscht, verletzt, fand er erst in der Reaktion einer scharfgespitzten Kritik einiges Behagen wieder. Er sah sich als alternden Mann in einer neuen Zeit, aber es war viel zu viel Leben und Sinn für Realität in ihm, als daß er aufgehört hätte, die fortrollende Bewegung mit eifrigem, zuweilen leidenschaftlichem Anteil zu verfolgen, und es schien ihm nicht sowohl eine Veränderung seiner selbst als der Welt zu sein, wenn er, der entschiedene Freisinnige von ehedem, jetzt als Reaktionär dastand, als den er sich ironisch selbst zu bezeichnen pflegte. „Vor etwa vierzig Jahren", so schrieb er 1880, „war der stumpfen Masse gegenüber jeder reichere, umfassender gebildete Geist liberal; jetzt ist jede tiefere und vornehmere Natur konservativ ..." „Wahrhaft konservativ" erklärt er anderswo als „in historischer Anknüpfung progressiv". Die Umwandlung vollzog sich allmählich. In den ersten Jahren stand er noch in Verkehr mit ausgesprochenen Demokraten, lieferte er selbst ein paar kleine Feuilletonbeiträge für die von Guido Weiß, seinem Freunde aus älterer Zeit, herausgegebene ›Wage‹, verkehrte er manchmal in einer Sonnabends „nach Sonnenuntergang" sich versammelnden Gesellschaft, die er scherzweise „die orientalische" nannte, weil unter 12–20 Anwesenden er und Weiß oft die einzigen Christen waren. Wenige Jahre Berliner Erfahrungen genügten, ihn zum unverhohlenen „Antisemiten" zu machen, wie er politisch unverhohlener „Reaktionär" geworden war. Es war seine wissenschaftliche Überzeugung, daß arische und semitische Naturanlage in einem tiefen Gegensatze zueinander ständen, und so gab er einen Teil der ihn abstoßenden Erscheinungen im neuen Deutschland eben dem Umstande schuld, daß schneller und in größerer Menge jüdische Elemente uns zuflössen, als wir uns zu assimilieren vermöchten. Ein anderer Punkt, der ihn mit Verdruß und Besorgnis erfüllte, war die, wie er zu bemerken glaubte, zunehmende Oberflächlichkeit und Gewissenlosigkeit des Zeitungswesens. Da fast jeder Deutsche, auch der gebildete, nur eine Zeitung lese, stehe er unter einer Zensur, die ärger sei, als jemals die Zensur unter dem absolutistischen Königtum, die alles verhülle, was der Leser nicht verstehen solle, und ihm von der Welt nur einen Parteiausschnitt zeige: – das war ein Thema, das er zu variieren nicht müde wurde und das seinem Unmut Sprüche entlockte, wie diesen: „Könnte man sämtliche deutsche Journalisten ausrotten, das Bildungsniveau der Nation würde sich in Jahresfrist merklich erhöhen –." Und so waren noch viele Dinge da, wie etwa der Wagnerkultus, die prähistorische Modewissenschaft, der Krieg gegen die Fremdwörter, die Hehn in Briefen oder im Gespräche – denn öffentlich sich vernehmen zu lassen, lag ihm sehr fern – zu einer scharf geschliffenen, gern in der rhetorischen Figur des Paradoxon auftretenden (darum auch oft mißverstandenen) Polemik allzu reichlichen Stoff gaben. Indes überwog in ihnen doch immer die positive Seite seiner Natur: ein starkes Gefühl für menschliche Größe und ein Herz, das ohne zu bewundern und zu verehren nicht bestehen konnte. Man ahnt, wen unter den Zeitgenossen er sich dazu erwählt hatte. „Was Bismarck betrifft, so bekenne ich in meiner Einfalt, daß mitten in der demokratischen Plattheit und Seichtigkeit, von der man millionenfach in Wort und Schrift und Tat umwimmelt ward, dieser einzige Mann mein Trost und meine Erbauung ist." Die Bewunderung Bismarcks war mehr und mehr einer der festesten Punkte in seiner inneren Welt geworden, nicht so in erster Linie politisch, als ethisch und ästhetisch eine Bedingung seines inneren Gleichgewichts.

Wir kommen nun an ein zweites, weniger den Menschen als den Gelehrten angehendes Kapitel der Enttäuschungen. Hehn war mit dem Wunsche nach Berlin gekommen, rüstig weiter zu arbeiten. Er empfand die hohe Anerkennung, mit der seine ›Kulturpflanzen und Haustiere‹ aufgenommen worden waren, wie ein noblesse oblige. Seine Geisteskräfte waren ungeschwächt, die dem Alter nie ersparten Plagen nicht allzu unfreundlich. Aber es stellten sich äußere Schwierigkeiten seinem Vorsatz entgegen, die zu überwinden ihm nicht gelang. In St. Petersburg hatte er inmitten eines nie versagenden, vom Publikum wenig benutzten Bücherschatzes, fast wie deren Alleinherr, an der Spitze einer Schar von Handlangern gewaltet. Hier in Berlin war er, da er eine eigene Büchersammlung nicht besaß, so wenig als die Mittel, sie sich noch anzulegen, allein auf die Königliche Bibliothek angewiesen, deren Geschäftsgang forderte, daß jedes einzusehende Werk einen Tag zuvor bestellt werde, deren starke Frequenz fortwährende Kollision in der Benutzung unvermeidlich machte, die ein brauchbares Lesezimmer damals noch nicht besaß. Diesen Hemmungen sich geduldig zu fügen, sich eine ganz neue auf sie angepaßte Arbeitstechnik auszubilden, fühlte er sich nicht mehr imstande, und so mußte er sich darein ergeben, die mancherlei alten und neuen Pläne, mit denen er sich trug, liegen zu lassen, sein wissenschaftliches Lebenswerk mit einem vorzeitigen Feierabend zu schließen. Selbst die rasch einander folgenden Auflagen der ›Kulturpflanzen und Haustiere‹ – zweite 1874, dritte 1877, vierte 1883, fünfte 1887 – machten ihm unter diesen Umständen nur geteilte Freude. Die einzige Arbeit, die ihm noch ausführbar erschien, war, seine Gedanken über Goethe, Lebensbegleiter vieler Jahre, endlich zu formen und zu ordnen. Der erste Band erschien 1887. Den zweiten noch vollenden zu können, war nun, da er das siebzigste Lebensjahr längst hinter sich hatte, sein sehnliches Verlangen; das Buch war ihm zu einer Bekenntnisschrift geworden, einer Art Schlußabrechnung mit dem durchlebten Zeitalter. Er kam nicht mehr dazu.

Hehn hatte in den Berliner Gelehrtenkreisen einen freundlichen Empfang gefunden. Aber er wurde nicht heimisch in ihnen und kam bald dahin, die ihm Entgegenkommenden leise zurückzuschieben, teils aus Bequemlichkeit, teils aus unüberwindlicher Abneigung gegen gewisse im deutschen Gelehrtenstande allerdings sehr verbreitete Mängel des Charakters oder der Erziehung. So war er denn bald ziemlich vereinsamt, indes, wie es schien, ohne sonderlichen Kummer. „Ich habe", schrieb er im zweiten Jahre nach seiner Ankunft, „jetzt eine Menge Bekanntschaften gemacht, darunter viel Celebritäten, die mich jedoch kalt lassen. Das Herz geht mir erst auf, wenn ich mit Landsleuten meinen Dialekt sprechen kann, so unbedeutend einige darunter sind: auch ein Beitrag zur Psychologie." Hehn war Junggeselle, und vielleicht wird mancher oder manche daraus gewisse in seinen Schriften unverkennbare Schroffheiten psychologisch erklären wollen. Die beiden kleinen Stübchen drei Treppen hoch, die er in Berlin bewohnte, erinnern in ihrer stoischen Anspruchslosigkeit an das Gelehrtendasein im Anfang des Jahrhunderts. Und so war auch der Mann: von schlichten, etwas gemessenen Umgangsformen, seines Wertes sich bewußt, aber nie darauf aus, Figur zu machen, im Gespräch mehr fein als glänzend.

Er starb nach kurzer Krankheit den 21. März 1890. Daß er von dem, was in den Tagen vom 18. bis 20. draußen in der Welt geschah, keine Kunde mehr hatte, war die letzte Schicksalsgunst.

Man mag Victor Hehn bemitleiden, daß sein Lebensabend von so manchen Schatten umflort war – Leiden, die einem in einer rein ästhetischen Weltanschauung Aufgewachsenen und Weiterlebenden, wenn er noch die letzten Dezennien des Jahrhunderts durchmachen sollte, nicht erspart werden konnten –: zieht man aber die Summe seines Lebens nach dem Maß des Dichterwortes:

Höchstes Glück der Erdenkinder
Ist doch die Persönlichkeit,

so ist er sicher ein glücklicher Mensch gewesen. Eben der starke persönliche Hauch war es, der Hehns Büchern, über ihre großen objektiven Vorzüge hinaus, ihre Wirkung bereitete und noch lange bereiten wird, wenn andere mit gleichen objektiven Vorzügen ausgestattete im großen Strome der literarischen Bewegung unvermerkt untergetaucht sein werden. Die Hervorkehrung seines Ichs hatte aber sehr bestimmte Grenzen. Niemals in seinen Schriften, auch wo er polemisch ist, redet er von seiner Person. Das geht bis zu der stilistischen Eigentümlichkeit, daß er die Einführung eines Satzes mit „ich" konsequent vermeidet und dafür eine unpersönliche Umschreibung vorzieht. Auch im Leben war er nach dieser Seite höchst zurückhaltend. So sprach er z. B. nie von der Episode seiner Verhaftung und Verbannung, und wollte jemand die Rede darauf bringen, so wich er aus: der bloße Schein widerstrebte ihm, als könne er sich als Märtyrer interessant machen wollen. Aber rückhaltlos legte er sein Subjekt darein, wo es über Menschen und Dinge außer ihm zu urteilen galt. Wir glauben manche Schwächen und viele Tugenden in Hehns Wesen in einem zu nennen, wenn wir sagen: er war ein echter Aristokrat. In welchem Sinne er schon von Geburt dazu bestimmt war, haben wir eingangs angedeutet. Eben dieser aristokratische Standpunkt gab ihm den unbefangenen Blick und die tiefe Sympathie für das wirklich Volkstümliche. Und ähnlich komplementär verhielten sich sein deutscher Patriotismus und sein Widerwille gegen alle Arten von Deutschtümelei, seine ganz nordische Bluts- und Geistesbeschaffenheit und seine Vorliebe, ja Parteinahme für südliche Natur nicht nur, sondern auch Menschenart.

Ohne Beispiel, wenigstens in Deutschland, wird es sein, daß ein Gelehrter von so viel Kenntnissen, so viel originellem Geist, so viel schriftstellerischer Begabung, kurz so ganz zur Produktion geschaffen, so wenig Eile zeigt, mit dem Publikum in Verkehr zu treten. An Hehns Publizitätsscheu hatte Bescheidenheit und etwas anderes, das man wohl nicht falsch als ein Odi profanum vulgus bezeichnen darf, gleichen Anteil. Wenn er einmal in bezug auf Goethe sagt: „So mögen auch hier die einzelnen, die ihren größten Dichter tief im Herzen tragen, über ihn lieber in Ehrfurcht schweigen, als auf die Straße herabsteigen oder auf die Dächer treten, wo so laut und voll Dünkel geredet wird“, so gibt er damit seine eigene Normalstimmung, die aber doch zuweilen von dem stärkeren Drange, Zeugnis abzulegen von dem Gott in seiner Brust, durchbrochen wurde. Öffnete er dann den Mund, so kannte er kein Bedenken vor möglichem oder sicherem Anstoß. Ja er ist manchmal in dem Gefühl, seine Rede sei, wie der Apostel sagt, den Heiden eine Torheit, eifriger geworden, als der beabsichtigten Wirkung gut gewesen wäre.

Eine Analyse und Kritik von Hehns Schriftstellerwerk zu versuchen, ist hier unsere Absicht nicht. Nur ein paar allgemeine Bemerkungen mögen Platz finden. Zuerst die, daß, so verschieden der Gegenstand der Bücher ist, sie doch in nahem inneren Zusammenhange stehen. Zwischen den Skizzen über Italien und den ›Kulturpflanzen und Haustieren‹ ist die Beziehung ohne weiteres klar. „Die Frage“, sagt Schrader treffend, „welche Hehn in den verschiedensten Gestalten und zu allen Zeiten am meisten beschäftigte, war die nach der Absteckung der Grenzen der beiden Begriffe Natur und Kultur.“ Und der aufmerksame Leser wird finden, daß auch in dem Goethebuch diese Frage eine große Rolle spielt, fast kann man sagen: im Mittelpunkte steht. Ein zweites einigendes Band liegt in dem hohen formalen Interesse, das jedes dieser Bücher einflößt. Wenn von den ›Kulturpflanzen und Haustieren‹ gesagt ist, das Buch gehöre zu den klassischen Werken nicht nur der Altertumskunde, sondern auch der deutschen Literatur – so gilt der zweite Teil dieses Urteils gleichermaßen von allem sonstigen, was aus seiner Feder geflossen ist. Selbst die mit keinem Gedanken an die Möglichkeit einstiger Veröffentlichung niedergeschriebenen und nichts weniger als inhaltreichen Briefe und Briefchen an Wichmann (Stuttgart 1890) üben durch die Form einen unwiderstehlichen Reiz; sie sind stilistische Meisterstücke ihrer Art. Wenn, wie zu fürchten ist, der Verfall der deutschen Sprache, in dem wir bereits mitten innen stehen, als ein unaufhaltsamer sich erwiesen haben wird, wird Hehn als Sprachzeuge wahrscheinlich noch mehr Beachtung finden, als schon jetzt. Sicherlich hat unter den bedeutenden Schriftstellern des letzten Halbjahrhunderts keiner die sprachliche Erbschaft unserer klassischen Literaturepoche so treu gepflegt, mit so vornehmem Stilgefühl, mit so viel Sorgfalt und so wenig Ziererei, so streng und lebensvoll zugleich die deutsche Prosa gehandhabt, wie er.

G. Dehio

Erstes Kapitel.

Contrast.

Wenn der Nordeuropäer, der Barbar im antiken Sinne des Wortes, einen der Alpenpässe, die nach Süden führen, übersteigt, dann empfängt ihn eine neue, anders gebildete Welt — der Kreis der Uferländer des mittelländischen Meeres, zu denen nicht blos die Campagna von Rom und die Insel des Aetna, nicht blos die Vorgebirge Griechenlands und die aus dem blauen Meer in Nähe und Ferne auftauchenden Cykladen, sondern auch das dürre felsige Palästina, die Sinaihalbinsel und die arabischen und libyschen Wüsten gehören. Wer sich das ganze Gefühl, die Ueberraschung dieses Gegensatzes geben will, der eile im Hochsommer unmittelbar aus der Schweiz auf der Eisenbahn nach Genua und Nizza und befahre die Uferstrasse zwischen den beiden genannten Städten — *la riviera di ponente*, die jetzt zum Theil französisch ist. Welch ein Contrast! In der Schweiz — da herrschen Wasser und Wiese, die Thäler sind mit hellem, saftigem Grün gefüllt, überall von den Bergen strömen pfeilschnelle Bäche, arbeiten wild an Steinblöcken und Tannenwurzeln vorüber, stürzen in Kaskaden stäubend über die Felswand, sammeln sich zu Seen und gehen dann als mächtige Flüsse in alle Welt. In den Schweizer Schluchten ist die Welt eng, ewig brausen dort die Dämonen bösen Wetters, und wer nach mühsamem Steigen auf einem Gipfel klare Luft und freie Aussicht trifft, der kann von Glück sagen. In der Schweiz trifft der Wanderer überall liebliche, umschlossene Landschaftsscenen, voll idyllischen Friedens, und ruft wohl aus: diesen Fleck Erde möcht' ich zur Heimath erwählen, hier meine Hütte bauen, hier meine Tage beschliessen! Er bedenkt nicht, dass alles Idyllische sich schnell erschöpft und geistlos wird, dass in diesen hohen Gegenden bald der Winter kommt, der das Thal mit Schnee verschüttet und selbst den Wasserfall in starrende Eisnadeln verwandelt. Dann, in den dunkeln, kalten Monaten, lebt der Mensch in hölzernen, mit Schnitzwerk und alten geistlichen Sprüchen verzierten, braunen Wohnungen und trägt Sorge, das Dach wohl mit Steinen zu belasten, dass es der Sturm, der in diesen Berglöchern fürchterlich rast, nicht mit sich fortführe. Die Schweiz ist das Land sauberer, ordentlicher, wohl berechneter Hauswirthschaft, die Heimath knochiger, realistisch denkender Menschen, die schon frühe den romantischen Adel und mit ihm manchen idealen Zug und alle Phantasiegebilde unter sich ausgerottet und sich bürgerlich-republikanisch, nach Gemeinden und Cantonen, eingerichtet haben. Hart und gewaltsam sind in diesem Lande auch die Hochgebirge aufgethürmt, hoch oben öde und sumpfige, mit kurzem Gras bewachsene, bald geneigte, bald in sich muldenförmig vertiefte Flächen tragend; von ihren obern Kanten laufen die traurigen Halden, lange Streifen grauen Steingerölles, von den Schneestürzen hinterlassen, ins Thal; Nebel und Wolken hängen an den Flanken und Steinrippen wie die Wolle am Bauch des Widders, senken sich zu den schwarzen Fichtengürteln nieder und steigen wieder verhüllend und wogend aufwärts zu den kalten Schneekuppen. Ein Bild form- und schrankenloser Gewalten, beängstigende Zeugen uralter elementarer Kämpfe und Naturrevolutionen! — Von diesem weissen und grünen Winterlande sieht man sich Tags drauf, dort wo sich der Abhang der Seealpen zum mittelländischen Meere niedersenkt, in ein braunes Sonnen- und Lichtland, in ein Land, wo der Naturgeist in Formen gebunden ist, versetzt und fühlt jenseits der See die Gegenwart der lechzenden, farbenglühenden Wüste. Hier herrscht das Himmelsgestirn schon gewaltig, nach dem sich Göthe sehnte und dem zu Ehren er auf dem Wege zwischen Bozen und Trient jenes Bettelkind, dem der heisse Boden die Füsse verbrannte, mit in seinen Wagen nahm. Hier ist das wandelbare Wetter, dessen Launen wir Nordländer fürchten, schon in das Gesetz der Jahreszeiten gefast: der Sommer ist heiss und trocken, mit dem ersten Gewitter im Herbst beginnen erquickende Regenschauer; nicht in den Sommer, wie bei uns, sondern in den Herbst und Frühling, ja in den Winter fällt das Leben der Vegetation; breite Flussbetten, dicht voll Kies- und Kalkgeröll, ohne einen Tropfen Wasser, ziehen quer aus den Bergen dem Meere zu; den Weg säumen riesige Agaven mit halbabgebrochenen blauen Blättern und baumartigen Blütenspindeln; Stachelkraut aller Art, vom Staube unkenntlich, hängt an der Mauer und bricht aus den Ritzen heisser Felswände. Verlässt man die Eisenbahn mit ihren blinden Tunnels und folgt der weissen, blendenden Landstrasse auf einen höhern Punkt, dann zeichnet sich tief unten im Lichtglanz eine gezackte Landzunge, eine schwimmende runde Insel, ein vorspringendes Vorgebirge; es kommt ein kaum merklicher Erquickungshauch vom Meere aufwärts und Gruppen von *pinus maritima,* ganz leise rauschend, spenden wie in einem Tempel ihren Weihrauch. Den Charakter des Sommers, des Naturlebens als einer unempfundenen, milden, harmonischen Nothwendigkeit, trägt auch Sitte, Körperbildung und Wohnung der Menschen. Die Bevölkerung führt ein Gärtnerleben, pflanzt, gräbt und schneitelt, mauert Terrassen an felsigen Abhängen hin und bewegt in der Abenddämmerung den Brunnenschwengel auf und ab, um die Kanäle zwischen den Beeten und um die Stämme der Fruchtbäume herum mit Wasser zu füllen. Wie Vogelnester drängen sich die runden Ortschaften zusammen, bald unten in der Marina im Grunde halbkreisförmiger Golfe, bald hoch oben auf den Gipfeln der Vorberge; drinnen die Häuser mit zerbröckelnden Steintreppen, offenen Fensterhöhlen, feuchten Mauern und dunkeln Räumen; auf den Gassen aber, an den Hecken, längs den Wegen geht das Menschenleben vor sich, jedem Blick offen, in mannichfachen Verrichtungen, in wechselnden Scenen, bald naiv rührend, bald lächerlich, wohl auch anstössig durch Natürlichkeit; Männer in spitzen Hüten, ernst und braun, mitunter launig und ausgelassen, immer aber massvoll; reizende halb oder ganz nackte Buben, mit verwildertem Haar, ähnlich den Engelknaben auf Rafaels Madonna von Foligno; Frauen schreitend mit dem Korbe auf dem Haupte, voll Würde und Haltung, mit Augen ausdrucksvoll, fremdblickend, schwarz wie die Nacht. Es sind Kinder eines sonnigen Landes, träge und leidenschaftlich zugleich, eben so fleissig als sorglos. Von ihrer Hand sind alle die Oelgärten gepflanzt und unterhalten, die diese ganze Küste wie ein endloses, graues, schwellendes Meer bedecken, und der Oelbaum fordert viel Arbeit — Auflockerung des Bodens, Reinigung, Beschneidung, Vorsicht bei Lese der Früchte u. s. w. Aber nicht bloss Gärtner sind die Bewohner dieser in lauter Buchten und Vorgebirgen fortlaufenden Küste, sondern auch Fischer und Schiffer; sie flicken und trocknen ihre Netze, sie zimmern an den Balken halbfertiger Böte auf dem kiesigen Ufersande. Von hier aus gingen im Mittelalter neue Argonautenfahrten an den Bosporus und in den Pontus Euxinus; in einem dieser Borgo's ward Columbus geboren; dieselbe prophetische Unschuld des Glaubens, die den Entdecker der neuen Welt beseelte, hat in unsern Tagen auch seine Landsleute Garibaldi und Nino Bixio getrieben, mit zwei Schiffen und einem Häuflein Freiwilliger ein Königreich zu erobern und einen auf Pflege der Militärmacht gegründeten Thron zu stürzen. Sie sind listige Rechner und Händler, diese Abkömmlinge der alten Ligurer, aber auch ahnungsvoll und schwärmerisch. Dass ihre Riviera so volkreich ist, dass an ihr die Ortschaften so ununterbrochen sich folgen, während allen übrigen Strandgegenden des Mittelmeeres die Furcht vor den Seeräubern die öde, verlassene Physiognomie gab, das hat die Stadt bewirkt, die im Mittelalter sich zu ihrem Haupt emporschwang und sie mit ihren mächtigen Flotten deckte — *Genova la superba,* der Edelstein an diesem weiten, kostbaren, von Spezzia bis Nizza gebogenen Küstenreif.

Zweites Kapitel.

Niederlande.

Versetzen wir uns von der braunen, Aloe und Palmen tragenden ligurischen Felsenküste in den entgegengesetzten östlichen Winkel Italiens, in das Mündungsgebiet der Alpenströme, da empfängt uns tiefes Gelände, feuchter Dunst, ein Labyrinth von Kanälen und Flussarmen, unbeschränkter Horizont, die Region der Fieber, Moskitos und Frösche. Land und Meer mengen sich; Lagunen, Sandbänke, Lachen, Sümpfe, undurchdringliche Rohrdickichte, eingedämmte Wiesen, überschwemmte Reisfelder dehnen sich meilenweit. Der Boden, erst im Laufe der Jahrhunderte enstanden, anwachsend fast vor unsern Augen, ist von Menschenhand in allen Richtungen durchschnitten und umgestaltet, seine Wasser getheilt, zur Seite gebeugt, in neue Bahnen gedrängt, seine auftauchenden Höhenpunkte alsbald von der Kultur besetzt und durch aufgeworfene Wälle verwahrt. Dies sind die Niederlande Italiens, hier ist die Heimath der Wasserbaukunst, klassischer Boden für Arbeit mit Grabscheit und Richtwage seit uralter Zeit, ja vor aller deutlichen Geschichte.

Wenn in den Herbstmonaten beim Herannahen des Winters „unendlicher Regen herabstürzt", wenn bei

Beginn des Sommers, im Mai und Juni, der Schnee in den Alpen schmilzt, dann schwellen in der weiten Lombardei die Flüsse und drohen der kultivirten Ebene durch die sie ziehen, den Menschen und ihren Werken, Tod und Zerstörung. Der Po steigt mit jeder Viertelstunde und in demselben Masse die Angst der umwohnenden Bevölkerung. Der düstere Scirocco lässt nicht nach und durchsaust mit wüthenden Schauern die schwarze Nacht. Die einzige Hoffnung ist, dass die den Strom einfassenden Dämme halten werden. Diese Dämme, eines der ungeheuersten Menschenwerke, beginnen schon bei Cremona und begleiten den Strom, hin und wieder von dem natürlichen Uferrande unterstützt, bis an seine Mündung. Sie allein machen einen grossen Theil der Lombardei und Venetiens bewohnbar. Sie bestanden, so weit unser Blick ins Alterthum zurückreicht, wenn auch nicht in der jetzigen Höhe und Vollkommenheit. Polybius, der älteste Zeuge, der aus eigener Anschauung über die Po-Ebene berichtet — er lebte im zweiten Jahrhundert vor Chr. — schildert in seinem zweiten Buch das Land als so reich und gesegnet, dass wir wohl annehmen müssen, es sei schon damals vor der Verheerung der Wasser durch künstliche Deiche geschützt gewesen. Gegen die Zeit von Christi Geburt blickt die Gewalt des Stromes und die vor ihm gehütete üppige Bodenkultur deutlich aus den Versen des Vergil, Georg. 4, 372:

Eridanus, quo non alius per pinguia culta
In mare purpureum violentior effluit amnis.

Auch eine Hochflut und ihre Verwüstungen hatte derselbe in jener Gegend geborene Dichter gesehen, Georg. 1, 481:

Proluit insano contorquens vertice silvas
Fluviorum rex Eridanus, camposque per omnes
Cum stabulis armenta tulit.

Ganz mit den heutigen Farben endlich schildert Lucanus (unter Nero) einen Durchbruch des Po durch seine Dämme, 6, 272:

Sic pleno Padus ore tumens super aggere tutas
Excurrit ripas et totos concutit agros.
Succubuit si qua tellus cumulumque furentem
Undarum non passa ruit, tum flumine toto
Transit et ignotos aperit sibi gurgite campos.
Illos terra fugit dominos, his rura colonis
Accedunt donante Pado.

Ganz so richtet sich noch jetzt der Andrang des Hochwassers *(cumulus furens undarum)*, verhängnissvoll arbeitend, trichterförmig wühlend, gegen den Fuss der Dämme: die Allarmkanone erdröhnt, die Glocken läuten, reitende Wächter fliegen hin und her, die ganze männliche Bevölkerung im Umkreis der bedrohten Stelle ist auf den Beinen, Faschinen und Säcke mit Sand werden unablässig in die unterminirte Tiefe versenkt und mit Steinen und allem, was zur Hand ist, beschwert. Entweder rettet dann, wenn Sturm und Regen bei Zeiten nachlassen, die Menschenhand die gartenähnlich angebauten, mit Dörfern und Wohnstätten übersäeten Fluren — oder der Strom ist übermächtig, er sprengt die Fessel, die ihn bändigt, reisst den geöffneten Spalt augenansehnlich weiter und weiter und bedeckt verheerend viele Quadratmeilen mit seinen trüben wirbelnden Wogen, Bäume und Leichen umherspülend. In Anbetracht solcher drohenden Noth bewacht ein eigenes Polizei-Personal den „König der Ströme" unausgesetzt nach den Bestimmungen einer strengen Deichordnung. Was vom Regen abgespült worden, wird sorgfältig wieder aufgetragen; kein Baum darf an den Wällen angepflanzt werden, kein Thier dort weiden; jedem Riss, ja dem Maulwurf und seinen Gängen wird misstrauisch nachgespürt. Dass der Strom über seine Dämme trete, ist jetzt nicht mehr möglich: die Höhe derselben übertrifft überall den höchsten jemals beobachteten Wasserstand. Da der Po im oberen Laufe das von den Bergen mitgebrachte Geschiebe, im mittlern und untern wenigstens Sand und Schlamm fortwährend absetzt, so liegt das Flussbett höher als das umgebende Land — bei Ferrara so hoch als die Dächer der Stadt — und der Strom ist wie eine ungeheure mit Wasser gefüllte Rinne quer über die Ebene gelegt. Und wie der Po, so auch seine Nebenflüsse, und wie diese, so auch die Etsch und all die kleinern wilden Wasser, die von den Tyroler Alpen und durch Friaul den venetianischen Lagunen und dem adriatischen Meere zuströmen. Auch sie sind mit Deichen eingefasst und werden von den Umwohnern ängstlich bewacht. Der Bau und die Unterhaltung der Dämme vermehrt dort die Lasten, die den Ackerbauer drücken und die er nur durch unermüdlichen Fleiss zu tragen im Stande ist. Freilich gewährt die durchgängige Erhöhung der Flussbetten auch wieder den Vortheil, Kanäle ohne Schwierigkeit und in jeder Richtung von ihnen abzuleiten.

Je weiter nach Venedig zu, in die eigentlichen Niederlande, desto augenscheinlicher ist das Land weit und breit eine Schöpfung der Flüsse im Verein mit der Menschenarbeit und der Gegenwirkung des Meeres. Die successive Ablagerung lässt sich noch verfolgen, wenn auch nicht Schritt vor Schritt, so doch im Allgemeinen: wo einst Sümpfe waren, sind jetzt Gärten, Felder, Villen; wo sonst Wasserspiegel sich ausdehnten, wechseln jetzt üppige Wiesen mit unnahbarem Schilf und Moor; Salz- und Wasserpflanzen bemächtigen sich immer mehr der Strandseen; niedrige sandbedeckte Inselrücken werden abwechselnd vom Meere überflutet und wieder blossgelegt. Der Po, überfüllt und übersättigt, ganz ohne Gefälle, nur durch den Druck der obern Wasser noch fortgestossen, baut aus den erdigen Bestandtheilen, die er mitbringt, ein immer weiteres Vorland ins Meer hinaus, mühsam durch diese Barre sich den Weg bahnend; dann bei einem Hochwasser erinnert er sich, dass er das Meer in grösserer Nähe zur Seite hat; er durchbricht seinen Rand, eilt auf kürzerem Wege zur See und jener erste Lauf wird ein seichterer, ärmerer Nebenarm oder erstirbt auch ganz *(fiume morto)*, wenn im Laufe der Zeit andere Gabelungen erfolgen oder durch Durchbruch vielleicht das ganze System eine neue Gestalt annimmt. Im Allgemeinen ging in der Urzeit die Richtung der Powasser mehr nach Südosten, dem Apennin parallel, und ward allmählich immer mehr nach Norden gedrängt. Polybius fand den Po vom Punkte Trigaboli an, beim heutigen Ferrara, in zwei Arme, Padoa und Holana (sonst auch Olana, Volana), gespalten, von denen der erstere, südliche, einst die Flotten der mächtigen Stadt Spina getragen hatte, der letztere, nördliche — ein späterer Durchbruch, wie wir glauben — schon der grössere war und die eigentliche Handels- und Seestrasse bildete. Einen Hauptweg noch mehr nach Norden öffnete im Mittelalter der ungeheure Durchbruch vom Jahre 1152, während die Etsch in wiederholter Sprengung ihrer Dämme sich dem Po immer mehr näherte. Der Mensch aber half nach oder hinderte, je nach seinen Zwecken: er überlistete oder zähmte das furchtbare, gefahrvoll heilsame Element, durchgrub und durchwühlte den schlammigen Boden nach allen Seiten und fügte zu den Veränderungen durch *rotte* (Durchbrüche) seine eigenen wohlberechneten durch *taglj* (Durchschnitte). Oft aber zeigten die Folgen, dass er sich geirrt, dass ein neuer Arm, den er geöffnet, eine neue Richtung, die er den Wassern gegeben, eine Vereinigung oder Trennung derselben, die er unternommen, verderblich statt heilsam wirkte, z. B. den Sand aufhäufte, wo die Schifffahrt frei bleiben sollte: dann schloss er künstlich die von ihm selbst geschaffene Oeffnung wieder, gab dem Flusse seinen alten Weg oder einen dritten neuen, um vielleicht nach Jahren, wenn die Umstände oder die Ansichten sich geändert, wieder zu jener verlassenen Wasserstrasse zurückzukehren. Zwischen all diesen Flussarmen aber laufen in allen Richtungen, grade und mäandrisch gekrümmt, zahllose Kanäle und kleinere und grössere Wasserfäden in einem verworrenen Netz, von beladenen Schiffen und leichten Böten befahren, die, aus der Ferne gesehen, oft wie über die grüne Wiese dahinzugleiten scheinen*). Die Werke der Wasserbaukunst in diesen Gegenden sind in der That von einem Umfange, dass man erstaunt, wenn man sie überschlägt, und dass es schon den Alten, die noch kein Holland kannten, geläufig war, Venetien mit Aegypten zu vergleichen. Die

---

*) *Cassiodor. Var. 12, 24,* von den Schiffen der Veneter: *putantur eminus quasi per prata ferri, cum eorum contingit alveum non videri.*

ἐμπειρία, sagt Strabo (5, 5. *p.* 212) mit Bezug auf Venetien, wird Herr auch über die grössten Schwierigkeiten. Die Veneter, die alten wie die neuen, kann man sich ohne Schaufel und Ruder in der Hand gar nicht denken. Charakteristisch ist es, dass wenn einmal das Wasser verheerend durchbricht, sie sich immer gegenseitig im Verdacht haben, das Ereigniss künstlich veranlasst zu haben. Als in dem erwähnten Schreckens-Jahre 1152 der Po sich sein neues Bett quer durchs Land gegraben hatte, da ging die Sage, das Unglück sei durch neidische Menschen bewirkt worden, und noch jetzt darf bei gefahrvollen Hochwassern kein Kahn vom jenseitigen Ufer landen und wird beim Versuch mit Schüssen empfangen, in der Furcht, die Schiffer möchten heimlich eine künstliche Oeffnung bewirken wollen, um durch den Abfluss die Gefahr der Ueberschwemmung von der von ihnen bewohnten Seite abzuwenden.

Venedig selbst, die glanzvolle Lagunenstadt, taucht bekanntlich erst nach dem Untergang des römischen Reiches allmählig empor und die Alten wissen noch nichts von einer Stadt in dieser Lage — aber sie ist nur die Erbin, die gleichgeartete Tochter ihrer Vorgängerinnen, eine Schöpfung desselben Menschensinnes auf demselben Kampfgebiet zwischen Meer und Land. Zu einer Zeit, wo die reichen Fruchtgelände des östlichen Venetiens wohl noch von mehr oder minder seichten Wassern bedeckt waren, mögen sich am Rande derselben die Pfahldörfer, auf einzelnen erhöhten Inseln die Ansiedelungen der Veneter erhoben haben, eines sehr alten (Polybius: *πάνυ παλαιόν*), schon von Herodot als illyrisch bezeichneten Volkes, dessen Stammverwandte sich längs der ganzen adriatischen Küste Italiens bis gegen die

Südostspitze, wo sie als Messapier und Japygen auftraten, verbreitet hatten. An dieser offenen Stelle Italiens, durch Friaul und Venetien, im Umwege um die Sümpfe, werden denn auch die eigentlich italischen Völker, der umbrisch-sabinisch-oskisch-latinische Stamm, an den Venetern vorbei und über sie hinweg in die Halbinsel eingedrungen sein und weiter das Gebirge und die entgegengesetzten westlichen Küsten erreicht haben. Seitdem schränkten die Umbrer das venetische Gebiet ein; später erscheint ein anderes, fremdartiges Volk, die Etrusker, im Mündungslande des Po bauend und handeltreibend, dem dann die über die Alpen gedrungenen Gallier in der Herrschaft folgen. Zugleich aber taucht griechischer Einfluss, Verkehr zur See mit und durch Griechen und mehr als eine Spur griechischer Kultur und Kunstfertigkeit auf. Ob die Ansiedelungen oder die Besuche griechischer Seefahrer in diesen Gegenden, durch den Schleier mythischer Phantasiegebilde noch halb kenntlich für uns, der Ankunft der Griechen an den Südwestküsten Italiens gleichzeitig waren, ob Diomedes, die Personification griechischer Gründungen am Adriameer, oder die Odysseussage am tyrrhenischen Meer älter ist — bleibt uns verborgen. Wie die Felseninseln, die abgesonderten Vorgebirge dort, so lockten hier die Mündungen der Ströme, als sichere Häfen, und einzelne hohe Uferpunkte zur Anfahrt und zur Anknüpfung mit den Eingeborenen. Eine Reihe von Städten in dieser innersten Bucht, darunter die einen frühe blühend und mächtig, alle aber am und im Wasser liegend, bestanden hier so weit uns zurückzublicken gestattet ist: Ravenna, im seltsamen Wechsel- nnd Widerspiel zu Rom — gegründet, da von

Rom noch nicht die Rede sein konnte, dann sinkend in dem Masse, wie Rom sich erhob; dann, während Rom darnieder liegt, die glänzende, mit Palästen und Kirchen geschmückte, vielumstrittene Hauptstadt Italiens; dann, da das päpstliche Rom zur zweiten Weltherrschaft sich erhebt, wiederum in Nichts zurückfallend; Schule der Gladiatoren, durch Augustus Station der römischen Flotte und mit einem tiefen Kanal, der *fossa Augusta*, versehen; zu Strabo's Zeit von der Flut des Meeres bespült, ganz aus Holz erbaut (das Material mag von Istrien oder den Po hinab gekommen sein), nur aus Stegen, Brücken, Ueberfahrten bestehend, also zugleich Vorbild Venedigs, eine Gondelstadt, und in Anknüpfung an die urälteste Zeit ein zur Stadt erhobenes Pfahldorf; als Jordanis schrieb, gegen sechs Jahrhunderte später, bereits durch Gärten und Fruchtbäume auf dem Boden, der einst Hafen gewesen, und durch eine dazwischenliegende Ortschaft, Cäsarea, vom Meere getrennt; zu Procopius Zeit von einer See geschützt, die auf wenigstens dreissig Stadien durch Untiefen unwegsam gemacht war; jetzt beinahe zwei geographische Meilen ins Land hinein gelegen, voll wunderbarer Baudenkmäler, noch von Sümpfen umgeben, aber durch einen ungeheuren herrlichen auf altem Meeresgrund gewachsenen Pinienwald, den schon Dante und Boccaccio preisen, ja von dem sich schon bei Jordanis eine Spur findet, vor Malaria bewahrt; — Spina, nördlich von Ravenna, einst hochberühmt und blühend durch Seehandel; zu der Zeit, in der unsere ältesten Gewährsmänner lebten, bereits untergegangen oder zum Dorf geworden, offenbar in Folge veränderter Naturverhältnisse; so eng mit Griechenland verbunden, dass die Stadt für eine griechische Gründung galt und, als das delphische Orakel aufgekommen war, daselbst im Verein mit Cäre eine eigene Schatzkammer hatte; ihre ehemalige Stätte da zu suchen, wo jetzt die Sümpfe von Comacchio sind; — Hatria, gleichfalls mächtige Seestadt, das Meer, welches von ihr das adriatische benannt worden sein soll, durch Handel, wohl auch durch Seeraub beherrschend; zur Zeit der Etrusker von diesen besetzt und belebt, so dass sie als tuskische Stadt ausdrücklich bezeichnet wird; jetzt ein mitten im Lande liegendes, von einem Kanal umflossenes Städtchen zwischen Po und Etsch, dessen Vorzeit in Trümmern und Mauern zehn und mehr Fuss im Boden vergraben liegt; — Patavium, von dem troischen Helden Antenor gegründet, d. h. eine von jeher vorhandene Ortschaft der Veneter, durch Flüsse und Kanäle mit dem Meere verbunden, das sich uranfänglich vielleicht bis an ihre Thore erstreckte; noch lange nachher als Landstadt mächtig und gross, bis der Hunnenkönig Attila sie dem Erdboden gleich machte, später sich wieder erhebend, vom heiligen Antonius begnadigt, aber ihrer jüngeren Schwester Venedig dienstbar; — Altinum, auch einst ein Seehafen, zu Martials Zeit mit prächtigen Villen geschmückt wie jetzt die Kanäle der *terra ferma* von Venedig; an einem Meeresufer so lieblich, dass der genannte Dichter dort sein Leben zu beschliessen wünschte, wie Horaz zu Tibur, 4, 25:

Aemula Bajanis Altini litora villis —
Vos eritis nostrae requies portusque senectae,
Si juris fuerint otia nostra sui; —

endlich Aquileja, in einer wunder- und mythenreichen Gegend, von den Römern neu angelegt und benannt, der Stapelplatz für Waaren und Kulturverkehr aller Art in das innere Europa, zu illyrischen und keltischen, später auch germanischen Völkern. Im dritten Jahrhundert nach Chr. lief die nächste Verbindungsstrasse von Aquileja nach Ravenna noch immer über Altinum durch die sogen. *septem maria*, d. h. durch die Kanäle und Seen im Mündungslande der Etsch und des Po: diesen Weg wählten im Jahre 238 n. Chr. die Boten mit dem Haupt des bei Aquileja ermordeten Kaisers Maximinus und denselben Weg schlug in umgekehrter Richtung gleich darauf der neue Kaiser Maximus ein (Herodian 8, 6. 7). Die Fahrt über das Meer war nicht bloss durch Stürme unsicher, sondern auch die Landung nirgends mehr bequem. Als nun die Umwandlung des Bodens immer grössere Fortschritte machte, wohl auch in der Noth der Zeiten die Strombauten nicht mehr unterhalten wurden, die Einfälle der Hunnen, später der Gothen und der Longobarden Vernichtung brachten und drohten, da waren für die Flüchtigen unterdess neue Inseln und Sandbänke im Meere aufgestiegen, auf die sie ihre Wasserbaukunst, ihre Erdarbeiten, ihre Ruder- und Segelgewohnheiten übertrugen, und es entstand mitten in unerreichbaren Lagunen aus unscheinbaren Anfängen ein zweites Altinum und Aquileja, ein drittes Hatria und Spina — Venedig, die *dominante* der Adria, die schon gegen den Frankenkönig Pipin mit Glück ihre Unabhängigkeit behauptete.

Auch Venedig hat in grossartigem Mass die Arbeit fortgesetzt, durch die der Mensch dieses Küstengebiet umgestaltete. Den Einbrüchen des Meeres wurde durch Dammbauten gewehrt und der Flut nur bestimmte Thore gelassen; die Flüsse, die den Sand aufhäufen, wurden durch Seitenwege abgewendet. Die Inselstadt lief beständig Gefahr, des Fahrwassers sich beraubt zu sehen und dadurch in dieselbe Nichtigkeit zurückzusinken, wie ihre Schwestern im Alterthum. Daher die Bauten an Po und Etsch, an Brenta und Piave, für die von der Republik ungeheure Summen verwendet und die Wunder der Technik aufgeboten wurden, während immer neue Kanäle das Herz des inneren Landes der Schifffahrt öffneten. Aber der Welthandel hat seitdem andere Wege eingeschlagen, die Dogenrepublik ist gefallen; Triest vermittelt, wie einst Aquileja, den Verkehr mit dem Donaugebiet; nicht mehr auf schwimmendem Fahrzeug, sondern im Fluge auf der Eisenbahn über die ungeheure Lagunenbrücke zieht der Fremde in die Markusstadt ein. Seitdem dringen nur Wenige in das Innere der merkwürdigen Landschaft, an die Ufer des untern Po und der anmuthigen Etsch, Verg. Aen. 9, 680:

Sive Padi ripis, Athesim seu propter amoenum,

oder befahren auf leisem Boot die trägen Wasserstrassen, wie einst Martial, 3, 67 (Schneid.):

Cessatis, pueri, nihilque nostis,
Vaterno Rasinaque pigriores,
Quorum per vada tarda navigantes
Lentos tingitis ad celeuma remos —

und die alten Ravennaten, Sil. Ital. 8, 600:

Quique gravi remo limosis segniter undis
Lenta paludosae proscindunt stagna Ravennae.

Und doch kann nichts anziehender sein als sich, etwa auf der Entenjagd, von einer der Villen des obern Landes (die vielleicht von Palladio gebaut und auf der man etwa Gast des Besitzers, eines edlen Venetianers, ist) immer tiefer hinabzulassen zu den baumlosen grasbewachsenen Maremmen, von da zu den grundlosen Sümpfen und stehenden am Rande bewachsenen Süsswasserbecken, weiter zu den Salzwasserlagunen und abwechselnd überfluteten Lido's, von wo in unabsehbarer Ebene von fern die Kuppeln Venedigs sichtbar werden — wunderbar aus den weiten Gewässern aufsteigend, von den langen Strahlen der Abendsonne vergoldet. Dort liegt sie, die Stadt der flüchtigen Freude auf dunklem despotischem Grunde, die über den finstern Löchern der Inquisition eine immerwährende Hochzeit zu Kana feierte; in der die Liebe ewig ihr süsses Intriguenspiel spann und Morgen- und Abendland, Schelde nnd Nil unter dem Schutz des geflügelten Löwen sich begegneten, herrschend durch bemannte Galeeren und schlaue Gesandte, durchtönt von Musik, mit Blumen geschmückt, durch farbige Bilder von der Hand der Meister verherrlicht, von geheimnissvollen Gondeln durchschnitten — jetzt still, elegisch, verlassen, träumend von den goldenen Tagen, wo sich mächtige Monarchen vergebens gegen sie verbündeten und Cypern, Morea und Dalmatien ihr dienten. Ihr Leben stockt, wie die Strömung versandeter Kanäle, ihre phantasievolle Architektur verfällt und die Banken, ihre grosse Erfindung, die das Zeitalter Neu-Europas einführen halfen, schaffen und mehren auf andern Märkten der Welt den Reichthum und damit Macht und Bildung.

Drittes Kapitel.

Felsboden.

Je weiter von der venetischen Wasserlandschaft in den Süden der Halbinsel, in das sonnennahe gebirgige Kalabrien, auf die halbafrikanische Insel Sicilien — desto dürrer wird der Boden im Glutstrahle des Mittags, desto starrer, medusenhafter blicken uns die Züge der heissen Felsenwüste an. Kein Gedanke erweckt in diesen Gegenden, in Italien und Hellas, wie im Morgenlande, bei den Alten, wie noch heut zu Tage, grösseres Entzücken, als der an einen kühlen Bronnen, der aus der Felsenhöhle, dem Hause der Nymphen, eiskalt hervorströmt, von Platanen und Steineichen beschattet. Wie der Araber mit frommer Hand die Quelle am Wege mit Platten einfasst und mit Bäumen umpflanzt — denn den bösen Geistern gehört die Wüste, den Brunnen aber hat ein guter Genius geschaffen — so heisst auch griechischen und römischen Dichtern Quelle und Wasser heilig*) und so giebt schon der alte Hesiodus (*Op. et d.* 582 *ff.)* den kundigen Rath, im

*) Z. B. Theokr. 7, 136: ἱερὸν ὕδωρ, oder Vergil. Ecl. 1, 52: *fontis sacros,* oder Hor. Od. 1, 1, 22: *aquae lene caput sacrae.*

Hochsommer, wenn die Cicaden von den Bäumen herab singen und der Sirius die Glieder dörrt, am Rande einer unablässigen, lautern Quelle im Schatten der Bergwand zu ruhen, das Angesicht gegen den Zephyr gewandt. Bewässerung ist in diesen Gegenden die charakteristische Form des Acker- und Gartenbaus, und Wasserstrahlen zu schaffen, die er um seine Beete leiten könne, die erste Sorge des Kolonen. Der Nebenbuhler, *rivalis*, ist hier der Nachbar, der an meinem Bache, *rivus*, Theil nimmt oder ihn mir abzuschneiden versucht ist. Der Boden des Gartens ist von verzweigten Rinnen leise strömenden Wassers durchschnitten, Ovid. Fast. 2, 703:

Hortus odoratis suberat cultissimus herbis,
Sectus humum rivo lene fluentis aquae.

Schon in der Ilias (21, 257 ff.) ist ausführlich beschrieben, wie „der grabende Mann aus der dunkelfarbigen Quelle durch die Pflanzungen und Gärten den Strom Wassers leitet, in den Händen die Hacke haltend, aus der Furche den Schutt entfernend; das Wasser murmelt über die bewegten Steinchen fort und läuft auch wohl dem Leiter voraus", und in der Odyssee (7, 129 ff.) finden wir um den Palast des Alcinous zwei Quellen, von denen die eine zum Hause geleitet, die andere durch den ganzen Garten vertheilt war. Nicht anders dachte sich Göthe, in Sicilien reisend, die paradiesische Insel der Phäaken:

Dort wirst du in dem schönen Lande wandeln,
Im Winter Wohlgeruch von Blumen dich erfreun.
Es rieselt neben dir der Bach, geleitet
Von Stamm zu Stamm. Der Gärtner tränket sie
Nach seinem Willen.

Der Bauer in Italien, wie in Spanien und Griechenland, übt noch jetzt die Kunst, den Acker mit dem Spaten zu einer vollkommenen, etwas geneigten Ebene zu nivelliren; von dem Brunnen, den ein Esel umgeht, laufen die flachen Kanäle und umziehen die Beete, oder das Land ist in kleine Vierecke getheilt, die durch Dämmung eins nach dem andern überrieselt werden. Wo aber keine „immerfliessende" Quelle in der Nähe ist und der Löwe, „das wüthende Gestirn", die Bäche bis zum letzten Tropfen aufzehrt, da versteht es auch in Italien der Mensch, das Wasser des Winters in der Erde zu sammeln und Cisternen anzulegen, wie im Morgenlande. Aus alter Zeit sind auch wohl Wasserleitungen auf hohen gemauerten mit Epheu malerisch bekleideten Bogen noch übrig, die immer noch dienen, wenn auch an vielen Stellen die Feuchtigkeit durchsickert: denn wie die Cisternen mehr semitisch, so sind die Aquaeducte italisch und römisch. Es rettet auch der Thau in kühlen Nächten, der oft so reichlich fällt, dass er die Kleider des im Freien schlafenden Wanderers durch und durch durchnässt, die Vegetation vor dem Verschmachten — jetzt wie im Alterthum. So viel die grasende Heerde am langen Tage abrupft, so viel bringt in der kurzen Nacht der kühle Thau wieder hervor, Verg. Georg. 2, 201:

Et quantum longis carpent armenta diebus,
Exigua tantum gelidum ros nocte reponet.

Die berühmte Ebene von Reate im Sabinerlande war nur desshalb so fruchtbar, weil sie so reich mit Thau gesegnet war, und führte eben daher ihren Namen *Rosea*, *rosulanus ager*, bei Vergil *rosea rura Velini* — das Thaugefilde des Velinus. Bei der mystischen Vermählung des Himmels und der Erde, die bei Homer als Fabel von dem Beilager des Zeus und der Hera erscheint, träufelt frischer Thau auf die Blumen herab und lockt den schwellenden Rasen hervor, Il. 14, 347:

Ihnen gebar frisch grünenden Rasen die heilige Erde,
Lotus, besprengt mit Thau, auch Krokus und auch Hyakinthus,
Dicht zur weichlichen Streu, die vom Boden sie schwellend emporhob.
So des Lagers genossen sie dort, umhüllt von der schönen
Goldenen Wolk' und es rieselten nieder die Tropfen des Thaues.

Freude erquickt das Herz, wie der Thau das reifende Korn, Il. 23, 597:

Aber die Seele
Ward ihm erquickt, wie erquickend der Thau sich ergiesst um die Aehren
Wachsender Saat, zur Zeit wo stachlicht starren die Felder.

Und auch Ithaka, ein felsiges Eiland, war mit Regen und (wo dieser ausblieb) mit Thau gesegnet, Od. 5, 245:

Immer gewährt ist Regen und reichlicher Thau ihr.

Der Regen aber, wenn er kommt, ist in diesem Himmelsstrich gewaltig, stürzt mit plötzlichen Fluten hernieder, füllt auf einige Stunden die Hohlwege und Schluchten — *cava flumina* —, zerreisst die Bergpfade und schwemmt die aufgetragene Erde fort. Eine Wolke erscheint als dunkler Fleck am Horizont, wächst reissend schnell und kaum hat der Hirte Zeit, seine Heerde in der Felskluft vor dem Ungewitter zu bergen (Hom. Il. 4, 275). Der Himmel scheint auf Augenblicke in

Flammen zu stehen, betäubend rollt der Donner, es wanken dann die Berge selbst. Bei Homer (Il. 20, 56 ff.) erschrickt in solchem Moment sogar der Fürst der Unterwelt Aïdoneus — er springt vom Thron und schreit laut auf, in der Furcht, die Erde werde aufgerissen und ihre Tiefe, o Gräuel! sichtbar werden. (Was hat er am Tage der Schlacht von Solferino gesagt, als auf meilenweiter Wahlstatt das Dröhnen des Geschützes und der heisse Kampf von Hunderttausenden von einem Himmelsgewitter mit Donnerschlägen und Staubwirbeln übertönt und zum Stehen gebracht wurde?) Doch ist die Naturerscheinung vorübergehend, bald leuchtet der blaue Himmel durchsichtiger als zuvor, die reingewaschenen Felsplatten glühen ihm entgegen und das trockene, zackige, hin und wieder durch Steinblöcke gesperrte Bette des Wildbaches*) dient wie bisher dem Maulthier des Reisenden zum Wege.

Wie Bewässerung, so ist auch Terrassenbau eine südliche Form der Bodenkultur. An den heissen Felsabhängen werden mit eisernem Spaten breite horizontale Stufen reihenweise über einander dem Gesteine abgesprengt, in Körben mit Erde betragen und mit Rebstöcken und Oliven bepflanzt. Wo der Boden nicht reiner harter Fels ist, da muss Ausmauerung der Terrasse zu Hülfe kommen. Eine mühsame, beschwerliche Arbeit, die aber der arme Pächter unternimmt und bei der ihn nur sein Esel, der genügsame graue Freund, nicht verlässt. Es sind schwebende Gärten, oft mit schwierigem Zugang; regelmässig stürzt von Zeit zu Zeit ein Stück

---

*) *Adverrensque natantia saxa Charadrus,* Stab. Theb. 4, 712.

herab und muss neu untermauert werden; Sturzregen verwüsten oft das Werk langen Fleisses in wenig Augenblicken. Wie primitiv aber auch sonst die Bodenarbeit oft sein mag — Bewässerung und Terrassirung übt und versteht am Mittelmeer der Bauer überall mit Meisterschaft, durch uralte Tradition. — Verwandt damit sind die Silo's und die gemauerten Nekropolen, zwei Sittenzüge, die gleichfalls an das Morgenland erinnern. Die Silo's sind unterirdische ausgemauerte Höhlen zur Aufbewahrung des Getreides, mit engem brunnenartigen Eingang, so dass der Feind und Räuber oder auch der vorüberreitende Fremdling von aussen nichts gewahr wird. Dort ist der Weizen vor Fäulniss und Mäusen sicher und der Kornwurm, wenn er mit hineingebracht worden, stirbt ab. Die Länder des Orients zeigen überall noch Spuren solcher Gewölbgrotten und in Felsen eingehauener Kornmagazine aus uralter Zeit. Hirtius, *de bello Afric. 65*, berichtet: *est in Africa consuetudo incolarum, ut in agris et in omnibus fere villis sub terra specus condendi frumenti gratia clam habeant.* Im heutigen Palästina, Syrien u. s. w. dienen oft die Ruinen des griechischen und römischen Alterthums, versunkene Tempelgewölbe mit Säulen am Eingang, zu solchen unterirdischen Granarien. In Italien erwähnt zuerst Varro in seiner Schrift über die Landwirthschaft (1, 57, 2) der Siro's, wie sie damals noch hiessen, ehe das r im Volksmunde in l überging. Doch spricht er von ihnen mehr wie von einer ausländischen Einrichtung, die in Kappadocien, Thracien und in einigen Landschaften Spaniens gebräuchlich sei. Aehnlich drücken sich Columella (1, 6, 15) und Plinius (18, 30, 73) aus. Heut zu Tage beginnen die Silo's schon in Toskana und sind auf den Inseln Sicilien und Malta ganz gewöhnlich. — Wie das Korn wird auch das Oel in Felsenbehältern, iu gemauerten, glasirten, genau geschlossenen Erdcisternen von oft ungeheurer Grösse aufbewahrt. Unterirdische Oelmagazine der Art finden sich überall in den Handelshäfen und Hauptorten der olivenreichen Gegenden, z. B. in Livorno und in den Thermen des Diocletian in Rom; von allen am berühmtesten aber sind die dunkeln, kühlen, in den lebendigen Kalkfels geteuften Oelbrunnen von Gallipoli in der Terra di Otranto. Von den Athenern und von allen übrigen Griechen meldet ein alter Zeuge (der Scholiast zu Aristoph. Eccl. 154) ausdrücklich, sie hätten in weiten ausgetünchten unterirdischen Gruben von bald viereckiger, bald runder Form — *λάκκοι* genannt — ihren Wein und ihr Oel aufbewahrt, und ähnliche ausgetünchte Weincisternen trafen die Zehntausend in den Dörfern der Karduchen an (Xen. Anab. 4, 2, 22). — Im Zusammenhang mit all dem stehen die Felsengräber, die ausgemauerten, trockenen Grabkammern und Todtenstädte in Kleinasien, Syrien, Afrika, Spanien und dem mittlern und südlichen Italien. Wer kennt nicht die Bergwände in Phrygien mit den säulenverzierten Grabstätten der alten Könige mit Namen Gordias und Midas und die gleichen in Lycien? Oder die Schatzkammern des ältesten Griechenlands, die *θησαυροί*, und die ihnen so ähnlichen Hypogäen der alten Etrusker, die an so vielen Orten Italiens aufgedeckt werden, jene Todtenstädte, die sich unter der Erde oft so wunderbar erhalten haben, indess oberhalb die festen Städte längst in Staub zerfallen sind. Die künstlichen Grotten und Höhlen an hoher Felswand, die man hin und wieder in Kalabrien und Sicilien trifft, müssen auch die Wohnungen oder Gräber unbekannter Urvölker gewesen sein. Denn während im Norden der Mensch, um sich vor der Witterung zu bergen und vor Feinden und Thieren zu sichern, Gräben in die weiche Erde grub, deren Oeffnung er mit Mist bedeckte, oder Dörfer auf Pfählen in den Seen und Lagunen anlegte, wohnte er hier in den Gebirgen des Südens in hochgelegenen Felsenkammern mit mühsamem oder leicht zu sperrendem Zugang; später als er in die Ebene hinabzog, barg er oben wenigstens noch seine Todten; ganz spät, in der christlichen Zeit, steckten bisweilen mönchische Einsiedler in jenen Löchern, fromme Selbstqual übend, die im südlichen Klima und durch Gewohnheit gemildert zuletzt nicht unbequem fiel, und den süssen Weihrauch der Bewunderung und Anbetung einziehend, der von der unten stehenden Menge aufwärts stieg. Noch im heutigen Italien herrscht die Sitte, die Todten in langen Wänden über der Erde einzumauern und den Namen auf eine Tafel für den Vorübergehenden einzuschreiben. Eine besonders schöne Nekropolis dieser Art besitzt z. B. Bologna, und wer auf der Eisenbahn von Norden kommt, versäume nicht sie zu besuchen. Unabsehbare Arkaden umschliessen weite viereckige Höfe, in denen einzelne Cypressen ernst und starr emporsteigen. In den Bogengängen reiht sich Nische an Nische, Grabmal folgt auf Grabmal mit prächtigen Skulpturen; auf Marmortafeln sind neben den Symbolen der Religion des Kreuzes heidnisch latinisirte Titel und Lobsprüche eingegraben. Kommt ein neuer Todte hinzu, so wird eine neue Arkade angebaut, oder, wenn er einem schon bestehenden Grabgeschlecht angehört, die Platte gehoben und er neben den Seinigen bestattet. Es ist ein grossartiger immer wachsender Portikusbau mit langen kühlen Spaziergängen auf marmornem Fussboden, zugleich ein Museum und eine Ruhmeshalle, die dem Bürger die edeln Geschlechter und hervorragenden Männer seiner Stadt vor Augen stellt. In der Mauer an der Strasse der noch im Leben Wandelnden zu ruhen, ist doch ein schönerer Gedanke, als im faulenden schwarzen Bretterkasten tief in den sumpfigen Erdboden verscharrt zu werden! — Auch für die Lebendigen war es schöner, in den an natürliche Anhöhen gelehnten Theatern des Südens (z. B. in Frascati und Taormina) auf Stufen aus lebendigem Fels gehauen zu sitzen, als in unseren sammetbeschlagenen Logen. Von jenen Sitzreihen beherrschte der Blick Land und Meer im freien Sonnenlicht, er fiel auf die Linien des Gebirges, nicht auf lampenbeschienene vergoldete Schnörkel und falsche Curven — und damit war auch so vieles Falsche in Kunst und Empfindung ausgeschlossen.

Viertes Kapitel.

Vegetation.

1. Im Allgemeinen.

Mit der steigenden Kraft des Lichtes und der Wärme nimmt jenseits der Apenninen auch die Vegetation eine andere Art und Gestalt an und gebietet über reichere organische Mittel. Was den Wanderer aus Norden zunächst in Erstaunen setzt, ist die mit jedem Schritt nach Süden sich mehrende Zahl immergrüner Gewächse. Die Villen in und um Rom z. B. glänzen um Weihnachten oder zu Neujahr in ihrem frischesten grünen Schmuck: wer sich um die genannte Zeit in einem dieser herrlichen Gärten auf einer sonnigen Bank niedergelassen hat und sich von dunkeln Laubwänden, nicht von kahlen starrenden Baumgerippen umgeben sieht, der möchte im Gedanken an die winterliche Heimath, wie einst Göthe an derselben Stelle, ausrufen:

Träum' ich? Empfänget
Dein ambrosisches Haus, Jupiter Vater, den Gast?

Die Adonisklage des Wintersolstitiums und der Jubel der Wiederkehr gilt in Süditalien für eine Menge immer ernster und sich gleicher Pflanzen nicht. Ausser den Gewächsen, die einst der Mensch aus andern Zonen hieher versetzt hat, besonders aus den syrisch-aramäischen Wüstengebieten und aus Armenien und Medien, auch aus Griechenland: der Pomeranze und Citrone, der Cypresse und Pinie, dem Lorbeer und der Myrte, dem Granat- und Johannisbrotbaum, der Olive und Pistazie, der aus Amerika stammenden Magnolie, den gleichfalls der neuen Welt angehörenden Agaven und Opuntienkaktus — ausser diesen und andern Zier- und Kulturgewächsen, die die Kraft, den Winter grünend zu überdauern, aus ihrer wärmeren Heimath mitgebracht haben, ist auch die wilde einheimische Flora so reich an immergrünen Bäumen und Sträuchern, dass das Jahr sich hier nicht in eine lebendige und völlig todte Zeit, vielmehr nur in eine des glühenden und des gedämpften Lebens theilt und dass grade im Winter die Natur ein wohlthuendes Ansehen milder stiller Heiterkeit trägt. Immergrün sind die dunkeln Laubmassen der Eiche *(quercus Ilex)*, der echten und falschen Korkeiche *(quercus Suber* und *Pseudosuber)*, die Gruppen und Wälder von *pinus Laricio* und *p. Halepensis*, die meisten der zahlreichen Büsche und baumartigen Sträucher auf den Bergflächen und an den Abhängen der Felsgebirge, der liebliche Erdbeerbaum *(arbutus Unedo)* mit dem dunklen Laube und den rothen Früchten, der sog. falsche Lorbeer *(viburnum Tinus)*, der Buxbaum, die verkrüppelte Kermeseiche, der stachlichte Mäusedorn *(ruscus aculeatus)*, der südliche Wegdorn *(rhamnus Alaternus)*, der den Bächen folgende hochblühende Oleander und die *rosa sempervirens*, die südlichen Juniperusarten *(j. phoenicea, oxycedrus, macrocarpa)*, die Zwergpalme, die blaugrünen fleischigen Agaven und Opuntienkaktus u. s. w. Nur wo die Ulmen und Pappeln, die Reben und Kastanien vorherrschen, da raschelt zur Winterszeit dürres Laub am Boden wie im Norden, die Sonnenlichter spielen allzufrei durch die Kronen und Zweige der Bäume, wie im Ulmenhain bei Ariccia im Albanergebirge, und der Frühling bringt eine zauberische Verwandlung. Aber auch dort bekleidet wenigstens dunkelgrüner Epheu in dichtem Ueberzuge die Stämme der entlaubten Bäume, zwischen denen man wie in einer Halle grüner Säulen wandelt. Bezeichnend ist der Umstand, dass es Gewächse giebt, die in Norditalien, am Fuss der Alpen ihr Laub abwerfen, im südlichsten Italien aber immergrün sind, z. B. der Terpentinbaum *(pistacia terebinthus)*, andere, die in den wärmern Strichen Kleinasiens und Syriens das ganze Jahr ihr Laub behalten, in Italien aber im Winter sich entlauben. — Eine andere Folge des wärmern Klimas ist der grössere Reichthum an Arten, der die Pflanzenwelt Italiens im Gegensatz gegen die Länder nördlich der Alpen auszeichnet. Zu den belebenden Wirkungen der südlichen Breite kommt in dieser Hinsicht noch die Halbinselgestalt des Landes, der Wechsel von Berg und Thal, die Mannigfaltigkeit des Bodens, der Lage und des Neigungswinkels, auch der uralte Handelsverkehr, die Einführung von Unkräutern mit den Samen der Kulturpflanzen u. s. w. Wir überlassen es den Botanikern die Ziffer der Familien und Arten, um welche die Flora am südlichen Fuss der Alpen die Flora Süd- und Norddeutschlands übertrifft, genau festzustellen, so wie die in Norditalien fehlenden und jenseits des Apennin auftretenden neuen Genera und Species aufzuzählen, aber auch schon dem blossen Naturfreunde, dem aufmerksamen Reisenden fällt die Mannichfaltigkeit herrlicher Blumen, wechselnder Kräuter und Gesträuche, die bunte Fülle immer neuer Pflanzengestalten auf. Was er zu Hause nur in einer Art kannte, tritt ihm hier mehrfach und vielfach entgegen; was er nur in Gewächshäusern gesehen, erscheint hier zuerst einzeln im Freien, um noch weiter gegen den Aequator sich in einer Menge Arten freudig auszubreiten. Besonders reich ist in Italien das unübersehbare Heer der Schmetterlingsblumen; aber auch die Familien der Liliaceen, Amaryllideen, Orchideen, der Cichoriaceen, Sileneen, Antirrhineen, Ranunculaceen, der Malven, Geranien, Convolvulus u. s. w. wuchern üppig in Arten und Individuen. Dabei färben sich die Blumen mit einem Glanz, den ihre Schwestern im Norden entfernt nicht erreichen; manche, die dort ungefärbt bleiben, nehmen hier zarte Farben an; besonders ein leuchtendes Goldgelb herrscht vor — wie bei den Papilionaceen, Euphorbien, Verbascumarten u. s. w. — obgleich auch das liebliche Blau, wie bei den Borragineen, dem *vitex agnus castus* — diesem Gesellen des Oleander am Rande der Wasserläufe —, den Glockenblumen u. s. w., nicht fehlt. So hervorstechend ist diese mannigfache Blumenpracht, dass selbst der ernste Alterthumsforscher, den die Natur sonst wenig angeht, wenn er die Stätten alter Trümmer durchklettert und über zerstreut daliegende Quadern und Säulenfragmente steigt, nicht umhin kann, den Blick auf das überall zwischen dem Gestein hervorbrechende verworrene Gewühl blühender Stauden und Sträucher zu wenden. Besonders im Frühling nach erfrischendem Regen bedecken sich die Hügel und Gefilde weit und breit mit einem buntgewirkten Teppich, über den die Schmetterlinge — gleichfalls grösser, glänzender und zahlreicher als bei uns — flatternd schweben. — Wie die Zahl der Arten gestiegen ist, die Farbe der Blumen deutlicher und entschiedener geworden ist, so ist auch der Duft der Pflanzen in Italien von ganz anderer Intensität als in Mittel- und Nordeuropa. Es giebt Zeiten im Jahr und Gegenden in Italien, wo Alles in Duft schwebt und jeder Athemzug bei Tage und bei Nacht mit balsamischen Wohlgerüchen geschwängert ist. Fast jede Pflanze, die man berührt, fast jedes Blatt, das man zerreibt, hinterlässt an der Hand einen würzigen lange haftenden Duft. Unzählige Disteln verbreiten süssen Honiggeruch, von der blühenden Oelwaldung und Rebenpflanzung kommt ein zarter Hauch, wildwachsende Narcissen und Goldlack, Nelken und Violen, Geissblatt und *clematis flammula*, Rose und Orangenblüte mischen ihre herrlichen Düfte mit dem Balsam der Zapfenbäume, der Myrtaceen, der Pistazien und Lorbeern und der tausend Gewächse aus den Familien der Corymbiferen und der Labiaten. Besonders die letzteren, Rosmarin, Salbei, Thymian, Satureja, Lavendel, eine Menge Arten Münze u. s. w. verrathen ihre Gegenwart auf allen Hügeln, an den Wegen, in der Nähe der Kirchhöfe, auf verwahrlosten Höfen, in den Ruinen u. s. w. Selbst Morgens in den Städten, wenn die Märkte sich mit Gemüse füllen und von dort die Küchen in den Häusern sich versorgen, wird man durch alle Strassen und an allen Hausthüren von dem durchdringenden Geruch der Wurzeln, Stengel und Blätter verfolgt; denn auch das Gemüse ist hier, wenn auch oft nicht so zart als in den bedeckten Mistbeeten des Nordens, doch reicher an natürlichem Duft und eigenthümlichem Geschmack. —

Kein Wunder, wenn es hier so viel Pflanzen und Pflanzentheile giebt, die zu Räucherwerk dienen und aus denen wohlriechende Wasser und ätherische Oele bereitet werden. Ein brennendes Stück Olivenharz, angezündete Lentiscuszweige auf dem Heerde erfüllen auch die Hütte des Armen mit angenehmem Wohlgeruch und eine Menge Kräuter, z. B. aus der Familie der *Compositae* die *balsamita vulgaris L.*, geben ihm gewürzhafte Essenzen. Daher auch der Reichthum an officinellen Pflanzen, an Arzneigewächsen: in dem mildern Klima, bei der erhöhten Energie des organischen Lebens entwickeln eine Menge Pflanzen heilkräftige Säfte; der Landmann sammelt sie für sich oder für den Apotheker in der Stadt, der sie ihm für ein Geringes abnimmt. Mag auch in der Arzneimittellehre des Volkes Vieles nur Phantasie, uralte auf religiöser Symbolik ruhende Tradition sein, immerhin ist die Fülle von balsamischen Aromen in der italienischen Flora, wenn auch mit der arabischen verglichen unbedeutend, doch gegen die kalte, stumpfe und wässerige Pflanzenwelt des Nordens gehalten, ausserordentlich. So verfertigen die Hirten in den Abruzzen ihre weitberühmte *acqua di cent' erbe*, das Hundertkräuterwasser, dem wunderbare Wirkungen zugeschrieben werden und welches sie in der That oft äussert, was auch die wissenschaftliche Medicin dazu sagen mag. Manchem *brigante* der neuesten wie der ältern Zeit ist damit auf seinem Lager von Laubzweigen die empfangene Schusswunde geheilt worden; das Beste that dabei freilich der „allgegenwärtige Balsam allheilender Natur," d. h. der kräftige Organismus des Natursohnes. Nicht verschieden davon ist es, wenn der italienische Boden auch eine

Menge Giftpflanzen trägt, vor denen der Landmann warnt, z. B. die vielen Euphorbien und manche Ranunculusarten, und wenn die Gifte betäubender und tödtlicher sind, als bei uns. Nicht umsonst hat Italien, wie die ersten Apotheken in Europa, so auch Giftmischer und Giftmischerinnen, und nicht bloss Wundwasser, sondern auch die *acqua toffana* horvorgebracht. — Verwandt mit all dem ist ferner der Reichthum an vegetativen Färbestoffen, den die Landleute besonders in Süditalien zu verwenden wissen. Bald sind es die Wurzeln, bald die Blätter oder das Holz, bald die Kohle und das Harz der Pflanze, mit denen die neapolitanischen Mädchen und Frauen ihre Wollen- und Leinwandstoffe, ihre Säume, Gürtel, Tücher und Schürzen roth und gelb und blau zu färben wissen. Gewiss hat der bunte Geschmack bei jenen Volkstrachten nicht bloss in der Heiterkeit des Himmels und der Fülle des Lichtes seinen Grund, sondern auch in dem reichlich auf Bergen und in den Wäldern dargebotenen Farbematerial. — Wie mehr färbende Säfte, so gewährt die Pflanzenwelt Italiens seinen Bewohnern auch mehr Nahrungsstoffe aller Art. Bekannt ist, dass im Süden der Mensch überhaupt mehr vegetabilische, im Norden mehr animalische Kost geniesst; dies Verhältniss ist oft als im Klima begründet und als physiologisch nothwendig dargestellt worden; sicherlich aber hat der Charakter der reicher spendenden Vegetation auch seinen Antheil daran. In erster Linie stehen hier die Fruchtbäume, die dem Norden versagt sind und von denen wir nur drei nennen wollen: der Oelbaum, dessen Produkt im südlichen Haushalt noch weit mehr Alles in Allem ist als die Butter in Holstein oder in Schweden, denn das Oel dient nicht nur zur Erleuchtung und in Gestalt von Seife zum Waschen, sondern auch zur Bereitung der meisten Speisen, und ein unergiebiges Oeljahr ist eine grosse Calamität; der Feigenbaum, dessen zuckerträufelnde Früchte frisch und getrocknet die Familie des Armen ernähren helfen, denn sie sind häufig, wohlfeil und zuträglich; die Kastanie, in manchen Gegenden mehrere Monate des Jahres hindurch die vorzüglichste Volksnahrung, so dass die mehr oder minder reichliche Kastanienernte Einfluss auf die Weizenpreise hat. Aber auch die Küchengewächse sind hier mannichfacher, und auf den Krautmärkten der grössern Städte pflegt um die Springbrunnen herum eine verwirrende Menge Wurzeln, Blätter und Knollen aller Art den musivischen Steinboden zu bedecken und die Auswahl zu erschweren. Manches davon ist bei uns nicht bekannt, nicht gebräuchlich, das Bekannte erscheint in zahlreichen Varietäten; auch stammen unsere deutschen Gemüse, wie schon ihr Name lehrt, fast alle aus Italien, nur wenige sind ursprünglich in Deutschland heimisch. Noch mehr aber erstaunt man über die grosse Anzahl wildwachsender Pflanzen, die der Landmann, ja auch der Städter zur Nahrung verwendet. Je nach den Landschaften ist dieser Gebrauch verschieden, immer aber sehr mannichfach; jede Jahreszeit bringt aus den Bergen und Gebüschen, vom Rande der Felder und Wege, auch von den Bäumen irgend welche zarte Blättchen, junge Sprossen, Wurzeltriebe, Blütenknospen u. s. w., die entweder die Suppe würzen oder zu einem Gemüse verkocht werden oder roh oder gesotten mit Oel, Salz und Essig einen Salat abgeben. Von dem Vielen dieser Art kommen uns nur etwa die Kappernknospen zu: wir thun sie in unsere Speisen und wissen in der Regel nicht, dass wir mit jedem dieser kleinen Köpfchen eine der herrlichsten Blumen — ein weisser Kelch mit einem Büschel lilablauer Staubfäden — in unentwickelter Knospe verzehren. Besonders häufig und beliebt aber sind in südlicher Weise die kalten Salate aus gesammelten wildwachsenden oder in die Gärten versetzten Pflanzen: man schmückt das erfrischende und leicht nährende Gericht dann noch mit den essbaren orangefarbenen Blütenkronen des *tropaeolum majus* oder den himmelblauen des Borretsch oder den rosenrothen des Judasbaumes *(cercis siliquastrum)* u. s. w. Auch an essbaren Pilzen ist Ueberfluss, darunter manche vom feinsten Geschmack, wie sie in den Fichten- und Birkenwäldern des hohen Nordens nicht vorkommen; nur die nordischen Beeren sind so gut wie verschwunden: von Moor- und Heidel- und Preisselbeeren weiss der Italiener nichts, die Brombeeren und Maulbeeren werden nicht geschätzt, die Arbutusfrüchte sind mehr eine Speise der Vögel als der Menschen und auch die Erdbeeren, obgleich sehr gewürzig, doch nicht so häufig als z. B. in der Schweiz.

2. Wüstenflora. Paradiese.

Die Länder am Mittelmeer sind ihrem eigenthümlichen und vorherrschenden Charakter nach Felsenwüsten, von Licht umflossen: demgemäss ist auch die Flora Italiens, wenigstens des mittlern und südlichen, entweder die der Oase oder eine Strand- und Felsenflora, beides oft gleichzeitig oder hart zusammenstossend. Zwischen kahlem und heissem Gestein, am Fuss der im Aether sich badenden unbekleideten Bergstöcke dehnt sich die humusreiche bewässerte Vega aus, deren Ertragsfülle durch den Contrast für die Anschauung noch gehoben wird. An solchen begünstigten Stellen drängen sich hinter undurchdringlichen Kaktushecken alle Kulturarten durch und mit einander in verworrenem Reichthum: derselbe Boden, der unten üppige Weizenähren oder strotzende Maiskolben trägt, ernährt oberhalb süsse Feigen in schattigen Baumkronen oder bewaffnete Walnüsse oder fette Oliven und an den Fruchtbäumen noch die umschlingende Rebe mit schweren Trauben, denen die dichte doppelte Beschattung eher wohlthut als schadet. Und wie derselbe Fleck Erde gleichzeitig alles gewährt, so folgt sich auch ergiebiges Wachsthum ununterbrochen. Kaum hat der Winzer die letzte Beere vom Stock gelesen, da stehen die Mandel- und Aprikosenbäumchen schon in weisser und rother Blüte und an die letzte Rose an der Hecke reiht sich auf sonnigen Hügeln der duftende Frühlingssaffran oder das Crocusblümchen. Die Oliven- und Orangenernte geht den ganzen Winter über fort. Blüten und Früchte hängen an demselben Zweig, wie bei den Agrumi und den Arbutusbäumen:

Dort dringen neben Früchten wieder Blüten,
Und Frücht' auf Früchte wechseln durch das Jahr.

In der *Campagna felice* ruht die Bodenarbeit eigentlich nie und kein Monat im Jahre bringt vollkommenen Stillstand: auf die Feldfrucht folgen Bohnen als Winterfutter und dann wieder Weizen oder Mais und abermals Lupinen oder Wassermelonen oder purpurblütiger Klee u. s. f. Dies ist Oasenfülle, Oasensegen. Aber steigt man von solchen Paradiesen in das Berggewirre auf, da beginnt jenseit der Olivenregion die Wüstenflora, die holzige, stachlichte Strauchvegetation, die sogenannten *macchie*, die z. B. den grössten Theil der Inseln Sardinien und Korsika bedecken und die eigentlich charakteristische Vegetationsform für diese Länder bilden. Hier zeigt die Pflanzenwelt deutlich die Wirkungen eines trockenen Klimas. Struppige Kräuter, die dem Brand der Sonne widerstehen, starren pfriemenartig, immergrün, gewürzhaft duftend an den Stirnen und Abhängen der Felsen; die Bäume, am Aufstreben gehindert, breiten sich als dornige, ästige, von Schlingpflanzen dicht durchzogene Büsche und Sträucher am Boden aus. Den unvorsichtigen Wanderer, der sich mit nackten Füssen oder blossen Händen durch das Dickicht schlagen will, verwunden von allen Seiten die zu glatten scharfen Nadeln verhärteten Haar- und Blattorgane dieser südlichen Heidepflanzen, die ausserdem noch oft mit klebrigem Saft gegen die Berührung gewaffnet sind. Hier ist der Bezirk des Arbutus- und Lentiscusstrauches, der Stechpalme und der Kermeseiche, des Cistusgebüsches, der Myrten- und Wachholderarten, der scharfen Stechwinde u. s. w. Hier werden die Reisigbündel gesammelt, mit denen die Esel beladen in die Städte kommen und die sich der Städter für seinen Herd kauft, gleichzeitig mit den Wurzeln und Kräutern, die am Feuer jener gekocht werden sollen. Hier ist auch das Reich jener Bergwasser, die, durch nichts aufgehalten, sich tiefe zerrissene Schluchten aufwühlen, die einen grossen Theil des Jahres völlig trocken liegen. Weiter führt der Weg dann wohl auch durch reine Felsenwüste zu kahlen wasserlosen Hochflächen, wo alle Vegetation aufgehört hat; dann wieder stellenweise zu herrlichen Gruppen mächtiger Bäume, eigentlichen Baum-Oasen, die den Reisenden laben und entzücken: Platanen mit dichtem Schatten, Ceratonien, mit gewaltigen Wurzeln den Steinboden umklammernd und mit dem bald schwarzdunkeln, bald zarteren Laube — dem jungen Jahrestriebe — eine menschliche Wohnung überwölbend, oder Kastanienwaldung und Eichenbestände, hoch, kühl und luftig, die Stämme mit Epheu umsponnen und unter einander durch schwebende Festons verbunden; dann wieder *macchie* und immer höher hinauf sogar Wiesen wie in der Schweiz — wo man aber das eigentliche Italien, so zu sagen, schon tief unter seinen Füssen hat. Schouw kam bei Ersteigung des Gran Sasso d'Italia erst durch immergrüne Eichen und die Region der Gebüsche von Myrten und Pistazien (d. h. *p. Lentiscus*), dann zum Gürtel der Buche, die höher hinaufging als das Getreide, da es der Buche im Gegensatz zu den Cerealien nicht sowohl auf Sommerwärme als auf die Höhe der mittleren Jahrestemperatur ankommt, — endlich zu Wiesen mit Alpenpflanzen und wirklichen Schneefeldern noch im Juni. Am Gennargentu, dem höchsten Berge der Insel Sardinien (1918 Meter, Breite genau 40°), fand La Marmora über der Zone der Kastanien und Walnüsse Eichenwaldung, dann die Region der immergrünen holzigen Sträucher, Cistus-, Myrten-, Arbutusgebüsch, Eisenbäumchen und Stechpalmen, über diesen längs den Betten der wilden Bergwasser Erlen, dann nur noch verkrüppeltes Gesträuch, Zwergwachholder, gelben Genzian, eine Thymianart, *crocus minimus* und in den Schluchten Schnee, der sich oft das ganze Jahr hindurch erhält. Die Reihenfolge der Vegetation auf dem Aetna ist oft beschrieben. Ergreifend aber und ganz im Sinne italienischer und mittelländischer Natur ist der Contrast des dürren, malerischen Monte Pellegrino bei Palermo mit dem Fruchtreichthum der an seinen Fuss sich lehnenden goldenen Muschel, der herrlichen *Conca d'oro.*

3. Wald.

Giebt es in Italien Wälder im eigentlichen Sinne des Wortes? Mancherlei Ursachen scheinen die Existenz derselben unmöglich zu machen. Jene soeben besprochene zwischen Wald und Wüste die Mitte haltende Strauchvegetation kann sich schon deshalb nicht zu höherem Wuchs erheben, weil sie von den Ziegen gleichsam ewig unter der Scheere gehalten wird; von Zeit zu Zeit greifen auch die Feuer der Hirten um sich oder die Heiden werden absichtlich in Brand gesteckt, um nach den Winterregen kräftiges Gras zu geben. In beiderlei Hinsicht also sind es die Weidegewohnheiten der Bevölkerung, die dem Waldwuchse entgegenstehen. Dazu kamen bis jetzt die Besitzverhältnisse, die jede Schonung und Pflege des Waldes erschwerten. Ein Wald, der mit Holz- und Weideservituten belastet ist und der immer sorglosen todten Hand, Klöstern, Kirchen, frommen Stiftungen u. s. w. gehört, kann nicht gedeihen und verwandelt sich allmälig in Gestrüpp und Heide. Gemeindeforsten sind in der Vorstellung der Umwohnenden ein allgemeines Gut, an dem jeder Theil hat — Wildniss, in der die Schafe und Ziegen weiden und die Schweine Eichelmast suchen und aus der Stecken und Hölzer aller Art und zu allem Gebrauche geholt werden. Ein Verbot würde hier schwer ausführbar sein und als der Gipfel der Unbilligkeit und Bedrückung erscheinen. Dazu das geringere Holzbedürfniss in einem warmen Klima und die Eigenthümlichkeit der sich selbst genügenden Bodenkultur. Die Abfälle fast aller Kulturzweige, die Schalen der Kastanien und Nüsse, die Rindentheile des Hanfes, die Maisstengel, die Reste der Oelpressen, die bei

Schneitelung der Fruchtbäume, z. B. der Olive oder der Rebe, zur Seite fallenden Aeste u. s. w. dienen zur Feuerung; Kastanienklötze geben Holzwerk aller Art, z. B. Weinfässer; der Boden wird endlich auch direct auf Holz kultivirt; angepflanzte Weiden, Ulmen und Pappeln säumen die Aecker oder stehen mitten im Weizenfelde, weite hochwogende Felder von *arundo donax* liefern Stützen für die Reben, Bekleidung der Wände, Nahrung für Herd und Kamin u. s. w. Da so der Ackerbau sich selbst sein Holz schafft, da das Bedürfniss vielleicht halb so gross ist wie in Deutschland — um wie viel geringer als in Polen, Schweden und Russland — so wird die Abwesenheit des Waldes natürlich nicht so schmerzlich empfunden. Bei alledem ist es Thatsache, dass Italien noch schöne, herrliche Wälder besitzt, die allerdings nur der sieht, der die gewöhnliche Heerstrasse der Touristen meidet. Die toskanischen Maremmen, einst durch Malaria geschützt, bilden jetzt einen weiten, von Kanälen durchschnittenen und rationell behandelten Forst, der, durch die Eisenbahn erschlossen, Bau- und Schiffsholz, Dauben, Fassstäbe, Bahnschwellen u. s. w. nach Livorno liefert. Selten von Reisenden besucht, aber wenigstens dem Namen nach bekannt sind die zusammenhängenden Wälder der Abruzzen, der Kalkgebirgsmasse des Gargano, des finstern, granitenen, in der neuesten Geschichte berühmt gewordenen Aspromonte, des Monte Pollino am Meerbusen von Tarent u. s. w. Die Gesetzgebung der letzten Zeiten hat sich eifrig bemüht, diese Forsten theils zu erhalten und nutzbar zu machen, theils zu lichten und durch Wege zu öffnen; strenge Strafen drohen dem Waldfrevler, an Verordnungen fehlt es nicht; der Erfolg freilich ist fraglich. Dass bei der Regierung wie bei den grossen Grundbesitzern wenigstens das Bewusstsein erwacht ist, am Walde einen kostbaren Schatz zu besitzen, darf schon für einen Fortschritt gelten. Zu Hülfe kommt den Bergwäldern die Entlegenheit, der Mangel an Land- und Wasserstrassen, die Beschaffenheit des Felsenbodens, der nach Abtrieb des Holzes eine Beute der wilden Wasser werden würde und keinen Kulturertrag verspricht. Aber Kohlenbrenner treiben droben ihr Wesen, Theer wird gesotten und zahllose Heerden von Schweinen, deren Fleisch als *salame* und *presciutto* noch jetzt wie im Alterthum die allgemeinste Zukost in ganz Italien und neben dem Käse fast die einzige animalische Nahrung bildet, werden mit den Eicheln und Schoten der Bäume gemästet.

Wer aber jemals einen Wald in Italien betrat, der wird gestehen müssen, dass derselbe für Anblick und Gefühl ein anderer ist, als der auf den Alpen oder an den Gestaden der Ostsee. Der süditalische Wald ist klangvoll, von reinem Licht und Blau durchschimmert, in seinem Aufstreben, Beugen und Schaudern elastisch und nervig; oft gleicht er einem Tempelhain, nur da, wo er, wie auf dem Gneis- und Glimmerschieferboden des Sila-Gebirges, aus düstern Kiefern besteht, einem furchtbaren Gotte geweiht; meistens ist er mit Ranken und Gewinden geschmückt, mit wunderbarem Duft gefüllt. Die meisten Bäume, aus denen er besteht, kommen nur hier, nicht im Norden vor und bekunden sich dadurch als der Wärme oder einer gleichförmigern Vertheilung von Tag und Nacht bedürftig, d. h. als gleichsam von höherem Adel: die mächtige *pinus Laricio*, zum Schiffbau trefflich geeignet, den eben genannten Sila-Wald bildend, den schon die Alten kannten, auf der Insel Korsika besonders häufig; *abies pectinata*, oft himmelhoch, mit dunklerem Laube, häufig auf dem Monte Corno und dem Monte Pollino; *pinus Halepensis*, mit den zarten hellen Nadeln und glänzenden glatten Zapfen, die Felsen und Inseln der Küste liebend; südliche Varietäten von Ahorn und Erle; unter den Eichen: *quercus Ilex*, die dunkle, feste, alle übrigen Bäume verdrängende immergrüne Eiche, die allbekannte Korkeiche *(quercus Suber)*, der sogen. falsche Korkbaum *(quercus Pseudosuber)*; *quercus Apennina*, *Cerris*, *Farnetto*, *quercus Castagnara* mit essbaren Früchten, und hundert andere Spielarten dieses Baumes, die zu classificiren schwer ist. Tiefer unterhalb und näher zu den Wohnungen und Heerden der Menschen, da nimmt Gesträuch und dürre Wüste wieder überhand, die ersten Oliven erscheinen, ein zweiter Wald, der der Fruchtbäume, beginnt und es öffnen sich die Kulturparadiese, von denen schon gesprochen worden und in denen aller Segen dieses Landes sich überschwänglich zusammendrängt.

Fünftes Kapitel.

Landschaft.

Fragt man, wie sich Bergformen, Himmel und Vegetation in Italien zu einer bestimmten Landschaftsphysiognomie verbinden, so sind schon im Vorhergehenden manche Züge zu dem Bilde enthalten, die nur der Ergänzung und Zusammenfassung bedürfen.

Wir wenden uns zunächst zu der Erd-, Küsten- und Gebirgsbildung. Kommt man von den Alpen und folgt der in mancherlei Theilungen und Verzweigungen, Knoten und Ausläufen von Nord nach Süd gerichteten Achse des Apennin, der sich durch Kalabrien durch das tiefe Querthal der Meerenge von Messina weiter nach Sicilien fortzieht, so fühlt man sich bald und mit jedem Schritte mehr in ein neues Reich von Formen und Linien versetzt. Die phantasievollere Zeichnung, die in der gröbern Schweiz nur als Ausnahme erscheint, z. B. am Pilatus bei Luzern oder am Niesen, von Interlaken aus gesehen, wird hier das durchgängige Gesetz. Der harte Eigensinn, die ungeschickt aufthürmende cyclopische Wuth ist getilgt; in Gestalten und Profilen herrscht eine reife Milde, plastischer Schwung, weicherer Wellenfluss, der aber den Ernst, die Bestimmtheit und Energie nicht ausschliesst. Es ist als ob die bauende Thätigkeit der Erde nach einer Periode wilder Umwälzungen, deren Spuren in den Alpen vorliegen, hier in dem klassischen Lande sich beruhigt und geklärt hätte. Schon an den oberitalienischen Seen, ja nördlich von der Passlinie des Hochgebirges in dem Längenthal der Rhone bei St. Maurice, Martigny und Sion treten jene geschlossenen Bergbilder auf, deren Anordnung und Contouren dem Auge die reinste Befriedigung gewähren, die braunen oder weisslich gelben, architekturgekrönten Bergpyramiden, die den Mittelgrund der Landschaft einnehmend, den Apennin überall als Vorstufe zur Seite begleiten. In fliessender Linie, bequem und heiter, bald scharfkantig gegen den Hintergrund des Himmels abgeschnitten, bald wie ein unbeweglich schwebender lichtgetränkter Duft liegt der Hauptzug in der Ferne gelagert und sendet am Bande schmaler niedriger Landzungen blaue, malerische, schwimmende Vorgebirge ins Meer. Wer den Monte Cavo, den höchsten Gipfel des Albanergebirges bestiegen hat oder auch nur von Genzano nach Velletri zu gegangen ist, der erinnert sich des Vorgebirges der Circe, der blauen Felsensphinx, die jenseit der pontinischen Sümpfe den Eingang in das eigentliche Paradies des Südens bewacht — eine Berg- und Küstengestalt, die er von da an immer wiederfindet, auf der Halbinsel von Bajä, auf Ischia, am Kap der Minerva, an dem Monte Postiglione, der die Bai von Policastro nach Norden begrenzt, am Felsen der Scylla, bei Cefalù, am Monte Pellegrino u. s. w. Zwischen diesen Felsabstürzen liegen die runden Golfe eingeschlossen, „rein gezeichnete Theaterkreise“ (Vischer), Städte und Wohnungen der Menschen bergend, gefüllt mit azurnemo der smaragdgrünem Meereswasser, umkränzt von aufsteigenden Gärten, Bäumen und Terrassen. Auch mitten im Lande lösen sich von dem Labyrinth der Höhen und Thäler einzelne hervortretende scharfgezeichnete Berghäupter ab, wie der Eryx bei Segesta in Sicilien, oder der Soracte, der wie eine vom Sturm gejagte Sturzwelle — so erschien er Lord Byron im Childe Harold — von Norden die römische Campagna überragt. Wo das Kalkgebirge von vulkanischen Bildungen dnrchbrochen ist, da sind die ganz stillen und runden Seen wie eingeschlossene Edelsteine in die alten Kraterränder eingesenkt, z. B. die Seen von Albano und Nemi, und eine anmuthige, klare, langsam geschwungene Linie zieht von der Spitze des Kegels in stetigem Fluss zur Ebene oder zum Meere hinab, nirgends schöner als bei dem Vesuv, auf dem noch immer jene aus Dampf gebildete Pinie schwebt, von welcher der jüngere Plinius in dem einen seiner zwei berühmten Briefe dem Tacitus Meldung thut. Tritt man den Stätten vulkanischer Thätigkeit näher, da verwandelt sich freilich die Anmuth der Formen in das Furchtbare: erstarrte, in Klumpen und Schollen zersprungene Lavafelder, Jahrhunderte lang unverändert, reichen in breitem schwarzem Strom bis zu den Gärten der Menschen; von zackigen, zerborstenen Wällen rieselt die Asche nieder; auf dem dunkeln, abschüssigen, unter den Tritten knisternden Boden rollen feuergefärbte, formlose Blöcke und erklingen metallisch unter dem Schlage des Hammers; der Athem der Hölle dampft aus Rissen und Spalten, indess in ergreifendem Contrast wenige Stunden abwärts Oel und Wein und goldene Früchte die fruchtbare Ebene füllen. — Ein anderer, weniger erschütternder als schwermüthiger Charakter spricht aus den Campagnen einst blühender alter Städte, vor allem aus der von Rom, deren Reize je länger man mit ihnen verkehrt, um so inniger das Gemüth ergreifen. Hohlwege und zufällige Schluchten, Aufschwellungen und Absenkungen des Tuffbodens, aufgeschwemmte Hügel, struppige Gräser und Dorngesträuch, halbvergrabene, gestaltlose Ruinen, zerbrochene Bogen der Wasserleitungen, ein einsames Haus, ein in der Ferne sich hinziehender leichter Zaun, Hirten auf Pferden, am Horizont unendlich weite Linien, — alles dies giebt auf Wanderungen durch die römische Campagna tausend und aber tausend anziehende Bilder des Erdlebens als solchen, Motive der Bodengestaltung von unerschöpflichem Reichthum, für die man erst allmälig ein Auge gewinnt. Meist haben diese Ebenen durch Aufschwemmung der Flüsse, die in ihrem Laufe stockend und periodisch anschwellend, Grabmäler und Trümmer des Alterthums immer tiefer unter Schlamm und Erde vergruben, ihre jetzige Gestalt erhalten: so in der herrlichen Campagna von Pästum, in den Sumpfgefilden von Sybaris und Kroton u. s. w. Nicht bloss Erdbeben und Sturm und Regen, auch die nicht mehr geleiteten und gezügelten Bäche und Ströme haben in Italien, wie in Griechenland, das Gebild von Menschenhand zerstört und den Boden umgestaltet.

Dass die Erd- und Bergformen im klassischen Süden schöner modellirt sind als im Norden der Alpen, scheint dem geognostischen Satze zu widersprechen, wonach dieselbe Gebirgsart in den verschiedensten Klimaten und unter jeder geographischen Breite dieselbe Gestalt zeigt. Wir wissen nicht, wie es sich damit verhalten mag; vielleicht bewirkt nur die reinere Luft, dass die Tektonik des Gebirges sich hier edler darstellt und dem ästhetisch sehenden Auge reizender erscheint. Denn während die Luftperspective in der mehr atmosphärischen Natur des Nordens die Formen stumpf, die Farben schmutzig, die Schatten schwer und trübe macht, nimmt hier das feinere, krystallene Medium allem Körperlichen die Schwere und giebt den Dingen zugleich Bestimmtheit und Leichtigkeit. Nichts kann daher verschiedener sein als eine Tour durch deutsches Gebirgsland und durch manche Gegenden des Apennin, selbst wenn beide derselben Erd-Epoche angehören. Wenn man an regnerischen Tagen z. B. durch den Thüringer Wald oder durch den Schwarzwald wandert — Regen und Nebel sind hier die mehr charakteristische Stimmung — dann thürmen sich die Wolken wie ein zweites Gebirge über dem Gebirge, die ganze Bergwelt lebt, die Gipfel schwellen, sinken, drängen wie Wogen gegen einander, finster stehen die Tannen, durchnässt schütteln die Eichen ihre starren Glieder: in Italien liegen die baumlosen, dürren Felsenzinnen in verzauberter Stille da; die Landschaft gleicht einer magischen Lichtzeichnung, ein ätherischer Schleier zittert um Nähe und Ferne; die Schatten erscheinen durchsichtig, alle Gegenstände vergeistigt; mit dunklern Schluchten und lichtern Kanten, blauduftig, wesenlos und doch offenbar, schweben die Vorgebirge, die Inseln, die Bergrücken, gleich einer Wohnung der Götter. Mit reinerem Glanze als die Ost- oder Nordsee leuchtet auch das Meer, nach Farbe und Ansehn unendlich variirt, bald röthlich angehaucht mit silbernen Rändern, bald wie ein starrer glühender Metallspiegel, bald wallend wie schwerer Seidenstoff, in Höhlen oder im Schatten der Uferfelsen wie flüssiger Ultramarin oder Smaragd und unter Ruderschlägen in funkelnden Tropfen blitzend. Bekannt sind die Grotten von Capri, die blaue, weisse, grüne u. s. w., aber die ganze Gebirgsküste von Italien und Hellas ist reich an ähnlichen oft schwer zugänglichen Höhlungen voll Lichtzauber, wie z. B. die wenig besuchte Grotte von Polignano in Apulien, deren Grund das Meer bildet, oder die Stalaktitenhöhle am Cap Caccia bei Alghero auf der Insel Sardinien, die Alfred Meissner so poetisch beschrieben hat („Durch Sardinien“, Leipzig 1859, S. 213 ff.). — In dieser Reinheit der Atmosphäre sind auch die meteorischen Erscheinungen und der Wechsel der Tageszeiten von ganz anderer Kraft und Stimmung als im Norden. Wunderbar wirkt hier oft die Luftspiegelung; der Verfasser erinnert sich einmal im December von der Höhe des Monte Cavo bei Albano die Insel Ischia gesehen zu haben, deutlich und unverkennbar, obgleich sie in solcher Entfernung bedeutend unter dem Horizonte sein musste; sowie ein ander Mal auf dem Vesuv an einer Stelle, wo der Golf und die Inseln nicht sichtbar waren, doch am Rande des schwarzen Kraterfeldes die schwebenden blauen Umrisse von Capri. Die Nächte in Italien haben mehr Mondschein als bei uns, was auch die Astronomie dagegen sagen mag, vielleicht weil schon das erste und das letzte Viertel so viel Licht ergiessen, dass die Nacht für eine mondhelle gelten mag; in den ganz dunkeln ziehen die Insecten ihre feurigen Ketten durch die Luft, vom Himmel aber leuchten die Sterne, zwar viel klarer, aber auch viel stiller als bei uns; sie funkeln selten, auch in der Nähe des Horizonts nicht; die nach Süden gelegenen schönen Sternbilder, wie der Orion und der Skorpion, steigen natürlich viel höher auf und leuchten über dem Haupte des Schiffenden oder durch die dunkeln Zweige der Orangen in den Gärten. Sind die Nächte oft von krystallener Klarheit, so wird umgekehrt in der blendenden Lichtfülle des Mittags die Welt gleichsam dunkel, die Flächen der Mauern und Häuser erscheinen wie schwarz; der Schatten der Bäume fällt fast kreisrund um den Stamm; Alles ist still; Pan, der grosse Naturgott, schläft, selbst die Flussufer rauschen nicht *(caretque ripa vagis taciturna ventis)*; vom Himmel sendet Phöbus Apollo dieselben giftigen Pfeile, mit denen er einst das Lager der Griechen verheerte, und der Mensch hält sich in der verfinsterten, mit Stein ausgelegten Kammer sorgfältig verborgen — nur der Räuber schleicht vielleicht umher, wie Vergils Liebender, den die Leidenschaft nicht ruhen liess. Löst sich der Zauber gegen Abend, da beginnt das unbeschreibliche Farbenspiel der Abendröthe, die in den feinsten Abstufungen und leisesten Uebergängen vom hellsten Rosenroth bis zum glühendsten Purpur und dunkelsten Violet Himmel und Erde verklärt. Besonders in den Schluchten und Vorsprüngen des Gebirges wallt dann farbiger Hauch und bläuliches Dunkel mit so wunderbarem Wechsel durch einander, dass alle Realität wie in eine Phantasiewelt sich aufgelöst zu haben scheint. Winde und Witterung modificiren freilich diesen Verlauf der Tageszeiten in etwas: an Sciroccotagen z. B. hüllt ein rothgrauer Dunst beängstigend den Horizont ein; die wiederkehrende Tramontana reinigt dann die Landschaft zu doppeltem Glanz und mit ihr schwingt sich das Gemüth wieder auf.

Zu diesem Himmel, dieser Gebirgsbildung stimmt denn auch Form und Farbe der Pflanzenwelt aufs genaueste. Die italienische Vegetation ist starr, ernst und still, von gebundener, strenger Gestalt. Hier wogt das Laub nicht in verfliessenden Umrissen, von Elfenstimmen durchflüstert, wie im Norden, sondern lederartig, undurchsichtig, unbewegt, ruht es auf dem lichten Hintergrunde des Himmels. Die beiden Hauptcharakterbäume des Südens, die Pinie und die Cypresse, sind beide ganz architectonisch gebaut; die Pinie als eine reingewölbte Kuppel, die Cypresse als schwarzer Obelisk aufstrebend oder als Pfeil oder Flamme gegen den Himmel gerichtet. Die Krone der Dattelpalme schwebt wie ein Springbrunnen in gebogenen Strahlen; wie ein Armleuchter ruht auf grüner Rosette der baumhohe Blütenstengel der Agave; ferne Orangengruppen, Lorbeerwände, immergrüne Eichen, Karroben, Myrtengebüsche blicken starr, gleich der Felsenlinie über ihnen, als wären sie nichts Vegetatives, sondern aus Lava oder Basalt gemeisselt. Alles ist fertig, lautlos, völlig gestaltet und darum ohne Streben und Verlangen. Und was von der Form, gilt eben so sehr von der Farbe. Schon Theophrast *(H. pl. 1, 9, 4)* macht die treffende Bemerkung, die immergrünen Gewächse zeichneten sich durch Kleinblätterigkeit, Aroma und einen gewissen Glanz aus; aber dieser Glanz ist ein düsterer, dunkler, fast metallischer. Durchgängig erscheint das Grün in Italien nicht lachend, sondern schwärzlich, als ein Blaugrün, wovon der Grund offenbar in dem reichern durch die Kraft der Sonne in der Pflanze entwickelten Chlorophyll liegt. Den Lorbeer nennen schon alte Dichter μελάμφυλλος oder μελαμπέταλος, schwarzblätterig; die immergrünen Eichen auf dem Algidus sind bei Horaz mit der *nigra frons* bekleidet; am meisten charakteristisch aber für die südliche Landschaft ist das Laub der Olive, der *pallens* oder *flava* oder *fulva oliva* — γλαυκὴ ἐλαία, ξανθὴ ἐλαία, χλωρὴ ἀγριέλαιος, bei Pindar γλαυκόχροα κόσμον ἐλαίας —, das in bleichen silbergrauen Tinten, wie Asche oder Nebel, weit und breit im Thale und an den Bergen ausgestreut liegt, dem Laube unserer Weide zu vergleichen und doch himmelweit von ihm unterschieden.

Im Allgemeinen trägt das Land im Süden — und dies ist, was den Nordländer anfangs am meisten verwirrt — ein einförmiges, gleichartiges, ernstes Colorit. Die Natur malt hier monochromatisch und zwar mit bräunlich gelbem Grundton: Himmel und Erde, Pflanzen und Berge, Vorder- und Hintergrund, alles wird, wie bei pompejanischen Bildern, von der einen, traurig stillen, tiefgesättigten Felsenfarbe beherrscht. *) Die Vegetation, von dunklem, blauem Ansehen, schliesst sich an die rothbraun brennenden Bergwände an, als gehörte sie zu ihnen; die staubig gelbe Ebene trägt die

*) Alfr. von Kremer, Culturgeschichtliche Streifzüge auf dem Gebiete des Islams. Lpz. 1873. p. V.: „Wenn man zum ersten Mal die Wüste betritt, sei es nun von Aegypten aus die arabische, oder von Syrien über Palmyra die syrisch-mesopotamische Hochebene, so ist der erste Eindruck der einer überraschenden Einförmigkeit des Farbentones; der Boden, die Pflanzenwelt, die Thiere, selbst die Menschen: alles hat vom feinen Staube des flüchtigen Sandes einen ockergelben Ton, der im Glanze einer sengenden Sonne das Auge blendet. Das hellgelbe Fell der Gazelle, die über die Sandwellen flieht, stimmt so zur Farbe des Bodens, dass man sie kaum davon unterscheiden kann; ebenso ist es mit dem Kameel und dessen geflügeltem Halbbruder, dem Strauss; die wenigen Gestrüppe und zwerghaften Bäume sehen verdorrt und bestaubt aus und der echte Beduine stimmt in Hautfarbe und Kleidung so ganz zu seiner Umgebung, dass er in geringer Entfernung schon für das nicht geübte Auge sich kaum vom Boden abhebt."

rothfarbenen Halme der reifenden Feldfrucht; zwischen den bleigrauen Oliven liegen warme braune Erdflecke offen; weissliche Steinpfade schlängeln sich zwischen blaugrünen Kaktushecken, auf denen dicker Kalkstaub ruht; in röthlichem Goldton glänzen die Säulen, die Travertinblöcke, die Backsteinmauern der Ruinen; Städte, Schlösser und Wallfahrtskapellen gleichen in Farbe und Ansehen ganz dem hohen Fels, aus dem sie hervorgewachsen scheinen; nichts hebt sich selbständig hervor, Alles, selbst der Azur des Himmels und des Meeres, die Abendröthe, das Landhaus, der Baum, das Gemäuer, so fein und individuell auch sonst die Lokalfarbe sein mag, ordnet sich der strengen Harmonie unter, dem Sonnenton, in dessen Stimmung Alles versenkt ist. So weit das Auge reicht ist Alles todt und gleichgültig in der Farbe, starr und leblos in der Form. Es ist eine stilvolle, ganz plastische, scheinbar seelenlose Landschaft.

Wie aber nach Göthe's schöner Bemerkung (Farbenlehre I, 664) die unbestimmte, durch organische Kochung bezwungene Farbe eine höhere Stufe bezeichnet als die reine Elementarfarbe; wie bei Vögeln das gemischte gelbgraue Gefieder organisch edler ist als das schreiende Roth, Grün und Gelb der Papageien: so drückt auch die verschmolzene Einheit des gedämpften Grundtones, sowie der bewegungslose Umriss und das plastisch-architektonische Linienmass in Vegetation und Boden eine reichere und energischere Anlage und eine weiter reichende Schöpferkraft aus. Was dem nordischen Naturschwärmer als kalt und arm erscheint, ist daher vielmehr Fülle der wirkenden Natur, die bis zu reiner und ganzer Darstellung ihrer selbst gelangte. In ihrer Stille ist sie sich selbst genug; die Phantasie braucht ihr nichts mehr zu leihen; vor dem Auge, das sehen gelernt hat, liegt sie wie eine Sammlung von plastischen Bildern da, eher ernst als freudig, oder vielmehr auch in der höchsten Freude durch einen Zug von Wehmuth gedämpft, bei der höchsten Erregung durch ein eingebornes Mass beherrscht. Zu sentimentaler Auffassung aber giebt sie keinen Anlass: da täuscht den Kranken nichts durch Mitempfindung, da klingt kein Echo unbeschreiblicher Seelenstimmung wieder. Der ganze und gesunde Mensch geht auf diesem Boden in Leidenschaft und Ruhe den mannigfachen Zwecken des Lebens nach, hasst und liebt, ergreift oder umschleicht den Gegenstand seiner Begierde, hilft und beneidet, bemitleidet und mordet, und blickt auf die umgebende Natur nur, insofern sie ihm nützlich oder schädlich, gegen ihn karg oder freigebig ist. Die ihm am meisten Frucht liefert und ihn am wenigsten stört und beunruhigt, ist ihm die schönste. Dass die Alten den romantischen Hang zum Naturleben als solchen nicht kannten, ist seit den Ausführungen Schillers, Hegels und Vischers ein allgemein anerkannter Satz. Sie waren eben selbst noch ganz Natur. Sie wandelten als plastische Menschen auf einem Boden, der die ungebrochene Einheit des Gemüthes nicht störte, sondern trug und erhielt. Der personificirende Mythus hatte mit rascher Thätigkeit die ganze Natur in eine ideale Menschenwelt verwandelt und sie nicht nahe, gleichsam nicht zu Worte kommen lassen. Als später die religiöse Production erlosch, war das mythische Gebäude schon so vollendet und befestigt, dass sich den Künstlern und Dichtern wie dem ganzen Volke statt der Natur nur die fertigen Göttergestalten und die fixirten, bildlichen Redewendungen boten. Die reale Welt war von einer zweiten mythischen Welt gleichsam überbaut und durch sie dem Blick entzogen. Auch die Römer betrachteten die Natur immer nur unter dem Gesichtspunkt des Kulturzweckes. Wenn sie freiwillig oder gezwungen den Aufenthalt in der Stadt mit dem auf dem Lande vertauschen, da jammern die einen über den Verlust alles dessen, was der Aufmerksamkeit des Menschen würdig ist, die anderen freuen sich der Einsamkeit, in der die Laster und die Geschäfte der Hauptstadt nicht unbequem werden. Die Alpen, die sie so oft zu übersteigen hatten, erscheinen ihnen nicht gross und herrlich, sondern hassenswerth, weil unwegsam und gefährlich (Humboldt, Kosmos, 2, 24); das Meer ergreift sie nicht durch Erhabenheit, sie verabscheuen es als todbringend; vor der Tiefe des Waldes schaudern sie und denken sich dort den Sitz der schrecklichen Göttin, die mit Menschenopfern besänftigt wird. Wenn dagegen Horaz Tarent den schönsten Erdwinkel nennt und in Tibur sein Leben zu beschliessen wünscht, was für Eigenschaften preist er an beiden Ortschaften? — an der einen, dass sie die edelsten Gattungen Wein und Oel hervorbringe und ein mildes Klima habe*), an der anderen den Schatten, die hohe Lage, das fliessende Wasser, die Fruchtbarkeit und die milde Luft**), an beiden, dass das unruhige Treiben der politisch bewegten Stadt dorthin nicht reiche***). Auch auf ihren Villen suchten und fanden die Römer nicht Umgang mit der

*) *Ver ubi longum tepidasque praebet Juppiter brumas.*

**) *Tiburis densa umbra — Tiburis mite solum — Tibur udum, supinum, fertile.*

***) *Sed vacuum Tibur placet aut imbelle Tarentum.*

Natur, sondern in Gärten und Gebäuden und unter Sclaven den Genuss gesteigerten Luxus und ungestörter Selbstherrschaft. Das Christenthum, indem es diese objective Sinnesweise brach und die Tiefen des Herzens aufschloss, brachte doch die Natur dem Menschen nicht näher, sondern entfremdete sie ihm noch mehr. Einzig mit dem Heil seiner Seele beschäftigt, richtete der Gläubige den entzückten Blick ins Jenseits, und die irdische Welt, deren Untergang er jeden Augenblick erwartete, entschwand ihm als wesenlos, wenn sie ihm nicht gar als Reich und Heimath des Bösen, Grauen einflösste. Die Poesie des Mittelalters spricht nur geringes Naturgefühl aus. Die ritterlichen Minnesänger, die von der Kreuzfahrt heimkehrten, hatten oft Wunder erlebt, aber von den Pflanzen und Thieren des Orients, die die Begleiter Alexanders des Grossen in Erstaunen setzten, wussten sie nichts zu berichten. In den höfischen Epopöen, wie in den lyrischen Gedichten, wiederholen sich, was landschaftliche Scenerie betrifft, einige wenige conventionelle Züge: linde Maienlüfte, Vogelschall u. s. w., sie bilden eine blosse Decoration in abstractem Stil und wir begreifen nicht, wie z. B. Gervinus in der Schilderung der Höhle bei Gottfried von Strassburg Naturfreude finden kann. In König Artus Kreise herrscht bekanntlich ewiger Frühling als Hintergrund in conventionellem Stil; die geringen Anklänge von Naturträumerei in Parcivals Jugendgeschichte gehen bald in die breite Darstellung mystischer Galanterie über. Als dann gleichzeitig mit der Wiederherstellung der Wissenschaften die italienische Malerei aus schüchternen Anfängen zu der herrlichsten Blüte sich entfaltete, da blieb auch sie dem plastischen

Geiste der Menschendarstellung getreu und die Landschaft als solche fehlt im Kreise ihrer Gegenstände. Die beiden Poussin und Claude Lorrain phantasiren zwar schon in Gegenden als solchen, aber in Weise abstracter Idealität; sie malen die Natur als eine Götterwohnung, als Stätte seligen Daseins, stellen Gebäude in die Landschaft, nicht mehr im Stile mönchisch-mystischer Gothik, sondern griechischer Säulenarchitektur, lassen das Licht hinter glänzenden Gebüschen in seiner eigenen Wellenflut verschwimmen und bevölkern den Vordergrund mit mythologischen Scenen und Figuren. Was diese Künstler erfüllt, ist nicht Sympathie mit dem Naturleben als solchem, sondern die Vorstellung eines Adels der Menschheit und höchsten humanen Genusses, wozu die klassisch stilisirte Landschaft theils die Stätte, theils das Symbol abgiebt. Im Gegensatz gegen den entarteten Idealismus hatten die Holländer des siebzehnten Jahrhunderts ihrerseits, wie die Scenen ihrer Dörfer, Schenken u. s. w, so auch die Flächen und Gebüsche ihres Landes mit Wahrheit und technischer Meisterschaft dargestellt; aber weiter ging ihre Empfindung nicht. Auch die beschreibenden deutschen Dichter, wie Brockes, Albrecht von Haller, ja selbst Klopstock, hatten noch kein Herz für die Natur, denn sie springen ja immer von ihr ab, um die Weisheit und Allmacht des Schöpfers zu preisen, der sie so zweckmässig und schön gemacht, wie sie vor ihnen stand. Erst mit dem Anbruch der eigentlich sentimentalen Periode, seit Rousseau, Ossian und Werthers Leiden, begann die Landschaftsschwärmerei als allgemeine Stimmung. Ja, die Natur als solche wurde nach der Mitte des achtzehnten Jahrhunderts, so zu sagen, erst entdeckt, und zwar nach beiden Seiten hin, in ihrem eigenen Reiche als organisch-lebendig und selbstthätig, wie in all dem, was im Menschengeiste und im Völkerleben, in Dichtung und Sage, in Recht, Sprache und Staat Natur, d. h. unbewusste und eingehüllte Vernunft, unmittelbarer Drang und Trieb ist. Jetzt reiste man meilenweit, um von irgend einem hohen Punkte in einer weiten Aussicht zu schwelgen, vergoss Wonnezähren beim Schauspiel der untergehenden Sonne, löste sich in Wehmuth auf, wenn der Mond Busch und Thal still mit Nebelglanz füllte; die Flöte war das Lieblingsinstrument; man schaukelte sich im Kahn auf stillem See, man lag im Grase und folgte mit träumerischem Blick dem Auf- und Abklettern der Käfer an den Halmen, der unbemerkten und doch so zierlichen Pflanzenwelt im Kleinen; Jünglinge und Männer wanderten zu Fusse durch Wälder und Gebirge; je einsamer, je weiter von der Kultur der Menschen, um so besser. Die Musik ward die wahre Kunst des Zeitalters; der Genuss an der Landschaft, als Stimmung aussprechend, an der Natur, als der Dämmerung des Geistes, in welcher die beiden Pole des Seins und des Bewusstseins noch nicht aufgebrochen sind und gleichsam die Uridee in schwankender Täuschung zur Erscheinung kommt — wurde ein allgemeiner, innig gepflegter. Was konnte solchen Menschen der Anblick der klassischen Länder gewähren? Freie Natur findet man in Italien, diesem mit hochgethürmten Städten, Flecken und Ortschaften übersäten, von Pfaden und Wegen, Hecken und Mauern durchschnittenen Lande, nur selten. Ist nicht Italien, so fragt schon C. Fundanius bei Varro, fast ganz ein Garten von Fruchtbäumen? *) Jeder Stein trägt hier

*) *R. r. 1, 2, 6: non arboribus consita Italia est, ut tota pomarium videatur?*

die „Spur ordnender Menschenhand“. Selbst da, wo man durch dorniges Gestrüpp sich durchzuarbeiten hat oder über einsame Heiden reitet, ist die Natur nicht sowohl wild als verwildert, nicht jungfräulich, sondern melancholisch. Wenn im Norden der Edelmann „still und wild“ im Felde schweift, wenn der holsteinische oder meklenburgische Bauer oft durch eine Tagesreise von der nächsten Stadt und der Berührung mit der Welt entfernt ist, so hat der italienische Pächter überall ein Kaffeehaus, ein Municipium und den Syndicus in der Nähe und nicht die Entfernung, nicht der Druck einförmiger, massenhafter, elementarer Natur beschützt ihn vor mannichfacher Bildung, sondern höchstens die Vormundschaft abergläubischer Pfaffen und der aussaugende Feudalismus.

Indess, die Sentimentalität, d. h. die Auflösung alles naiven Daseins in bewussten Empfindungs-Selbstgenuss, konnte nur eine vorübergehende Vorstufe zu freier Wiederherstellung der objectiven Welt sein. Wer wie Göthe zu Reife und Klarheit durchgedrungen ist oder dahin strebt, der betritt den klassischen Boden mit dem Gefühl der Förderung und stiller, inniger Seligkeit. Auch die grosse Menge sehnt sich wenigstens aus ihrer winterlichen Heimath nach Licht und Wärme, nach dem Glanze blauen Himmels, und so finden sich denn trotz dem Wechsel der Richtungen und Tagesinteressen, nach Intervallen von Uebersättigung und Gleichgültigkeit, doch wieder Schriftsteller, die das alte Thema von Italien und seiner Schönheit unter dem Beifall des Publikums wieder aufnehmen. Auch in der Malerei ist die Landschaft nach Motiven des Südens zwar auf eine Weile zurückgetreten und hat dem reinen Stimmungsbilde —

welches begreiflicher Weise die nordische öde, karge, unsaubere Natur vorzieht und zugleich dem tiefer sehenden Maler einen Triumph über den dummen Bürgersmann zu bereiten verspricht — Platz gemacht, aber was hätte dieser Zweig der Kunst Schöneres hervorgebracht als Rottmanns italienische Landschaften unter den Arkaden in München, seine griechischen in der neuen Pinakothek? Hier findet man sie wieder, jene Linien der Berge, jene reiche Modellirung des Bodens und der braunen Erde, die luftgefärbten Felsenufer, das klingende Meer, die Meteore des Himmels, die ganze Harmonie und stille Selbstgenügsamkeit der klassischen Gegenden, deren Erinnerung denjenigen, der sie genossen und verstanden, nicht verlässt und häufig für die relativen Reize der nordischen Natur unempfänglich macht. Auch Achenbach und Calame haben sich von den nordischen Ufer- und Hochgebirgspartien mit glänzendem Erfolg zum Lichte des Südens gewandt: des Erstern stimmungsreiche Ansicht des Aetna von Taormina aus, des Andern glühende Ebene von Pästum mit den Ruinen (im Leipziger Museum) gehören zu dem Herrlichsten, was diese Künstler geschaffen.

Sechstes Kapitel.

Architektur und Gärten.

An die Landschaft schliesst sich congruent und charaktervoll die italienische Architektur.

Einen reizenden Anblick gewähren schon an den Seen Oberitaliens die unzähligen, ganz weissen, wie eben aus dem Bade gestiegenen kleinen Ortschaften, entweder unmittelbar im Wasser sich spiegelnd oder hoch am Rande der Felsen schwebend; in Nähe und Ferne von den überall ausgestreuten weissblinkenden Landhäusern umgeben, gleichen sie Haufen von Steinchen, die spielende Knaben am Wege hie und da zusammengetragen. Aber überraschend und mit einem Schlage wird in das Herz südlicher Baukunst versetzt, wer aus Tyrol auf der Eisenbahn in das herrliche, malerische Verona kommt. In dieser Stadt des Catullus, Dietrichs von Bern, des altchristlichen Bischofs Zeno und der Scaliger ist römisches, byzantinisches und mittelalterliches Alterthum mit der Renaissance ganz durchwachsen, jeder Schritt durch die Strassen über die Plätze ist von Bedeutung, gewährt sinnvolle, reiche Architekturbilder. Fast alle Häuser schliessen viereckige, mit Fresken gezierte, hochschwebende Arkadenhöfe ein, alle Façaden sind in malerischer Unregelmässigkeit durchbrochen, mit Säulen, merkwürdigen Thüren und Fenstern, alten Steinbildern, Zinnen geschmückt; die Strasse führt durch Thore und Bogen; Wasserstrahlen plätschern in Becken am Fusse verwitterter Statuen. Die *piazza dei Signori* dehnt sich wie ein vornehmer Saal mit steinernem Fussboden und seltsamen schönen Palastflächen; dran stösst die von eben so verworrenen Bauzierden umgebene, mit populärem Leben gefüllte längliche *piazza d'Erbe*. Wenn der Vollmond dies alles beleuchtet, dann verwandelt es sich vollends in Traum und Märchen. Wie ernst, fest und stolz führt in ungleichen Bogen die gezähnte alte Brücke vom Schloss der Scaliger über die wilde Etsch! wie echt italienisch ist der Blick von der Höhe der Arena über das Labyrinth von Bauwerken, die braunen Hügel und die schwarzen Nadeln der Cypressen! Leider ist seit der österreichischen Zeit die schöne Stadt weit und breit mit hässlichen mechanischen Festungscasematten umgeben, wie eine Nuss mit dreifacher stachlichter Schale.

Kommt man nach Mittelitalien, der Heimath der städtebauenden Etrusker, da liegen die Ortschaften überall auf dem Gipfel prismatischer Berge zusammengedrängt, die Eisenbahn muss in einiger Entfernung Halt machen und nur Esel und Maulthiere, mit Körben beladen, finden den Weg hinauf oder ein Doppeljoch breitgestirnter, schwerwandelnder Ochsen schleppt den Wagen des Reisenden die staubige Strasse hinan. Gelblich wie der Kalkfels, in horizontalen Terrassen, in rechtwinkeligen Parallelogrammen, mit flachen Dächern steigen diese Städte wie ein Naturprodukt aus dem Gebirge auf und setzen ununterscheidbar die abgestochene Bergwand fort, über der sie gelagert sind. Was ist hier Fels, was Haus, und wo beginnt die Cyklopenmauer und hören die natürlichen über einander geschobenen Felsblöcke auf? Epheu bekleidet beides und graugrünes Gestrüpp bricht aus den Fugen hie und da. Florenz selbst, die Erbin und Königin etrurischer Städte, die Nachbarin des cyklopischen, hochgelegenen Fäsulä, liegt zwar im Thal, aber man blicke z. B. aus einem Fenster der Gallerie degli Uffizj auf die jenseits des Arno aufsteigende Stadt — lauter lichtgebräunte, rechtwinkelige Flächen, wie durch natürliche Hebung über einander gesetzt, von dunkeln Fensteröffnungen wie von Höhlungen durchbrochen, das Ganze wie ein phantastischer Querdurchschnitt durch ein geologisch mannichfaltiges Stück Erdkruste. Nicht anders in Rom. Ersteigt man in der ewigen Stadt einen der zahlreichen höhern Standpunkte, z. B. S. Pietro in Montorio oder in grösserer Ferne den Monte Mario, dann liegt die Stadt dem Beschauer wie ein braungelbes Felsengewirr zu Füssen, aus dem sich einzelne Gruppen, wie die cubischen Massen des Vatikans und St. Peters, von dem Dom überragt, oder der schwere Cylinder der Engelsburg mit der davorliegenden Brücke, oder das Colosseum, wie eine ungeheure Schale mit halbabgebrochenem Rande, hervorheben. Alles aber, altes wie neues Gemäuer, Säulen wie Paläste und Kirchen, Trümmer des Alterthums wie die Werke mittelalterlicher Barone und der Päpste, ist in den Sonnenton der südlichen Landschaft getaucht, drückt, wie diese, nicht excentrischen Schwung, sondern ruhiges Dasein aus und ist, wo die Hand des Menschen etwa irrte, von der Natur selbst in ihre Einheit zurückgeführt und rein gestimmt. Hie und da in der Ebene, am Fuss der

Berge, am Wege steht das Haus des Colonen oder Winzers oder die gemeinsame Osteria, in einfachen zufälligen Umrissen, ohne Symmetrie, immer aber rectangulär, mit breiten Wandflächen und einzelnen unregelmässigen Fenstern ohne Glas, eine verfallene Mauer schliesst sich daran, von aussen ist eine Steintreppe angefügt, Bilderfragmente, Inschriften, Schneckenkapitäler, wie sie der Ackersmann beim Pflügen auf dem Felde findet, sind hineingemauert, das Wasser sammelt sich in einem alten Sarkophag, Epheu und Wein ranken sich hinauf, eine dunkle Cypresse steht zur Seite, nackte Kinder spielen vor der hohen Schwelle im Staube oder braune Männer, vom Chor umgeben, strecken mit leidenschaftlichen Ausrufen einander die Finger entgegen; das Ganze, organisch und still, völlig in die Landschaft aufgegangen, Ausdruck naiver Sitte, vererbt sich von Geschlecht zu Geschlecht:

Die Hütte baute noch mein Vater
Aus Ziegeln und des Schuttes Steinen —

und verfällt oder erweitert sich, je nach Bedürfniss.

Mehr nach Süden, wo maurisches und griechisches Wesen dazutritt, z. B. auf Capri, da bilden die Häuser vollkommene Würfel, als wären sie nur zufällig gerade auf diese Seite gefallen und als könnten sie auch auf eine andere gerollt werden. Längs der ganzen neapolitanischen Küste folgen sich in gewissen Intervallen die Wartthürme, einst zum Schutz gegen die Seeräuber errichtet — die Furcht vor diesen hat die Strandgegenden verödet und in Sumpf verwandelt und die Ansiedelungen der Menschen von den Landeplätzen auf die Bergspitzen vertrieben — jetzt, wo die Gefahr aufgehört hat, verfallen und malerisch die Felsenufer schmückend.

Die Säulentempel des Alterthums bei Bajä, in Pästum, an verschiedenen Punkten Siciliens, seit vielen Jahrhunderten vom Lichte beschienen oder vom Winterregen benetzt, sind in Ton und Farbe zu Naturwerken geworden. Die Travertinblöcke, aus der blaugrünen Sumpfebene aufsteigend, leuchten warm wie dunkles Gold, im Gegensatz zu dem tiefern Rothbraun der netzförmigen Ziegelbauten aus der Kaiserzeit, der offenen Wölbungen, die einst Tempelzellen oder Badehallen u. s. w. waren und nun, von Schlingpflanzen umwuchert, halb vom eigenen Schutte und der darüber spriessenden Dornvegetation verdeckt sind. Die Linien der einen wie der andern, aus einer höhern Welt, der der Kunst, stammend, lösen sich allmählig auf und sinken der Natur in den Schooss zurück: das Siegel, das der bildende Geist in den Stein geprägt, erlischt. — An Steinbauten aus alter und aus neuer Zeit ist Italien übrigens unermesslich reich, die Lust am Bauen war hier immer gross und das schönste Material liegt fast überall bereit. Daher die unübersehlichen Gartenmauern, oft von dreifacher Mannshöhe, die Brücken und Bogen aller Art, die Paläste und Häuser mit den weiten innern Räumen, die Umfangmauern der Städte, die zahllosen Kirchen und Klöster, die Schlösser und Borgo's auf den Felsenspitzen, die Terrassen und Wegebauten — es ist ein Land der Architektur, in dem auch der krystallinische Kalkstein, der leicht zu behandelnde Travertin, der harte Peperin und der Mörtel aus vulkanischer Asche heimisch sind und dessen klarer Himmel die architektonischen Linien so wirksam macht. Denn ein italienisches Bauwerk, in irgend einem nordischen Nebellande sorgfältig nachgeahmt, büsst seine Reinheit und den Zauber seiner Schönheit ein.

Wie diese südliche Steinbaukunst von den leicht faulenden, schief versinkenden, moosbedeckten oder grell angestrichenen Holzbauten des Nordens sich unterscheidet, so die italienische Villa von dem frei componirten Park. Letzterer kann Landschaftsphantasie genannt werden, erstere ist durchweg architektonisch gedacht. Die Villa führt, so zu sagen, nur künstlerisch aus, was ohne sie in der südeuropäischen Vegetation vorgebildet liegt. Gradlinig, mathematisch gezeichnet, mit schwarzen Laubwänden, in stillen, reinen Umrissen umgiebt sie den Besitzer wie eine humanisirte, ideale Natur, die das Säulengebäude in der Mitte harmonisch fortsetzt und in der die marmornen Götterbilder auf grünem Hintergrunde den schönsten Platz finden. Die Villa verhält sich zum Walde, wie der Tempelbau zu den Bergen. Im Winter erquickt hier den Lustwandelnden die warme Sonne zwischen immergrünen Gewächsen, im Sommer kühlt ihn der plätschernde Springbrunnen, indess der Blick durch die freien Oeffnungen auf die blaue Sierra oder das Meer mit seinen Inseln oder auf die ruinenbesäte Umgegend fällt. Auch die einst prächtige und bewohnte, jetzt verfallene und halb verlassene Villa hat noch einen süssen elegischen Reiz, z. B. die Villa Este bei Tivoli, im sechszehnten Jahrhundert von dem Cardinal Hippolyt Este angelegt, jetzt durch die majestätischen Cypressen und den Blick von der Terrasse auf die Campagna unendlich anziehend. Einen grossen Irrthum aber beging der Marchese Pallavicini, als er bei Genua in einer herrlichen Ufergegend seinen jetzt so berühmten Garten in englischer Weise anlegte: diese hohen Lorbeeren und stillen

Myrten, die immergrünen und Korkeichen, die Magnolien, Kirschlorbeern und Pinien, die ganze starre Baumvegetation, der lichte Himmel und die Felsenküste sträuben sich gegen die gewundenen Wege, die Ueberraschungen, Einsamkeiten, Spielereien mit chinesischen Tempeln, unterirdischen Grotten u. s. w. Die echte italienische Villa ist in dem Lande, wo sie entstand, ganz natürlich, viel natürlicher als die Brücken, zu denen erst das Thal gegraben werden musste, die Tempelchen, in denen niemand betet, die berechneten stillen Plätzchen, die aufgetragenen Hügel, die nachgeahmten Bauerhütten aus Baumrinde u. s. w., wie sie so manchen Park geschmacklos zieren. Auch die Gärten der Alten bei ihren Villen bestanden in symmetrischer Anlage aus beschnittenen Hecken und geschorenen Bäumen, gradlinigen Gängen, offenen grün eingefassten Blumenbeeten, und die altfranzösische Gartenkunst eines Le Nôtre und seiner Nachfolger war keine neue Erfindung, sondern gleich dem damaligen Drama, nichts als Renaissance und Classicismus, Ausdruck der heitern, nach der barbarischen Phantastik und mystischen Transscendenz des Mittelalters wiedererwachten Freude an Form und Mass.

Siebentes Kapitel.

Thiere.

Dass in einem uralten Kulturlande wie Italien, das seinem grössten Theile nach mit Pflanzungen, Gärten und Städten bedeckt ist, die Thiere der Wildniss selten oder ganz verschwunden sind, kann nicht Wunder nehmen. Eben so wenig, dass der nervöse, stadtbewohnende, durch eine seit langen Jahrhunderten von Geschlecht zu Geschlecht überlieferte Bildung humanisirte, an Pflege der Pflanzen und des Hausthiers gewöhnte Italiener keine besondere Neigung zu den groben Freuden der Jagd und deren Muskelanstrengung und Strapazen empfindet. Es fällt dem Grundherrn in Italien nicht leicht ein, sein Gehege eifersüchtig zu bewachen; Jagdservituten existiren kaum oder werden nicht beachtet. Es giebt wohl noch hin und wieder Wildparks, in denen fürstliche Personen und reiche Barone mit Bequemlichkeit Hirsche und Eber erlegen: doch das ist Kunstjagd, Luxus der Vornehmen, nicht Volkslust. Vielmehr hat man, wie weit in die Geschichte hinauf, so von Italien weit durch viele Zwischenstufen nach Nordosten zu gehen, ehe man zu den eigentlichen Jagdvölkern gelangt — durch dieselben Zwischenstufen, die von dem Travertinquaderbau des Architekturlandes zu den russischen wie Zelte aufgebauten Holzhäusern aus Balken, die leicht aufbrennen und leicht wieder gezimmert sind, und zu den Filzkibitken der Steppennomaden führen. Zwar giebt es in den Gebirgen und Gebirgswäldern, besonders der Abruzzen, auf Sardinien u. s. w. noch genug Wölfe, gegen welche die Schafheerden von gewaltigen Hunden geschützt werden, aber der Bär, der plumpe Traubendieb, so wie der Dachs, der Verwüster der Maisfelder, ist selten; in der Region der Gesträuche wohnen noch hie und da Rehe und Wildschweine, der Hirsch aber ist ausgerottet; die Moufflons auf Sardinien und Korsika, dem Zoologen so interessant, sind immer seltener geworden, besonders seitdem das weittreffende gezogene Gewehr erfunden worden; die von der Kultur vortheilenden Thiere, der den Kohl benagende Hase, Marder, Iltis, Wiesel, Fuchs, die die Häuser und Hühnerställe umschleichen, sind häufig; in den Kastanienwäldern klettern die flinken Eichhörnchen auf und ab und springen von Baum zu Baum; in manchen Localitäten werden die rasch sich mehrenden Kaninchen zur Plage — aber alles dies verhält sich zu der Masse der Haus- und Kulturthiere wie der freie Wald zu den weiten Strecken angebauten, von einer dichten Bevölkerung bewohnten und betretenen Erdbodens.

Um so belebter ist der Himmel in Italien, diesem Lande der Vögel und der Vogelsteller. Der Vogelfang ist hier eine wahre nationale Leidenschaft. Besonders im Herbst, wenn die Zugvögel, im Norden durch reichliche Nahrung fett geworden und durch die unterdess ausgebrüteten Jungen in ihrer Anzahl vermehrt, ihren Weg zurück nach Süden nehmen, da fallen sie zu Hunderttausenden und Millionen den Netzen und

Schlingen, den Leimruthen, Pfeifen, geblendeten Lockvögeln und dem tödtlichen Rohr zum Opfer. Die Jäger scheuen die Umständlichkeit der Vorrichtung, die lange Weile des Lauerns und Wartens nicht und erwerben in der nöthigen Manipulation oft eine unglaubliche Geschicklichkeit. Und wie nach dem schon früher Bemerkten eine Menge Pflanzen, von denen die nordische Küche nichts weiss, hier in irgend einem Theil oder in irgend einem Stadium ihres Wuchses essbar sind und gegessen werden, so dienen auch fast alle Vögel zur Nahrung; die mit gröberem Fleisch würzen die Polenta der Armen und des Volkes, die feinern und zartern füllen die Pastete auf dem Tisch der Vornehmen. Schon in Frankreich kann man beobachten, dass im Gegensatz zu den rindermelkenden Germanen Geflügel eine Hauptnahrung bildet, Hühner, Puter, Tauben u. s. w.: ein Huhn im Topfe, Weizenbrod, Salat, ein Krug Wein ist ein ächt französich zusammengesetztes Sonntagsmahl. In Italien haben schon die Alten nicht bloss aus Motiven religiösen Aberglaubens den Himmel und den Flug der Vögel viel beobachtet, sondern auch eine Menge Arten zahmen und wilden Geflügels zur Nahrung verwendet, Hühner, Enten, Gänse, Haus- und Feldtauben, die verschiedenen in Italien vorhandenen Species wilder Hühner, Wachteln, Drosseln, Schnepfen, ja selbst Kraniche, Amseln, Nachtigallen u. s. w. und das heutige Italien hat darin im Vergleich zu den Alten noch Fortschritte gemacht. Wenn trotz aller Nachstellungen die Zahl der geflügelten Luftbewohner sich nicht wie die der grössern Landthiere verringert hat, so liegt der Grund in der geographischen Lage, in Kultur und Klima. Italien ist ein grosses Durchzugsland für die Wandervögel; manche, die bei uns nur Sommergäste sind, fassen in Süditalien schon festen Stand; der Reichthum an Insekten, an Beeren und Früchten, an Kulturpflanzen giebt allen eine reichliche Nahrung. Wie oft sieht der Wanderer in Italien Raubvögel am blauen Himmel unbeweglich schweben oder ihre Kreise ziehen, den Seeadler über den Uferfelsen, an denen er horstet, spähend, Geier, Weihen, Falken, Sperber, Habichte u. s. w. ihre Beute verfolgend. Besonders gross ist der Reichthum der Halbinsel an Tauben: die Feldtauben, in den Höhlen der Berge, der Meeresfelsen, in zerfallenem Mauerwerk nistend, oft in schöner Flucht aus den alten Uferthürmen sich aufschwingend; die scheuen, waldbewohnenden, von Eicheln, Bohnen u. s. w. sich nährenden Ringeltauben; die im Frühlinge aus Afrika kommenden und im Herbste wieder dahin ziehenden Holztauben; die wegen ihrer Treue gepriesenen, geschwinden, lieblichen, gleichfalls in Afrika überwinternden Turteltauben; alle viel gefangen uud oft auf der Tafel erscheinend. Unter den zahlreichen Hühnern ist der ächte Vogel des mittelländischen Meeres, der Francolino — so genannt, weil das Gesetz ihm angeblich einen Freibrief gegen Tödtung gewährt — nicht bloss in Süditalien, sondern auch in Smyrna, Cypern und der ganzen Levante als köstliches Wildprett berühmt. Im Herbste kommen in Schaaren die Drosseln (Weindrosseln, Singdrosseln u. s. w.), wenn gerade die Beeren des Wachholders, des Erdbeerbaums, des Lentiscus, so wie Trauben, Oliven und Feigen reif geworden, ungeduldig erwartet, listig umgarnt und während des Winters in Masse verspeist; ebenso die fetten, schwerfliegenden, unendlich zahlreichen Wachteln, die bei ihrer Reise nach Afrika jeden Ruhepunkt auf Inseln und an Vorgebirgen aufsuchen und dann den Habichten und Falken und bei nächtlicher Weile den Netzen und Lockvögeln der Menschen als Beute verfallen. In der Umgegend Neapels, z. B. auf Capri und Procida, gehören aufgesteckte Wachtelstangen und Wachtelnetze zu der charakteristischen Staffage der Herbst- und Frühlingslandschaft und die Insel Capri könnte, wie einst Delos und das Inselquartier von Syrakus, wohl Ortygia, das Wachtelland, heissen. Wie die Israeliten in der Wüste mit Wachteln gespeist wurden, so sollen noch jetzt in der Levante eingesalzene Wachteln als Schiffsproviant dienen. — In den wasserreichen Niederungen an der Mündung der Po-Arme, und wo sonst in Italien stockende Flüsse Sümpfe und Lagunen gebildet haben, da wimmelt es von Enten, Tauchern u. s. w. und zu gewissen Zeiten knallen die Büchsen auf den stillen Wassern von allen Seiten und die Kähne füllen sich mit leichter Jagdbeute. Von den kleinern Singvögeln, den spielenden, hüpfenden Bewohnern der Hecken, Bäume und Dächer, wimmelt in Italien überall ein grosses Heer. Die liebliche Lerche wirbelt schon bei Rom in der Campagna den ganzen Winter über (leider wird sie viel weggeschossen, da ihr Fleisch für einen Leckerbissen gilt); zu Anfang des Sommers schmettern in den paradiesischen Thälern die Nachtigallenchöre noch eben so süss wie einst im Hain von Kolonos; Grasmücken, Amseln, Hänflinge, Finken und eine Menge in Deutschland unbekannter Arten beleben zwitschernd mit mannigfachen Stimmen die Saatfelder, das Gebüsch und die Kronen der Fruchtbäume.

Nur einige grössere Vögel sind selten oder fehlen ganz, wie der Storch — man sieht ihn in Italien nicht, wie in Deutschland, auf den Dächern der Bauerhäuser; der Schwan — er ist ein Vogel des Nordens; die Trappe, die Gans.

Unter den Meeresbewohnern ist vor allen der heiterzierliche Delphin zu nennen, der musikliebende, sagenberühmte Freund der Menschen. Delphine beleben in närrischer Lustigkeit jede Fahrt durch das blaue Element, der Fischer schont sie, sie helfen ihm beim Fang der Thunfische, sie unterhalten den Schiffer:

Langhin furcht sich die Gleise des Kiels, worin die Delphine
Springend folgen, als flöh' ihnen die Beute davon.

Von den Thieren niederer Ordnung will ich hier nur der Cicade gedenken, da ihr durchdringendes Gezirpe zu dem Eindruck der Sommerlandschaft nicht wenig beiträgt. Sie verstummt um die Tageszeit, wenn die Nachtigall beginnt, und umgekehrt. Ihr „lilienzarter Gesang“, wie Homer ihn nennt, der Gesang der „süssen Verkündigerin des Sommers“ (nach Anakreon), der „sonneversengten“ (nach Theokrit), ist wie die laut gewordene Mittagsglut selbst, die Stimme der im weissen Glanze regungslos ruhenden Natur, Verg. Ecl. 2, 12:

At mecum raucis, tua dum vestigia lustro,
Sole sub ardenti resonant arbusta cicadis.

Die Alten glaubten, dies Sommerkind nähre sich vom Thau, also der leichtesten, fast unkörperlichen Speise, Verg. Ecl. 5, 77:

dumque thymo pascentur apes, dum rore cicadae.

Hat auf die erwähnte Weise der Anbau in Italien

das Gethier der Wildniss ausgerottet oder ihm den Raum geschmälert, so treten dafür in jeder landschaftlichen Scene die Haus- und Kulturthiere ein, malerisch, form- und stilvoll, das Naturbild ergänzend, ohne es zu stören. In Mittelitalien fällt dem Fremden zunächst der Stier auf, mit armlangen Hörnern und glatter Haut und von silbergrauer Farbe. Wenn er wiederkäuend im Schatten einer alten Mauer daliegt, ganz Sättigung und Reproduction ausdrückend, gleicht er einem antiken Thierbilde, z. B. in Mithrasdarstellungen; wenn ihrer zwei den Pflug durch den fetten schwarzen Acker ziehen, von dem halbnackten Ackerer im Strohhut geleitet, und die ganze Gruppe sich in einiger Entfernung gegen den lichten Himmel abhebt, glaubt man ein Bild der Urzeit, ein ins Leben getretenes antikes Basrelief zu sehen. Oft begegnet in Süditalien auch das Paar Stiere, wie sie mit dem Ringe durch die Nüstern und das hölzerne Joch quer über den Nacken tragend den schweren Wagen ziehen, dessen zwei ungeheure hölzerne Radscheiben, die *tympana*, sich in uralter Weise mitsammt der Achse knarrend fortwälzen, Verg. Georg. 1, 163:

magnaque Eleusinae matris volventia plaustra.

Unbekannt waren den Alten dagegen die Büffel, die jetzt am römischen Seestrande, in den pontinischen Sümpfen u. s. w. so häufig sind. Mit rückwärts gebogenen, anliegenden, scharfrandigen Hörnern, in dem schrägen dumm-tückischen Auge eine Thräne, schreiten die Büffel in Heerden, die der Hirt zu Pferde mit langem Stachel regiert, oder liegen in der heissen Zeit bis an den Kopf in dem kühlern Sumpfwasser oder schleppen mit gewaltiger Zugkraft langsam den hochgethürmten

Erntewagen oder den mit Steinblöcken schwer beladenen zweirädrigen Karren, geleitet an einem durch die Nase gezogenen Ringe. Durch Zäune sind hin und wieder Asyle gebildet, hinter denen der Wanderer vor der Wuth dieser Thiere, die wohl gebändigt aber nicht gezähmt sind, sich birgt. Nur die Hirten, welche die Büffelkühe melken und von ihnen gekannt sind, wagen sich in die Heerde: jeder Andere liefe Gefahr, von ihnen zerstampft zu werden. In den einsamern Sumpfgegenden, z. B. um Pästum, sollen sie indess folgsam sein, bis sie in die Gegend von Neapel getrieben werden, wo der Wechsel der Gegenstände und der Lärm der Menschen sie aufstört und wild und wüthend macht.

Das eigentliche Charakterthier für die gebirgigen Landschaften Italiens und Griechenlands ist aber nicht das Rind, sondern neben dem Schafe die kletternde, knoppernde Ziege. Sie bedarf nicht des saftigen, feuchten Wiesengrases, sondern nährt sich auf- und abspringend von der Strauchvegetation und den harten würzigen Kräutern, die an den heissen Bergwänden sprossen, am liebsten von dem immergrünen Arbutus, der unserem Heidekraut auf Trockenbergen entspricht. Ueberaus malerisch hängen diese Ziegenheerden weidend über den Felsabstürzen; Abends geht der Hirt, in struppiges Ziegenfell gekleidet und selbst einem aufrechtstehenden Bock nicht unähnlich, blasend mit der Tuba voran und seiner ländlichen Musik drängt sich von allen Seiten blökend und meckernd die Schaf- und Ziegenheerde nach, um in der Hürde gemolken zu werden. In den kleinern Ortschaften des Südens bekommt der Reisende zu seinem Kaffee nicht leicht andere als Ziegenmilch, die ihm anfangs nicht behagt, an deren gewürzigem Wohlgeschmack er später aber um so grösseres Vergnügen findet. In den bergigen waldlosen Gegenden des Südens ist die Ziege in der That das durch die Umstände angezeigte Haus- und Heerdenthier des Landmanns, das ihn kleidet und nährt (drei Ziegen sollen dem Ertrage nach etwa einer Kuh gleich sein, fordern aber viel weniger Wartung und Aufwand): sie selbst aber ist wiederum Schuld, dass kein Wald wieder aufkommen kann; besonders nach den jungen Sprossen der aufschiessenden Bäumchen lüstern, tödtet sie die Baumvegetation im Entstehen *). Uebrigens war die Ziegenzucht im Alterthum schon ganz so verbreitet, wie noch jetzt, und zahlreiche Stellen der alten Dichter malen uns das Leben der Ziegenhirten, so wie das ihrer springenden Zöglinge noch ganz mit den heutigen Zügen. Ein ächtes Ziegenbild enthalten z. B. die Verse des Theokrit 5, 128:

Cytisus fressen bei mir und Geisblatt immer die Ziegen,
Wandeln auf Mastixlaub und ruhn in den Arbutussträuchern,

und die ganz ähnlichen des Horaz, Od. 1, 17, 5:

Impune tutum per nemus arbutus
Quaerunt latentes et thyma deviae
Olentis uxores mariti.

Auch Vergils Ziegen hängen weidend an der struppig bewachsenen Felswand über dem im Schatten ausgestreckten Hirten, Ecl. 1, 74:

---

*) *Harum dentes,* sagt Varro *de r. r. 2, 3.* von den Ziegen, *inimici sationis,* und übereinstimmend Vergil, Georg. 2, 196: *urentes culta capellas.*

Ite meae, felix quondam pecus, ite capellae!
Non ego vos posthac, viridi projectus in antro,
Dumosa pendere procul de rupe videbo!

und nähren sich von Baumsprossen und dornigem Gewächs, Georg. 3, 314:

Pascuntur vero silvas et summa Lycaei
Horrentisque rubos et amantis ardua dumos —

und auch schon damals schritt der Hirt, wenn der Abend gekommen, blasend voran und die Heerde folgte. Aus Theokrit ersieht man, dass die Insel Sicilien schon um das Jahr 300 v. Chr. von Ziegen bevölkert und also schwerlich viel mehr bewaldet war als jetzt. Attika war zur Zeit der höchsten Blüte, wie häufige Erwähnungen beweisen, ein dürres, wasserloses Land der Ziegen, und Pentelikon und Hymettus mit Arbutus und Kappernsträuchern, in denen die Ziegen naschend kletterten, bewachsen wie noch heut zu Tage. Ja schon der alte Homer weiss von Ithaka, der Felseninsel, dass sie von Ziegen beweidet wird (Od. 4, 600 ff.), und drückt dies so aus, dass wir sehen, die Heimath des Odysseus habe sich hierin von den übrigen griechischen Inseln nicht wesentlich unterschieden. Unter den vielen Inseln, die nach den Ziegen benannt sind, wollen wir hier nur das in neuester Zeit berühmt gewordene Felseneiland Caprera nennen.

Dieselbe Natur, die die Verbreitung der Ziege, der Genossin des Armen, begünstigte, hat auch den Esel zum allgemeinen Hausthier und Lastträger gemacht. Selten wird der graue genügsame Langohr, auf dem Sancho Pansa ritt, in den Ländern am Mittelmeer in irgend einem Landschaftsbilde, wo nur Menschen und menschliche Wohnungen in der Nähe sind, als Staffage fehlen, bald wie er ruhig an der Hecke dasteht und ungeheure Stacheln, mit denen man ein Kalb abstechen könnte, im Maule umdreht und verzehrt, bald wie er mit gleichschwebenden Körben und Fässchen beladen, vom Treiber mit dumpfen Rufen oder auch mit dem Stachel ermuntert, zur Stadt schreitet oder trippelt, bald wie er von der graziös sitzenden jungen Frau gelenkt wird und dazu klug mit den langen Ohren, die jede Seelenregung alsbald verrathen, auf- und abtelegraphirt u. s. w. — meistens feuriger als bei uns, ja wahrhaft edel und zierlich in Gestalt und Gang.

Die Genügsamkeit und die Sicherheit im Klettern durch die Berge giebt in diesen Ländern auch dem Maulthier, das schon Homer und das Alte Testament kennen, den Vorzug vor dem Pferde, welches letztere bei den Alten weniger das arbeitende Zugthier als der edle Kriegsgefährte des Menschen war: *bellator equus*. Ein Zug beladener Maulthiere im Gebirge, hoch über der schroffen Felswand sich fortbewegend und von charakteristischen *mulattieri* begleitet, oder da wo es gute Strassen giebt, ein Wagen mit vier raschen, schellenbehängten Maulthieren bespannt — gewährt ein schönes, malerisches Bild.

Achtes Kapitel.

Pro populo Italico.

Sollen wir jetzt auch über das Menschenleben in Italien einige Worte hinzufügen, so ist dasselbe so oft von Reisenden geschildert — da sich es weniger zu verbergen scheint als anderswo — und von Halb- und Ungebildeten, auch wohl von Interessirten so widersprechenden Urtheilen unterworfen worden, dass man sich mehr abgeschreckt als aufgefordert fühlt, dies Thema von neuem zu behandeln. Wer an der folgenden apologetischen Darstellung Aergerniss nimmt, der findet den gewünschten feindseligen und wegwerfenden Ton zur Genüge in Schriften und Tagesblättern einer gewissen Art (z. B. in Bogumil Goltz, „des deutschen Kleinstädters von der preussisch-polnischen Grenze", bekanntem Buche: Der Mensch und die Leute, Leipzig 1858). Zu dem Besten dagegen, was wir über italienischen Volkscharakter gelesen zu haben uns erinnern, gehört der schon vor langer Zeit geschriebene Abschnitt über die Italiener in Heinrich Leo's Geschichte der italienischen Staaten: dort hat ein ächter Historiker, denn das war Leo, aus bloss geschichtlichen Daten ein treffendes Bild gewonnen.

Ganz allgemein gesprochen ist der Mensch in Italien von schönerer, edlerer Race als der germanische Nordländer. Damit wollen wir nicht sagen, dass nicht in einer bestimmten Phase des allgemeinen Kulturprocesses der Menschheit ein Stamm von gröberem Stoffe fähiger sei, die von dem Moment geforderte Arbeit zu verrichten, die dem Jahrhundert gerade vorliegende Aufgabe zu lösen und folglich die Herrschaft zu führen, sondern nur, dass der Italiener in der Stufenreihe, die von den niedersten Typen zu immer edlern Organismen aufwärts führt, eine höhere Stelle einnehme, eine geistigere, reicher vermittelte Menschenbildung darstelle als z. B. der Engländer. Eine zweite Beschränkung ist in folgender Regel enthalten. Man hüte sich wohl, bei Vergleichung von Völkerindividuen eine zu kurze Entwickelungsreihe oder eine willkürlich gewählte Epoche zu Grunde zu legen: ein im Uebrigen unparteiischer Beobachter, der aber etwa im siebzehnten oder in der ersten Hälfte des achtzehnten Jahrhunderts gelebt hätte, würde ohne Zweifel die Sphäre des deutschen Genius zu eng umgrenzt und Deutschlands poetischen und wissenschaftlichen Beruf, der sich gegen Ende des letztgenannten Jahrhunderts so glänzend bewährte, nothwendiger Weise verkannt haben. Würde nicht, wer nur dic Zeit Dante's und die kolossalen Quadern florentinischer Stadtburgen oder die Epoche Benvenuto Cellini's und Michelangelo's im Auge hätte, die Toskaner für ein Heldengeschlecht halten, sie, denen man jetzt, je nachdem, Milde nachrühmt oder Weichlichkeit vorwirft? Wer errieth in den tändelnden, frivolen Franzosen des achtzehnten Jahrhunderts die Charakterenergie der Revolution? Ganz ebenso ist für den jetzigen Beurtheiler Gefahr vorhanden, dass er etwaige Mängel des italienischen Charakters, die vielleicht nur die ephemere Folge politischen Missgeschickes sind — denn es ist nicht wahr, dass ein Volk sich seine Geschichte allein aus dem Grunde seines Naturells herausschaffe, diese resultirt vielmehr auch aus der allgemeinen Weltlage — eben diesem Naturell zur Last lege und eine unter günstigen Umständen vielleicht grosse und glänzende Zukunft ausser Rechnung lasse.

Der Deutsche, wenn er Italien betritt und den Italiener sprechen, handeln, in Ruhe und Geschäft sich darstellen sieht, erhält durchaus den Eindruck einer ganzen und unmittelbaren Existenz, deren Aeusserungen sich in natürlichem Flusse nothwendig und leicht vollziehen — sowohl geistig als leiblich. Er selbst, der Sohn des Nordens, ist ein so schwankendes, gebrochenes Geschöpf: Dämmerschein des Bewusstseins reicht bei ihm bis in die Tiefen, wo die Gefühle, die Entschlüsse geboren werden, und kränkelt ihnen im ersten Keime Blässe und Unbestimmtheit an; bald ergiebt sich ein Ueberschuss des Geistes, wo allein organische Function sich vollziehen sollte, bald ist ein Glied, eine Muskelbewegung, ein Gesichtszug von der Seele gleichsam nicht durchleuchtet, von ihr unabhängig, also eckig, roh, plump, mechanisch, bald endlich ist der ganze Apparat von Anfang an zu grob construirt und reagirt gegen die Reize der Welt zu langsam oder gehorcht den Regungen des Gehirns nur spät und gleichsam widerwillig. Anders bei dem Menschen südlich der Alpen, dem Italiener. Seine Erscheinung drückt eine Geistes- und Empfindungsfülle aus, die bei Bildung des organischen Leibes in ihrem Erguss nicht aufgehalten worden, sondern sich volles sinnliches Formdasein gegeben hat. Der physiognomische Typus ist edel; alles eigentlich Brutale ist getilgt und tritt nie, auch in unbewachten Augenblicken nicht wieder hervor. Man vergleiche die Bildnisse Tizians mit den gleichzeitigen Holbeins oder das grosse an Portraitfiguren reiche Gemälde von Bonifazio: Uebergabe der Schlüssel von Verona an den Dogen von Venedig — mit der Zusammenstellung von Reformatoren und ihren Zeitgenossen bei Lucas Cranach: dort die prächtigsten Charakterköpfe, hier lauter treue, viereckige Doggengesichter. Wären die Modelle zu den beiden Mädchenköpfen von Riedel in der neuen Pinakothek wohl in Deutschland zu finden gewesen? Das italienische Knochengerüst ist feiner als das deutsche; reineres Gleichgewicht trägt jeden Theil; elektrisch, blitzartig zuckt jede Lebensregung, jede Gemüthsaffektion durch das Nervennetz und die Muskelfaser. Hier ist die Heimath schöner Gesangstimmen, ein Zeichen edler Organisation. Die Rede ist taktvoll, das Verständniss schnell, das Benehmen angemessen, Haltung und Anstand von angeborener, ungesuchter Würde. Der Geringste aus dem Volke braucht Wendungen, bewegt sich in Formen, fasst sich mit einer Geistesgegenwart, dass der schwerfällige deutsche Gelehrte, dem Vieles gegeben ist, nur nicht der feine Sinn für Takt und Darstellung, den Kopf schüttelt und wohl auch hin und wieder, ohne es sich gestehen zu wollen, von dem beschämenden Gefühl der eigenen Inferiorität beschlichen wird. Man richte dagegen z. B. an den hannöverschen Häusling eine Frage: es vergehen Minuten, ehe das Wort bis an sein Gehirn gelangt, dort die nöthigen Veränderungen bewirkt und dann gewöhnlich als ein langgedehntes „Kannitverstan“ oder als Gegenfrage wieder zurückkommt. Nicht bloss seine Geistesoperationen gehen langsam von statten, auch die begleitenden Gebärden tragen die Spuren der Arbeit, erscheinen wie Druck, Schlag, Schub, Zug oder wie von der Gravitation niedergezogen. In Italien aber stellt sich der Bettler selbst als ein König im Elend dar; nachlässig hingegossen sitzt in reinen Sculpturlinien das Mädchen auf dem abgebrochenen Säulenstück am Wege, sinnend ruht der klare Blick des am Stabe gebogenen Hirtenjünglings auf der Ferne, in einfältiger Majestät schreitet die Frau mit dem Säugling im Korbe auf dem Haupt, trotzig steht der junge Bursche da, beide Hände in den Gürtel gesteckt — lauter herrliche Heldengestalten, Bilder aus dem Alterthume und seiner Kunst. In keinem Lande wissen die Frauen des Volkes ihr Haar so reizend, mit so edler Simplicität aufzustecken als in Italien, nirgends der Mann den Mantel umzuwerfen, die Lumpen selbst mit Stolz zu tragen wie hier. Man sehe dort die Gruppe Männer auf dem Markte, tief verhüllt, mit spitzen Hüten auf dem Haupt, ernst und schwarz, halblaut Worte austauschend — ob es nicht Römer des Forums sein könnten, ehrfurchtgebietende Senatoren, Republikaner in der Verschwörung? Dort die Mädchen, nach dürftiger Musik unter freiem Himmel auf staubiger Landstrasse tanzend — welche Grazie, welches Mass, Bacchantinnen, Nymphen, direkt aus einem antiken Basrelief in die Wirklichkeit versetzt, mit demselben Faltenwurf, demselben Schwung der Linien, der Säume und Gewänder. Dort die andern, unten am Bache waschend, ihre bunten Tücher am Gesträuche aufhängend — ein reizendes Gewimmel von Farben, Beugungen und Neigungen der schlanken Leiber, fröhlichem Gelächter und wiederspielenden Schatten! Das alte Weib dort, dürr, quittengelb, mit spitzen

Zügen, Runzeln in der pergamentartigen Haut und struppigem Haar — wie ist sie bei aller Hässlichkeit doch so charakteristisch, eine echte Hexe, die man gleich auf die Leinwand bannen möchte! In der Schenke hier — wie lustig ist der Weinrausch, wie voll launiger Possen, auch voll heftiger Leidenschaften, aber alles Andere eher als roh und gemein. Ueber einen eigentlich Trunkenen, wenn ein solcher sich finden sollte, — es wird in den meisten Fällen ein eingewanderter Handwerksbursch oder ein ehemaliger Schweizersoldat sein — lacht niemand; Jeder wendet sich entrüstet weg und macht seinem Ekel mit einem *puh!* oder *brutto!* Luft. Man vergleiche italienische Volkskomik, die hier altheimische und je nach den Landschaften in eigener Gestalt auftretende Posse mit englischen populären Schauspielen, wo auf der Bühne Prügel und Besoffenheit den Nerv des Humors abgeben, indess vom Zuschauerraum Wiehern, Grunzen und Heulen das Echo bilden. Man vergleiche italienisches Volksgedränge mit zusammengelaufenem englischen *mob* und beider Benehmen z. B. bei öffentlichen Hinrichtungen. Dass die Volksschulen bei uns, auf die wir so stolz sind, nicht schon menschliche Bildung geben, haben zahlreiche Gelegenheiten, wo officielle Schaustellungen oder populäre Feste die Bevölkerung auf die Strasse lockten, selbst in der Reichshauptstadt bewiesen. Nirgends aber offenbart sich die Liebenswürdigkeit und Humanität des italienischen Volkes schöner als gerade bei öffentlichen Festen, wo Tausende zusammenströmen und ganz sich selbst und ihrem eigenen Anstandsgefühl überlassen sind. Im römischen Karneval geht unter den dichten Massen Scherz und Ausgelassenheit aller Art und in aller Gestalt um; den Nächsten zu foppen, den Achtlosen zu überraschen ist die Losung eines Jeden, und doch — wird auch nur eine Scheibe zerschlagen, eine Dame gekränkt, wird ein Unmass oder eine Ungebühr begangen als etwa von einem angereisten jungen Laffen aus Grossbritannien? und verspottet sich nicht Jeder zugleich selbst mit, mit ächtem Humor, und giebt komisch sein Ernstes und Heiligstes preis, im Bewusstsein, dass es ihm doch unverlierbar ist? Und welcher angeborene Schönheitssinn schmückt und ordnet überall diese Feste, seien es Kirchenfeierlichkeiten oder ein Feuerwerk oder ein Fest der Blumen, wie das von Genzano, der Thiere, eines Madonnenbildes, um die Springbrunnen, bei einer Kapelle, ausser der Stadt oder an einem bestimmten Tage und auf einem bestimmten Platze innerhalb derselben! Der Verfasser wohnte einmal einem Volksfeste in der grossen von Napoleon erbauten Arena in Mailand bei, die viele tausend Menschen fasst und an diesem Tage bis auf den letzten Platz gefüllt war. Die ungeheure Menge war während der Tombola von den mannichfachsten wechselnden Gefühlen belebt, Neid, Freude, Spott, Jubel, Ueberraschung u. s. w., und „wie im Meere Well' auf Well'" lief der Ausdruck derselben in Händeklatschen, Ausrufen, Zischen, Gelächter durch die unabsehbar amphitheatralisch sich übereinander erhebenden Reihen. Das Schauspiel, das darauf folgte, war sehr schön, den wunderbarsten Theil desselben aber bildete für den Fremden jene menschlich heitere, mit angeborenem Takt sich selbst beherrschende, von keiner Polizeigewalt gehütete Zuschauerschaft. Hin und wieder, in langen Intervallen, stand ein unbeweglicher *granatiere* mit der Flinte da, mehr zur Zierde als zur Abwehr — das war Alles. Es war stockfinster, als das Schauspiel zu Ende ging und die Menge durch die Thore auswärts und zurückströmte. Aber auch die Nacht verleitete niemand zu irgend einem Unfug, selbst im Gedränge des Ausganges zu keinem jener Merkmale der Ungeduld, wie sie sich in ähnlichen Fällen, z. B. in Hamburg, in Gestalt von Rippenstössen oder Faustschlägen dem Unglücklichen, der unter das Volk gerathen, kund thut. Und diese Mässigung ist nicht etwa Phlegma, denn der Italiener ist im Vergleich mit dem lymphatischen Deutschen ein empfindlich reizbares, heissblütiges, heftig begehrendes und verabscheuendes Geschöpf. Völlig fremd ist ihm das deutsche Philisterium, ganz undenkbar das Temperament jener phantasielosen und wohlmeinenden Söhne der Gewohnheit, die mit allen Tugenden der Gewöhnlichkeit ausgestattet, ehrenwerth durch Mässigkeit der Ansprüche, langsam in der Auffassung, sich bescheidend in dürftigem Auskommen, die von den Vätern überkommene Last bürgerlicher Vorurtheile mit rührender Geduld ihr Leben lang weiterschleppen. Eben so wenig ist der Italiener durch Amt, Stand, Beschäftigung zu einem blossen Fragment gemacht, das nichts enthält, als was das ihm aufgedrückte Berufszeichen aussagt. Solche verhockte, versessene, verkümmerte, schief gewachsene, in Akten- und Bücherstaub verdorrte, in Handwerks- und Gewerbesbanden verkrüppelte, in Haus- und Familiengeist verweichlichte halbe und Viertelsmenschen, wie bei uns, trifft man in Italien nirgends. Der Italiener, er treibe welches Geschäft er wolle, bleibt immer ein voller und ganzer Mensch. Die Gründe für diese Erscheinung sind mannichfach. Zuerst das milde Klima, der Aufenthalt im Freien, dann die mehr öffentliche Sitte, der sociale Sinn. Die Kinder laufen fast nackt herum; die Jugend verfliesst fast ganz auf der Strasse; dem armen Bauern, dem gedrückten Pächter leuchtet doch auch die warme Wintersonne; Lasten trägt sein Esel für ihn; seine Kleidung ist mehr ein loser Umwurf, in dem die Glieder sich frei bewegen; seine Frau ist nicht in die hundert Binden und Tücher gewickelt, er selbst nicht in die knöpfebesetzten Hosen und Wämser und die ungeheuren Ledercylinder, Stiefel genannt, gezwängt, wie Bauer und Bäuerin anderswo; beide begraben sich auch Nachts nicht in und unter die fürchterlichen Gänsefederbetten, in denen die Ausdünstung stockt. Der Schuster, der Schneider, alle Handwerker arbeiten halb oder ganz auf der Strasse, sie nähren ihr Blut nicht mit der verdorbenen Luft hinter blinden Scheiben in der Ofenhitze oder gar in Kellerwohnungen, wie so oft der deutsche Kleinbürger. In den Gegenden freilich, wo Malaria herrscht, da schwanken auch in Italien todbleiche Menschen umher; dafür aber fehlen Branntwein und Syphilis, diese beiden Würgengel der modernen Menschheit, oder gehen wenigstens in milderer Form um. Die barbarische Indianersitte des Rauchens hat in Italien freilich sehr um sich gegriffen, wird aber wieder durch das Leben im Freien erträglicher gemacht; die hässliche Verirrung des Tabakschnupfens, wie es scheint aus Spanien eingeschleppt, ist aber bis auf die Dörfer hin verbreitet und ein Tribut, den auch Italien moderner Kulturbarbarei zollt. Da es in dem Lande noch wenig Fabriken und keine Kohlenminen giebt, so fehlen auch die Fabriksclaven und die englischen Kohlenarbeiter unter der Erde, diese Repräsentanten tiefster Entwürdigung unseres Geschlechts. Wie in allen romanischen Landen, sind sich auch in Italien alle Stände nahe gerückt und durch gleichen Anstand verbunden; der Officier und der

Gemeine sitzen in demselben Kaffeehause an demselben Tische; der Signore und sein Gärtner leeren gemeinsam in der Laube ihre Bottiglia; der Untergebene spricht höflich, doch nicht unterwürfig und kriechend mit dem Obern; der Bauer, wenn er auch oft einen durchdringen- Knoblauchgeruch um sich verbreitet, die arme Strohflechterin oder Seidenspinnerin, wenn sie auch arg von der Sonne gebräunt ist, bewegen doch die Arme und neigen das Haupt so vornehm, dass der Herr Fürst von Schwarzenstein, die Frau Gräfin von Eichenfels und die Baronin von Falkenburg, für so viel sie sich auch in ihrem Lande halten, gewiss von ihnen lernen könnten. Umgekehrt benehmen sich auch wieder die höhern Stände gegen die niedern mit einer Achtung und Zartheit, die nichts mit dem anderswo gebräuchlichen schroffen Uebermuth gemein hat. Zu alle dem, bei dem natürlichen Reichthum des Landes, die geringere Arbeit überhaupt, die zum Unterhalt der Menschen nöthig ist, die vielen Feste, die Regierungsart mit ihrer Maxime: „leben und leben lassen,“ die leichte Pflanzenkost, der heitere Sinn, der, wie schon Göthe bemerkt, über Weinländern in der Luft zu schweben scheint u. s. w. Hier krümmt sich der Mensch nicht unter der Peitsche der Noth, die im nordischen Winter einen Theil der Bevölkerung hässlich und blöde macht. Faulheit ist dem Italiener noch erlaubt und diese gütige Göttin erhält ihm seine Gesundheit.

Doch hier höre ich die Einwürfe, die Zweifel, die schon bisher mit Mühe zurückgehalten worden, von allen Seiten laut werden. Die Italiener sind eine verschmitzte, tückische, geld- und rachgierige, zu fauler Bettelei geneigte, abergläubische, schmutzige, indolente, tief gesunkene Race — so hat schon mancher Tourist und

Bücher- und Zeitungsschreiber geurtheilt, sei es, dass er als gewesener päpstlicher ober Schweizer-Officier das Gesindel, welches zu bewachen er bezahlt worden, pflichtschuldig verachtete*), sei es, dass er als Brite die technisch-ökonomische Zweckmässigkeit des äussern Lebens, wie sie sein Vaterland in solcher Vollendung besitzt, in Italien vermisste, sei es, dass er grosssprecherisch Alles besser wusste, wie in älterer Zeit Nicolai, in neuerer der schon genannte Bogumil Goltz, sei es endlich — die schlimmste Sorte von allen — als verkappter Schildknappe der Wiener Hof- und Staatskanzelei oder des Münchner Hofadels, der täglich in dem Organ beider, der weltberühmten Augsburgerin, bald offen gehässig, bald leise verläumderisch dem Groll und der Erbitterung der Mächtigen, die ihn bezahlten, den gewünschten Ausdruck gab.**)

Zur Bettelei geneigt — leider wahr, wir können es nicht leugnen. Bettelei ist in den meisten Fällen süsser als Arbeit, und welche Nation wäre nicht dazu geneigt? Bettelei ist das charakteristische Zeichen des Dogmas, das auf den Himmel weist, und der feudalen auf Ungleichheit basirten Gesellschaft. Noch im vorigen Jahrhundert waren alle Strassen und Wege Europas mit Lumpen und Bettlern überfüllt und erst die cen-

---

*) Die Schweizer betrachten Italien überhaupt als ihre Domäne, die sie als Kaufleute und Fabrikherren nach Kräften ausbeuten. Man hat sie mit Recht die Armenier Italiens genannt.

**) Die Augsburger Allgemeine Zeitung charakterisirte v. Treitschke treffend also: „sie verstand immer die Kunst, der Sprechsaal Aller zu scheinen und das servile Werkzeug des Einen in Wien zu sein." Jetzt hat das Blatt eine ganz andere, würdigere Haltung angenommen, aber leider auch den alten Einfluss grossen Theils eingebüsst.

tralistische Polizei, der man jetzt so viel Böses nachsagt, hat uns auf Spaziergängen und Reisen von dieser hässlichen Plage befreit. In Italien ist in der neuesten Zeit auch in dieser Beziehung ein augenfälliger Fortschritt gemacht worden. Die früheren Regierungen, sowohl die Bourbonen als die Vettern Lothringens, von Mönchen umgeben, nur darauf bedacht, ihre Herrschaft in Händen zu behalten, suchten die Quellen des Bettelwesens, Zoll- und Gewerbeschranken, Reiseverbote, Lotto, Klöster, andächtiges Nichtsthun, Wallfahrten, Almosen, kirchliche Speisungen und Schenkungen u. s. w., eher zu erweitern als zu verstopfen. — Ueber italienische Faulheit ferner richtig zu urtheilen, ist auch nicht so leicht, als Mancher wähnt, der nicht über den Schein hinauskommt. In welchem Lande freilich trifft man so viel Maulaffen in den Strassen, als hier — denen man zurufen möchte: Wollt Ihr gleich zur Arbeit, Tagediebe, was thut Ihr gaffen? Wo sind so viel Müssiggänger zu allen Tagesstunden in und vor den Kaffeehäusern versammelt, als in Italien? Da liegen mitten in der Arbeitszeit die Schläfer ausgestreckt auf den öffentlichen Plätzen, vor den Kirchenportalen, auf allen Stufen und Treppen; da sitzen ganze Reihen Schaulustiger und verlieren die kostbare Zeit; bei dem geringsten Ereigniss und Wortwechsel auf der Strasse strömt von allen Seiten der Chorus herbei, starrt mit schwarzen Augen neugierig hin und nimmt sich Zeit die Entwickelung abzuwarten. Wie schaffen sich alle diese den Unterhalt? Wer verrichtet die Arbeiten, von denen der Bestand der Gesellschaft abhängt? Muss nicht Verarmung und Entvölkerung die Folge sein? — Sieht man wieder umgekehrt auf die mühselige und sorgfältige Bodenbenutzung, bei der nichts verloren gehen, kein Augenblick versäumt werden darf, auf den Kampf des Menschen mit sterilem Felsengrund, auf das gespannte ländliche Pachtsystem, bei dem nur die äusserste Anstrengung die Familie vor dem gänzlichen Ruin retten kann — sind dies nicht auch Italiener? Wie unermüdlich ist der Handwerker, wie betriebsam der Kaufmann! wie jagt der Geschäftsmann unausgesetzt dem Erwerbe nach! wie überwältigt der Richter, der Advokat die schwere Last der Acten! wie ist der Gelehrte in das Archiv, das Laboratorium, in sein Museum gebannt! Besuche macht man nur am späten Abend, um niemand in seinem Geschäfte zu stören — so sagt schon der ehrwürdige Mittermaier in einem Buche voll trefflicher Charakteristik*). Diese ungeheuren Mauern und zahllosen hochgethürmten Städte, diese Palläste, Brücken, Kunststrassen, Wasserbauten sind die Frucht italienischer Arbeit, so wie auch der trotz der allerungünstigsten Verhältnisse nicht unbedeutende Nationalreichthum durch productiven Fleiss hat erworben werden müssen. Die emsige Arbeit der Lombarden und Venetianer hat viele Jahre lang mit ihren Zwanzigern dem unersättlichen Wiener Fiscus Nahrung geben müssen, der wohl wusste, das die italienischen Provinzen die reichsten des Kaiserstaates waren. Wir sehen die Italiener auf der Strasse im müssiggängerischen Nichtsthun, blicken deshalb auf sie herab und vergessen, wie viel Stunden wir ungesehen zu Hause in der Gemächlichkeit des Schlafrocks, mit Weib und Kindern, in bequemer Gemüthlichkeit, bei Lectüre der Gartenlaube, im Gespräche mit

*) Italienische Zustände, Heidelberg 1844. S. 15.

dem Nachbar Vetter Michel, mit wenig Witz und viel Behagen verträumen und verdehnen, von dem Bierseidel und dem breiten Schmausen gar nicht zu reden. Man schlage in Italien dem ersten besten Faulenzer auf der Strasse ein Geschäft oder eine Hülfleistung vor, bei der etwas zu verdienen ist, man gebe ihm auf, eine Bestellung auszurichten oder ein schweres Gepäck zu tragen, und man wird sehen wie er aufspringt und mit Begierde, mit funkelnden Augen die dargebotene Gelegenheit zum Erwerbe ergreift. Denn man nenne ihn nun träge oder nicht, passive Bequemlichkeit liegt nicht in seiner Natur.

Aber nicht bloss faul, auch verschmitzt, tückisch, betrügerisch soll er sein; wälsche Arglist ist ein beliebtes Stichwort. Gewiss ist mancher deutsche Reisende, der in Italien noch ein Neuling war, arg übervortheilt und schmählich überlistet worden. Der ungeschlachte Fremdling, der nichts merkt, der die Rolle des Riesen in den alten Märchen spielt und am liebsten gleich dreinhauen möchte, reizt den Italiener unwiderstehlich zur Spitzbüberei. Dazu die Meinung von seinem ungeheuren Reichthum, mit dem er, der Barbar, doch nichts anzufangen weiss. Uebrigens darf das Benehmen der Facchino's und Oste's gegen den *lordo* aus England nicht verwechselt werden mit dem Verhalten der Italiener unter einander — da fällt viel weniger Betrug vor, denn sie kennen sich gegenseitig und der Versuch löst sich in Lachen auf; es ist wie ein Spiel des Witzes und Scharfsinns, in welchem Jeder den Andern zu übertreffen sucht. Wir glauben, dass der lebhafte Italiener gar nicht so weit Heuchler ist, dass nicht eine Tücke, die er im Herzen führt, in den Zügen seines

Gesichts und dem Blick seiner Augen dem Menschenkenner sich verriethe. Auch widersteht er einer Berufung auf seine Ehre, auf Würde der Gesinnung, besonders wenn sie in etwas pathetisch-rednerischer Form auftritt, nicht leicht: da erwacht sein Stolz, da regt sich sein Sinn für das moralisch Grosse und Prächtige und man kann sicher sein, dass er aus dem Versteck hervortritt. Wer die Italiener zu nehmen weiss, der findet in ihnen die liebenswürdigsten und zutraulichsten Menschen, die, wenn man ihnen freundlich zuspricht, auch gern Vernunft annehmen; aber das hochfahrende Wesen der meisten Reisenden, verbunden mit Unkenntniss der Sprache, die Heftigkeit und der Ausdruck der Verachtung, die Schimpfworte und Drohungen sind grade das Mittel, Kutscher, Verkäufer u. s. w. in ihren unbilligen Forderungen zu bestärken. „Hier will ich nur bemerken," heisst es bei Arnold Ruge, „Aus früherer Zeit," 3, S. 392: „dass ich kein gutherzigeres und gefügigeres Volk kenne als die Italiener, die Wirthe und Kutscher gar nicht ausgenommen, dass ich ein ganzes Jahr lang immer mit ihnen auf dem freundschaftlichsten Fusse gestanden und mich fast nie mit ihnen überworfen habe. Wer sie freundlich behandelt und vernünftig mit ihnen redet, ist ganz sicher, eben so von ihnen behandelt zu werden, und die vielen Klagen über die Italiener haben alle ihren Grund in der Ungeschicklichkeit und Unliebenswürdigkeit der Klagenden. Der Italiener hat vielleicht noch mehr Humor und Biederkeit als der Franzose und ist durchschnittlich eben so gesetzt und bedächtig als der Deutsche u. s. w." Bei alle dem wollen wir gern zugeben, dass jene gradsinnige Treue, deren wir uns rühmen, in Italien seltener zu finden ist, schon weil der Italiener bei heftigem Begehren viel zu klug ist, um, wenn Hindernisse entgegenstehen, nicht zu Seitenwegen sich verführen zu lassen.

Aber auch grausam ist er, wenn wir Vischer in seinen „Neuen kritischen Gängen" trauen wollen. Er hat in Mailand in der Nähe des Doms geblendete Singvögel feil bieten sehen und benutzt diesen Umstand als Zeugniss für den grausamen Sinn des Volkes, vergisst aber, dass die geblendeten Thierchen Lockvögel waren, geblendet zum Behufe der Jagd, nicht aus Freude an der Sache, und dass, wer alle Missethaten des Menschen gegen die Thiere, wenn es sich um Jagd, Nahrung u. s. w. handelt, aufzählen wollte, viel zu thun hätte. Wahr ist, dass der Italiener, besonders im Süden, gegen Pferd und Esel oft unbarmherzig ist; es hängt dies mit der antiken, objectiven Sinnesart zusammen, die kein sentimentales Verhältniss zur Natur kennt, einer Sinnesart, die Vischer selbst in mehr als einer Stelle seiner Schriften mit so erschöpfender Tiefe dargestellt hat. Niemals aber wäre denen, die einigen Vögeln die Augen ausstechen, damit sie andere Vögel fangen helfen, oder überhaupt einem Italiener, und wäre er auch der grausamste, zu thun möglich gewesen, was z. B. die Oesterreicher im August des Jahres 1849 in Mailand thaten — die auf öffentlichem Platz 34 Personen, grösstentheils dem gebildeten Mittelstande angehörig, Kaufleute, Beamte, Gewerbtreibende, darunter auch ein Nobile, weil sie an einem Strassenkrawall Theil genommen haben sollten; inmitten eines Soldatencarré's auspeitschen liessen, während zwei Frauenzimmer dieselbe Strafe im Castell erlitten. Bei dem blossen Gedanken daran sträubt sich jedem Italiener das Haar: öffentliche Ruthenstreiche erscheinen ihm so scythisch-barbarisch, dass Messer und Dolch dagegen eine Wohlthat wäre*).

Aber wie er grausam ist, so ist der Italiener auch feige. Italien ist das Land der Feigen — dieser

*) Charakteristisch war auch in diesem Fall das Benehmen der damaligen Augsburger A. Zeitung. Nachdem sie eine Weile den Vorfall ignorirt, entnimmt sie endlich, da die Sache auch in Wien anfängt Aufsehen zu machen, der Wiener Allg. Zeitungscorrespondenz, einem Organ, das, wie sie zur Entschuldigung sagt, „die loyalste Haltung gegen die Regierung beobachtet", folgenden Bericht: „Ein Bataillon war im Carré aufgestellt. Inmitten desselben standen die Angeklagten in einer Reihe. Kaum war das Urtheil verlesen, so stürzten sie sämmtlich auf die Knie und flehten mit wahrhaft bewegter Stimme um Milderung des Urtheils. Vergebens. Sechs Bänke wurden herbeigeschleppt, und die Execution beginnt unter furchtbarem herzzerreissendem Geheul. Die meisten Zuschauer zerstreuten sich; denn das Unglaubliche mit anzusehn, ja spottend und höhnend auf die unglücklichen Opfer zu deuten, war wohl nur einigen Individuen, die wir nicht näher bezeichnen wollen (von der Polizei bezahltes Publikum?), möglich. Ein junger Mann von weicher Körperbildung war vergebens niedergekniet. Kaum war der erste Streich gefallen, so stürzte er von der Bank herunter. Beim zweiten Streich widerfuhr ihm dasselbe, worauf ihn zwei Soldaten fassten und mit Gewalt auf die Bank schleuderten, dass er wie ein Klotz steif und halbtodt dort liegen blieb. Cavalleriepatrouillen und Gensdarmen zogen fortwährend auf und nieder; kein Italiener wagte sich in die Nähe (waren die obigen „Individuen" also Oesterreicher?). — — Am nächsten Tage wurden die Bestraften entlassen, verschwanden aber sämmtlich aus Mailand." Mit diesem Bericht war die Sache für die Augsburger Zeitung abgethan: sie wagte kein Wort des Vorwurfs gegen die Urheber. Die Namen der Unglücklichen, auch der beiden jungen Frauenzimmer, finden sich bei Gualterio, *gli ultimi rivolgimenti,* im ersten Bande. Stockprügel war übrigens das dritte Wort im Munde österreichischer Beamten, wenn sie von

mässige Wortwitz ging bei österreichischen Officieren um, als sie noch vor den Kaffeehäusern auf dem Marcusplatz in Venedig sassen. Der Italiener ist feige, wenn man will — wie eine nervöse Organisation, eine vormalende Phantasie den Muth ausschliesst, der das Ergebniss derberer Complexion zu sein pflegt. Der Italiener ist aber auch kühn und hat dies oft bewiesen; nur muss ihn eine Idee berauschen, ein Vortheil ihm winken, sein Gefühl für eine Sache gewonnen sein. Seit den Zeiten Marco Polo's und des Columbus hat mancher Italiener gefährliche Reisen nach fernen Ländern unternommen, wie jene drei lombardischen Seidenzüchter ins Innere von Turkestan; Tausende und aber Tausende haben die noch schrecklicheren Gefahren nicht gescheut, mit denen die Inquisition und der argwöhnische Despotismus drohte: Beispiele dazu liefern die Kasematten des Spielberg und des Kuffstein mit ihren jahrelangen stummen Leiden, vor denen jeder rechtschaffene Oesterreicher in heilsamer Vorsicht sich hütete. Eine andere Frage ist freilich, wie der italienische Soldat in der Schlacht, der Kanone gegenüber — im Angesicht des *brutal* nach dem französischen Lagerausdruck — sich benehmen würde. Guicciardini behauptete, drei italienische Soldaten seien gleich einem spanischen Infanteristen; aber damals waren die spanischen Heere die ersten in Europa und die kleinen Kriege der italienischen Condottieri nichts als taktisches Spiel der Heerführer ohne viel Blutvergiessen. Venedig und Rom wurden in neuerer Zeit tapfer vertheidigt, aber —

den Italienern redeten. Bezeichnend ist es, dass der österreichische Stock schon am 5. December 1746 in Genua einen Aufstand erregte und zur Befreiung der Stadt von ihren Drängern führte.

es war eben Vertheidigung, und hinter Mauern, Hecken u. s. w. sind auch entnervte Asiaten noch des Heldenmuthes fähig. Bei Duellen — und solche fielen zwischen österreichischen Offizieren und italienischen Civilisten nicht selten vor — benahmen sich die Italiener mit muthigem Anstande, aber hier kam der Stolz der Persönlichkeit ins Spiel, der den Italiener nicht leicht verlässt. Im Allgemeinen hat der gemeine Mann in Italien — mit Ausnahme des Piemontesen — keine grosse Neigung zum Soldatenleben; die Einsperrung in Casernen, die Einstellung in Reih und Glied, wo der Einzelne unterschiedslos verschwindet, ist seinem Individualitätsgefühl zuwider; die Versetzung in das eigentliche Oesterreich kam ihm gar wie eine Verweisung nach Sibirien vor. Ich habe öfter in Oberitalien österreichische und italienische Krieger zu vergleichen Gelegenheit gehabt, allerdings nur auf Paraden und im Garnisonleben. Dem feineren Gliederbau, dem niedrigern Wuchs, der etwas schlaffen, verdrossenen, nachlässigen Haltung der Italiener gegenüber strotzten die österreichischen Soldaten von robuster Muskelkraft, welche die strammen weissen Röcke und blauen Hosen oft zu sprengen drohte. Ein österreichischer Publicist hat aus diesem Verhältniss ein Recht Oesterreichs auf Herrschaft über die schwächern Italiener herzuleiten gesucht, allein, wenn hier überhaupt von Herrschaft und Dienst gesprochen werden dürfte, so wäre der umgekehrte Schluss richtiger: der Sclave gehorcht mit seiner physischen Kraft dem geistig überlegenen, wenn auch schwächeren Herren. Oesterreich hat in seinen halbwilden Völkern einen trefflichen Rohstoff für neuere mechanisirte Kriegskunst — das ist unleugbar. Allein die Kriegsgeschichte dieses Jahrhunderts hat auch bewiesen, dass das technisch-mechanische Moment nicht allein und nicht immer den Ausschlag giebt. Italienische Tirailleurs würden sich in Berggegenden wohl mit den österreichischen messen können, italienische Artillerie steht gleichfalls der österreichischen schwerlich nach. Ein Vortheil für Italien ist es, dass in dem überall von Kanälen, Hecken und Baumreihen durchschnittenen Lande die Cavallerie, diese Steppenwaffe, die den Stolz der österreichischen Armee bildet und die in den Pussten Ungarns so wirksam ist, wenig zur Anwendung kommen kann.

Doch muthig oder nicht — dass der Italiener gemüthlos, ohne religiöse Tiefe, dass er ein halbheidnischer Katholik ist, dass er warmes, inniges Familienleben und Wohnlichkeit und Reinlichkeit des Hauses nicht kennt und statt dessen nur auf leeren Prunk bedacht ist — das sind Vorwürfe, die besonders oft von Engländern und Norddeutschen erhoben werden und in den Augen derselben besonders schwer wiegen. Aber auch hier hüte man sich das Leben nach fremden abstracten Massstäben zu beurtheilen. Das germanische Haus ist ein heiliger Bezirk, der darum gepflegt, sauber geordnet und geschmückt wird, die wahre Heimath, in die wir von Geschäften und Spaziergängen, überhaupt aus der fremden Welt gern zurückkehren, in der wir unser Glück finden, in der uns das Herz wieder aufgeht. Wie öde und unbehaglich sind dagegen italienische Wohnungsräume! Staub und Spinnweb, Zugwind und jenes geschäftige Volk, das Göthe lieber hatte als die Nebel des Nordens, alter unbequemer Hausrath in halbleeren Steinsälen, halbschliessende Thüren, blinde oder zerbrochene Fensterscheiben, steinerne Treppen und Fussböden, selbst in

Marmorpalästen die Einrichtung zugleich prächtig und dürftig, nichts einladend als das hohe, harte, reinliche, eine quadratische Fläche bildende Bett mit dem gerollten Polster für das Haupt — auf das warme Klima trefflich berechnet. Aber eben das Klima, sowie die antike Tradition erklärt auch die italienische Hauswirthschaft. Der Italiener lebt im Freien, auf der Strasse, im Kaffeehause, im Gerichtshof u. s. w., und verlässt das Haus, so oft Sonnenbrand und Regenschauer es erlauben. Die Frauen und Mädchen sitzen auf der Terrasse, besuchen die Kirchen, erwarten die Stunde der Corsofahrt und des Theaters. Wie die Lampen, die Tische, die Gestelle aller Art u. s. w., in den Augen moderner Techniker höchst unvollkommen construirt, doch immer noch die klassischen schönen Formen an sich tragen, so bildet auch der Aufenthalt im umschlossenen Hof unter freiem Himmel, auf öffentlichem Versammlungsplatz, unter dem Porticus, auf marmornen Treppenstufen, auf Strasse und Markt, in Kirche und Theater u. s. w. nach antiker Weise den Hauptheil im System des Lebens und der Sitte*). Für jede freie Stunde sichs drinnen im Hause

*) Wie alle Stände den öffentlichen Platz als gemeinsamen Saal betrachten und neben einander ihre Häntierung treiben, zeigt auf ergötzliche Weise gleich die erste Scene des Schauspiels von Goldoni: *il ventaglio.* Der Schauplatz ist *una villa del Milanese delle Case nuove.* Bei Aufgang des Vorhangs sieht man folgende Personen auf der Bühne: Geltruda und Candida auf der Terrasse sitzend, beide mit Handarbeit beschäftigt; Evaristo (ein Signore) und der Baron in Lehnstühlen sitzend und Kaffee trinkend, neben jedem eine Jagdflinte; der Graf vom Lande in Ueberrock und Strohhut und mit einem Stocke, zunächst dem Apotheker sitzend, in einem Buche lesend; Timoteo (eben der Apotheker) in seinem Laden stehend und auf dem Fensterbrett etwas in einem messinge-

behaglich zu machen, fällt dem Italiener nicht ein. Geht ihm auf solche Art manche Tugend ab, die nur im engen häuslichen Kreise sich entwickelt, so hat er dafür um so mehr Sinn für Politik, die im Blute des deutschen Bürgersmannes eigentlich ein fremder Tropfen ist. Auch im Punkt der Volksreligion wäre es ungerecht, nordisch-protestantische Innerlichkeit unter diesem Himmel zu verlangen. Göthe war froh, dem Zustand entronnen zu sein, wo er über sein Ich,

des unbefriedigten Geistes
Düstere Wege zu spähn, still in Betrachtung versank;

aber den frommen Engländer, wenn ihm die Sinnlichkeit dieser Religion vor Augen tritt, pflegt des Volkes zu jammern, zu dem er gekommen, und er möchte gleich eine Schiffsladung Bibeln importiren. Letzteres würde unter den alten Regierungen mit immerwährendem Kerker gebüsst worden sein: jetzt ist es erlaubt und diese Erlaubniss wird denn auch von eifrigen Missionären fleissig benutzt. Man darf zweifeln, dass der Erfolg sehr glänzend sein wird. In der That, Sonntags in un-

nen Mörser zerstossend; Giannina (ein Bauermädchen) vor ihrer Thür sitzend und strickend; Susanna (eine Kramhändlerin) vor ihrem Laden sitzend und nähend; Coronato (Gastwirth) auf einer Bank vor dem Wirthshause sitzend, mit einem Rechnungsbuch und einem Bleistift in der Hand; Crespino (ein Schuster) auf seiner Bank sitzend; Moracchio (Bauerbursch) einen Jagdhund an einem Stricke haltend und ihm Brodstücke vorwerfend; Scavezzo (Diener im Wirthshause) ein Huhn rupfend; Limoncino (Diener im Kaffeehause) mit einem Präsentirteller in der Hand in der Nähe der beiden Kaffee trinkenden Herren wartend, bis er die Tassen fortnehmen könne; Tognino (Diener der beiden Damen) die Vorderseite des Landhauses säubernd und vor der Thür fegend.

geschmückter Kirche auf hölzernen Bänken sitzen und lange Lieder nach 300 Jahr alten Melodien singen, schwarzangethan in demüthiger Anmassung umhergehen, in lauter Bibelsprüchen reden, Hausandacht halten, lautlose Busstage feiern, allein das körperlose Wort verehren — dies alles würde dem Italiener schmecken wie schwedisches Haferbrod. Schon die nordische Trennung in Geist und Sinnlichkeit ist diesen Menschen nicht gegeben, deren Gesichtspunkt immerfort der des Schönen ist. Ohne Darstellung kennen sie keine Andacht, ihr Innerstes müssen sie in sinnliche Gegenwart verwandeln. Sie schmücken das Mysterium mit allem Lichter- und Blumenglanz, mit Musik und Farben, damit seine Erscheinung seinem unendlichen Werthe gleichkomme. Mystische Verzückung, brünstiger Erguss, grenzenlose Hingabe ist auch dem Italiener nicht fremd. In den Schleier gehüllt, liegt die junge Frau vor dem Bilde der *santissima madre di Dio* auf den Knien, ganz aufgelöst in Schmerz und Wonne, allein in der einsamen Seitenkapelle, der guten und mächtigen *padrona* ihr Anliegen vortragend; der Predigermönch auf öffentlichem Platz richtet unter reuigen Thränen die schmelzendsten, zärtlichsten Liebesworte an das Crucifix in seiner Hand, das er an einer langen Stange der umstehenden Menge zum Kusse darreicht; wenn während der Messe die Glocke erschallt, die das vollzogene Wunder und die Gegenwart des Allerheiligsten verkündet, dann fällt alles nieder wie vom Licht geblendet oder vom Donner des Himmels überwältigt, „kindliche Schauer treu in der Brust". An Naturen, wie der heilige Franz von Assisi, der in ekstatischen Visionen mit dem Himmel und dann wieder sinnvoll-kindlich mit der Natur und ihren Geschöpfen verkehrte, oder der mailändische Erzbischof Federigo Borromeo, den Manzoni in seinen *promessi sposi* mit so viel Wärme geschildert hat, ist der italienische Boden in alter und neuer Zeit nicht arm gewesen. Dennoch ist der Italiener, wie auch Vischer bemerkt, im Grunde ein rationell denkendes Menschenkind, spanische Bigotterie ist ihm fremd und Gründen der Aufklärung ist er nicht unzugänglich. Die Wurzeln der Hierarchie liegen hier lange nicht so tief als in manchen Ländern jenseits der Alpen, z. B. in Tyrol und Baiern oder in Köln und Münster, ja selbst im Vaterlande Voltaire's in Languedoc und in der Bretagne. Die eigentliche Philosophie hat natürlich in dem Italien, wie es bisher war, keine Stätte finden können. Dennoch fehlt es, wie wir glauben, an einer bedeutenden Anlage dazu nicht: wenigstens hat der Italiener die erste Vorbedingung dazu, den idealen Hang und Sinn, vor manchem Andern, z. B. dem Engländer, der die Welt als mechanisches Werk und Gott als den Uhrmacher ansieht, voraus. Ist nicht in den beiden Neapolitanern Vanini und Giordano Bruno ein tiefsinniger Pantheismus zuerst aus dem dürren Boden dualistischer Scholastik hervorgegangen, wenn auch, wie natürlich, anfangs bloss in schwärmerischer Gestalt? Und die Neapolitaner ist man gewohnt, sich als unselbständige, nach bunten Lappen greifende Kinder vorzustellen, die aber noch heutzutage die schwierige deutsche Identitätsphilosophie und monistische Speculation aus dem Munde ihrer Lehrer mit ernster Sammlung aufnehmen. Man versuche, das was die Herren Vera und Spaventa den Studenten an der Universität Neapel vortragen den *fellows* im *Trinity College* oder sonst wo im Vereinigten Königreich zum Verständniss zu bringen — die Herren werden den ungläubigen *german philosopher* kaum ausreden lassen, sondern ihm als einen Uebertreter der Satzung schweigend den Rücken kehren. Nein, an Tiefe der Empfindung fehlt es dem Italiener nicht, wenn er auch Gemüth im specifischen Sinne des Wortes nicht besitzt. Er hasst glühend, zerschmilzt in Zärtlichkeit, begehrt verzehrend, ist betrübt zum Tode, jauchzt himmelhoch, spielt in übermüthiger Laune — und alles dies drückt er in Geberden und Blicken, in seiner melodiösen Musik und deren Vortrag aus. Was den akademischen Poeten an Wärme und Innigkeit abging, schien durch die in den letzten Jahren, so zu sagen, ganz neuentdeckte italienische Volkspoesie wieder gut gemacht. Die schönen Sammlungen toskanischer Lieder von Tigri, sicilianischer von Lionardo Vigo, piemontesischer von Constantin Nigra u. s. w. sind auch von unserem deutschen romantischen Nachwuchs mit Jubel aufgenommen worden. „Es ist eine himmlische Erquickung wahrhafter Muse, sagt Gregorovius („Siciliana," S. 331), darin zu lesen und das elende Reimgeklingel der Kunstpoeten zu vergessen. Dass diese Sammlungen gerade in dieser gegenwärtigen Epoche an das Licht gekommen sind, kann dem italienischem Volke zu grossem Trost gereichen; denn diese ihre Volksdichtung ist die glänzendste Apologie Italiens, die je geschrieben worden ist; es ist das Volksparlament der Musen, welches seine Stimme auch vor dem Ausland erhebt, und sie wird gern vernommen werden." Nicht minder erfreut drückte sich Jacob Grimm aus (in der Germania, Jahrgang 2, S. 380ff.): „Volksgesänge in so rein fliessender Sprache, von so inniger Dichtung kann es sonst nirgends geben. Man glaubt einen der italienischen Dichter des 13., 14. Jahrhunderts zu vernehmen, so leicht und ungehemmt rinnen die Worte der weichsten, süssesten Rede." „Land und Meer, Gestirne, Blumen und Vögel liefern unerschöpflichen Vorrath der angemessensten Bilder und Wendungen" u. s. w. Billig durfte man erstaunt sein, auf diesem Boden überhaupt noch Volkslieder zu finden, die sonst ein Zeichen von Naturexistenz vor höhern Culturepochen sind. Aber eben dies hindert, in den genannten Sammlungen einen treuen Spiegel der italienischen Volkspsyche und ihrer wesentlichen Züge zu finden. Diese Lieder sind ein Spiel, hervorgegangen aus der Freude am Gesang als solchem, an Worten und Tönen, ein Zeitvertreib in müssigen Stunden, nicht ein Ausdruck des übervollen Herzens. Das deutsche Volkslied ringt vergebens nach Ausdruck, das italienische tändelt in schmeichelndem Empfindungs-, Witz- und Klangspiel. Der Unterschied von Natur- und Kunstpoesie gilt für Italien eigentlich gar nicht oder nicht in dem Maasse wie in germanischen Landen. Nördlich der Alpen, wo die Stände durch eine weite Kluft getrennt, wo die höhern Schichten von antiker und mannigfach vermittelter ausländischer Bildung durchdrungen sind, da malen und dichten die Künstler für diese begünstigten und entwickeltern Kreise, indess tief unten im Dunkel des Volks Lieder umgehen, empfindungstief, ungeschickt, wortkarg, und dort von raffinirten ästhetischen Kennern aufgefangen werden. Aber eben Wildnisse, wo solche Waldblumen wachsen, giebt es in Italien wenig oder gar nicht: das niedere Volk, so unwissend es sein mag, wandelt doch im Lichte und auch sein Singen ist schon Kunst, d. h. Niederschlag einer alten Kultur. Und hier grade ist der Punkt, wo der Unterschied germanischen und romanischen Charakters seine eigentliche Wurzel hat. Man hat für den Gegensatz beider Völkergruppen die richtige, nur abstracte Formel überwiegenden Wesens auf der einen, vorwaltender Form auf der andern Seite aufgestellt, aber geschichtlich angesehen löst sich derselbe in der realern von Natur und Kultur auf. Die Germanen sind verhältnissmässig spät in die europäische Geschichte eingetreten und hierin liegt ihr Verhältniss zu der südwestlichen Welt auch für die Folgezeit ausgesprochen. Das Neue, das sie brachten, war nicht absolut ein solches, ihre Freiheit dieselbe, die einige Jahrhunderte früher die Kelten, noch früher die italischen Völker besessen, aber in langer Bildungsgeschichte überschritten hatten. Kulturentwicklung führt zu festen Resultaten menschlicher Einrichtungen und Vorstellungen: das Leben erstarrt in Formen, die, an sich ein schöner Gewinn langer Arbeit, doch leicht zu einem Aeussersten, zum Geisteskerker werden. Nachgekommene Völker, die noch am Anfange stehen, bringen dann Barbarei, aber zugleich neuen Trieb des Wachthums. Es beginnt der Process der Entfaltung von Neuem, bei den Einen von der rohen Naturgrundlage aus, unter unausgesetzter Oberherrschaft anderswo erreichter Bildungsergebnisse, die aber als Joch empfunden werden und gegen welche von Zeit zu Zeit das natürlich-nationale Bewusstsein reagirt, bei den Andern von eben diesen Ergebnissen aus, die zwar immer noch die Gefahr frühzeitiger Fixation — Scholastik, Dogma, Despotismus, conventionelle Normen, Regel, Formalismus — mit sich bringen, dafür aber als tiefere Durchdringung mit edler Menschlichkeit, die zur zweiten Natur geworden ist, und als Schönheit und Bestimmtheit fortwirkend sich kund thun. Dies alles liesse sich leicht an Recht, Kunst,

Poesie, Sitte, Staat, Kirche u. s. w. im Einzelnen belegen — wenn wir damit nicht über die Grenzen dieser Skizze hinausgeführt würden.

Man mag im Uebrigen den Italienern so viel Böses nachsagen, als man wolle, gewiss ist, dass, auch im Falle die Gegner Recht hätten, immer nur ein Weg der Rettung bliebe, derselbe, den das italienische Volk seit ungefähr einem Menschenalter eingeschlagen hat. Nur die Freiheit erzieht den Charakter, nur das öffentliche Leben bildet Männer, nur die weiteren Verhältnisse eines grössern Staates erzeugen Menschen von weitem und grossem Sinn. Erwägt man, welches der frühere kirchliche, politische und ökonomische Zustand war, so muss man erstaunen über das Mass von Energie, das der Italiener in so langer Knechtschaft sich zu erhalten gewusst hat. Jahrhunderte lang konnte auf der Halbinsel z. B. kein Buch erscheinen ohne die *approvazione*, die *licentia superiorum* u. s. w., das heisst ohne dass es durch den mehrfachen Sichtungsapparat der politischen Polizei und der Inquisition hindurchgegangen war, und man weiss, wie liberal die Denkart der geschorenen Köpfe in der Mönchskutte und der von Madrid, Rom und Wien aus bestellten Gedankenwächter war. Was blieb unter solchen Umständen als Feld literarischer und künstlerischer Thätigkeit übrig? Römische Antiquitäten, mittelalterliche Localgeschichte, die sog. Academien, d. h. Gesellschaften zur Sprachreinigung und Versmacherei, die inhaltslose Rhetorik, die entnervende Belletristik, der Cultus der Primadonnen, der conventionelle Singsang der Oper, die flitterbenähten Lumpen der Theaterdeclamation, die nichtsnutzige bloss formale Kunst der Improvisatoren und Sonettenschmiede mit ihren *rime obbligate* und ihrer Trinkgeldbettelei. Rehfues („Briefe aus Italien", I, S. 101 f.) berechnete am Anfange dieses Jahrhunderts die Zahl der in Italien gleichzeitig ihr Handwerk betreibenden Sonettendichter auf 200,000, so dass jede fünfundsiebenzigste Seele eine Dichterseele war — eine Ziffer, die für sich selbst spricht. Da alles verboten war, was des Menschen würdig ist, so war auch die Geselligkeit theils nichtig, theils verdorben: man denke nur an das Cicisbeat. Wie konnte — um eine andere Seite des nationalen Lebens zu berühren — auf der weit wie ein langer Molo ins mittelländische Meer hinausgestreckten Halbinsel die Seefahrt sich entwickeln, wenn politische Furcht der vielen kleinen Staaten die Küstenschifffahrt, überall die Grundlage grösserer maritimen Unternehmungen, hinderte oder unmöglich machte? Kein Fahrzeug konnte aus Livorno nach Neapel, von Venedig nach Ankona, ja selbst nicht von Neapel nach Palermo, ohne die Ausweise und Gebühren, denen fremde Schiffe in den genannten Häfen unterworfen waren. Schlimmer noch, als in dem römischen Priesterstaat, dem immer noch aus alter Zeit eine gewisse Würde und Grösse innewohnte, stand es um Neapel und Sicilien. Diese spanischen Nebenländer erfuhren drittehalb Jahrhunderte lang den ertödtenden Einfluss der spanischen feudal-despotischen Regierungsweise, dessen Folgen auch nach den Reformen des ersten Bourbons, Karls III., und seines Ministers Tanucci nicht so leicht verwunden wurden. Mit der französischen Revolution brach auch für Italien der Tag der Auferstehung an: Bonaparte's Armeen, der Wechsel der Herrscher und der Grenzen, die Gesetzbücher und

Einrichtungen der Republik und des Kaiserthums reinigten den stockenden Boden, durchschnitten ihn, so zu sagen, nach allen Seiten mit Abzugsgräben und streuten die politische Saat aus, die wir jetzt in Halmen stehen sehen. Niemand wird leugnen dürfen, dass die Italiener, dies angeblich entartete Volk — entartet, damit es der fremden Gewaltherrschaft nicht an einem Vorwande fehle — in der neuesten Zeit ein eminentes politisches Talent bewiesen haben. Zwei Eigenschaften, die schwer erworben werden, besonders von politisch handelnden Massen, und die man den Italienern vor Allem abzusprechen geneigt war, Geduld und Disciplin, gerade diese Eigenschaften sind in den Jahren, die dem Frieden von Villafranca folgten, in bemerkenswerther Weise hervorgetreten. Ist bei dem Umsturz aller gewohnten Verhältnisse und der Verletzung unzähliger Privatinteressen in allen Theilen Neu-Italiens eine Unordnung oder Gewaltsamkeit, ein bewaffneter Parteikampf vorgekommen, hat ein Revolutionstribunal fungirt und die Guillotine gearbeitet? Vollzog sich die ungeheure Umwälzung nicht in lautloser Stille, durch friedliche Abstimmung, mit massvoll abwartender Zurückhaltung? Wie gierig lauschte man im Auslande auf Symptome der Widersetzlichkeit und chaotischer Auflösung und wie gern hätte man z. B. auf Mordthaten oder Hungersnoth mit dem Finger gewiesen oder Zeichen beginnender Reue einregistrirt! Aber Jahre lang musste man mit dem Brigantenthum — zu dem man das Seinige redlich beitrug — und später mit dem Turiner Krawall — der leider ohne Folgen blieb — seinen Hunger stillen. Der Drang nach nationaler Einheit ist so mächtig geworden, dass er, es komme was da wolle, nicht mehr aufzuhalten ist. Haben nicht Städte wie Mailand und Neapel ruhig das Scepter niedergelegt und im grossitalischen Gefühle sich Turin. und Florenz untergeordnet? Mögen diejenigen unter uns, die die italienische Politik als viel zu irdisch bekritteln, sich fragen, ob z. B. München zu Gunsten Berlins ein Gleiches thun würde? Der Hinweis auf Nizza und Savoyen erledigt sich durch den Satz, dass wer den Zweck will, auch die Mittel wollen muss. Da ohne die Abtretung ein reales Italien nicht zu Stande gekommen wäre, so wäre dann auch Nizza nicht italienisch geworden. Dass das Einheitsstreben nicht zum Extrem führe, wie im alten Rom, dafür bürgt der Municipalgeist, der locale Wetteifer, das Gefühl der Landsmannschaft, der Stolz auf Geburtsort und Wohnstätte, die Gewohnheit der Wirksamkeit in städtischen Gemeinden. Das Wesentliche und Entscheidende aber ist, dass die italienische Bewegung nicht als rohe Stammverwandtschaft, sondern als Kultursphäre erscheint; dass sie nicht Eigensinn der Race, sondern politisch-sittlich ist; dass die sich realisirende Nationalität eins und dasselbe ist mit Realisation von Bildung und Freiheit. Denn ein Volkskrieg gegen das Fremde, als bloss natürlicher Zug, kann gut und böse, kulturmässig und kulturfeindlich sein und hat an sich noch nicht das Recht auf seiner Seite. Wenn die Griechen ihre nationalen Heiligthümer bei Marathon und Salamis vertheidigten, so retteten sie damit die Freiheit des Abendlandes überhaupt und ihre nationale Sache war die der ganzen Menschheit. Wenn aber die Hindus sich der britischen Civilisation erwehren, wenn die Beduinen Algiers zum heiligen Krieg aufstehen, wenn die Kroaten ein eignes Reich bilden wollen und die Tyroler für die „Glaubenseinheit" ihres Stammes und Landes bereit sind zur Büchse zu greifen, so mag es Interessirte geben, die daran ihr Wohlgefallen finden, humane Sympathie wird solchen Ausbrüchen vaterländischen Racentriebes nicht zu Theil. Die Geburt des Königreichs Italien aber war ein Sieg des Fortschritts in Europa und die Nation Dante's und Rafaels, Cavours und Garibaldi's darf wohl den Anspruch erheben, ihre eigenen Wege zu gehen und sich nicht von Kroaten und Tyrolern beherrschen zu lassen.

Kein reifer Beurtheiler wird übrigens erwarten, dass die Schäden in so vielen Zweigen des Staatslebens, der Erziehung und der Volkswirthschaft in Italien wie durch Zauber verschwinden könnten oder dass nicht Generationen sich ablösen müssten, um die Spuren langer Leiden zu tilgen. Die Zeit der Arbeit, die mühsame Praxis realer Vermittelungen beginnt erst. Was Noth thut, ist nicht kindischer Siegesjubel vor dem Kampfe, sondern die auch in Momenten der Enttäuschung ausharrende Ueberzeugung, die mannhafte, ernste, wortkarge, zähe, dauernde, im Kleinen, im Alltäglichen sich bewährende, immer streitbare Tugend. Die Freiheit, sagte Royer-Collard, ist kein Zelt, aufgespannt um darunter zu schlummern. Bei aller politischen Anlage hat der Italiener doch mehr als ein Anderer gewisse schädliche Neigungen zu überwinden: den declamatorischen Kothurn und die Charlatanerie, den komischen Humor und die Selbstverspottung, die so leicht ausserhalb des Zweckes setzt, die Freude an Darstellung, an Festen, an Demonstrationen, die *politica spettaculosa*. Letztere blühte besonders zu der Zeit, wo *Pio nono* der Held war, und hat sie auch, wie Reuchlin in seiner Geschichte Italiens sich ausdrückt,

„manche harte Herzensfaser erweicht“ und veredelnder gewirkt „als viele fürstliche Geburtstagsfeier-Diners“, so ist es doch gewiss ein Zeichen grösserer Reife, dass seitdem an Stelle dieser phantasirenden Symbolik immer mehr die Realität getreten ist. Das Land, von dem die eigentliche politische That ausging, Piemont, war auch in jener Zeit des Wort- und Schauspiel-Enthusiasmus das nüchternste, etwa wie Preussen in Deutschland. Vielleicht knüpft sich auch in Deutschland der Fortschritt nicht an diejenigen, deren drittes Wort deutsch ist, die mit Fahnen und Farben Aufzüge halten und z. B. zu Schützenfesten zusammenströmen, ehe noch das Ziel getroffen, ja ehe noch ein solches recht gefunden und aufgesteckt worden. Saure Wochen, frohe Feste — heisst es auch in der Politik. „Das Wort hinter der That, der Diener hinter seinem Herrn, das ist feine Sitte.“ (Börne).

Die Zeit der Arbeit steht Italien, wie gesagt, noch erst recht bevor. Die Gesetzgebung hat schonende Rücksichten aller Art zu nehmen; der Aufgaben bleiben viele und sehr verwickelte, die permanente Bewaffnung, die doch wieder durch die Lage der Dinge gefordert wird, zehrt an den Finanzen des Landes. Kirchen- und Klostergüter lassen sich einziehen; ein Stand freier Bodenbesitzer kann auf ihnen, wie in Frankreich, geschaffen werden, aber beides wie allmählig! Der Adel, der, anders als der deutsche, der nationalen Sache grösstentheils sehr ergeben gewesen ist, darf fürs Erste nicht an seinen Besitzrechten angegriffen werden: den unglücklichen Pächtern auf Halb- ja Drittelertrag, den ländlichen Proletariern kann der Staat, so lange die neue Ordnung der Dinge nicht völlig consolidirt ist, nicht direkt zu Hülfe kommen. An die Stelle des Pachtsystems freies Eigenthum zu setzen — dies muss für das kommende Jahrhundert ein Hauptziel das regenerirten Italien sein. Dann allein kann die Bodenkultur von der Stufe der Kindheit sich erheben, auf der sie in der südlichen Hälfte des Landes trotz antiker Tradition, grossen Fleisses und milden Himmels sich befindet.

Ein Wort über das Brigantenwesen wird sich hier passend anschliessen. Die Gründe dieser Erscheinung sind nicht einfach. Erstens finden wir die Neigung, auf Gebirgspfaden mit der Flinte umherzuschleichen und sich durch Raub sein Leben täglich zu verdienen, bei allen Völkern um das Mittelmeer herum eingewurzelt: wie der *brigante* klettert der spanische *guerillero* und *contrabandiero*, der griechische Klephte, der Beduine in Syrien und am Atlas lieber mit dem Gewehr in der Hand herum, als dass er den schweren Pflug lenkte und sich ein festes Haus baute. Wir haben es also hier mit einem Stück Sitten- oder Kulturgeographie zu thun. Zweitens ist das Banditenleben historisches Erbtheil der Gegend, in der es bis auf den heutigen Tag geblüht hat. Die Tradition geht hier bis auf das höchste Alterthum hinauf: es genüge das eine Zeugniss des Livius anzuführen, der unter dem Jahre 185 vor Chr. erzählt, der die Provinz Tarent verwaltende Prätor L. Postumius habe von Räubern aus dem Hirtenstande, die die Wege und das gemeine Weideland unsicher machten, gegen siebentausend zum Tode verurtheilt*). Solche *latrones* und *grassatores* werden auch in den spätern Zeiten

*) *Liv. 39, 29: Tarentum provinciam L. Postumius praetor habebat. Is de pastorum conjuratione, qui vias latrociniis pascuaque publica infesta habuerant, quaestionem severe exercuit. Ad septem millia hominum condemnavit: multi inde fugerunt, de multis sumptum est supplicium.*

der Römerherrschaft in Süditalien erwähnt; dass ihr Stamm im Mittelalter nicht ausging, versteht sich von selbst. In den Revolutionswechseln am Ende des vorigen und am Anfang dieses Jahrhunderts stand das Räuberwesen in voller Blüte und wurde schon damals von der reactionären Partei für nationale Erhebung ausgegeben. Während der Bourbonenherrschaft erlosch die Krankheit eigentlich nie, sie trug nur einen chronischen Charakter. Die gegen die Räuber ausgeschickten Sbirren thaten es den erstern an Gewalt und Bedrückung gleich; sehr gewöhnlich war bekanntlich das Mittel, mit einem gefährlichen Räuberhauptmann wie mit einer feindlichen Macht zu paciscire und ihn um den Preis einer anständigen Versorgung zur Niederlegung der Waffen zu bewegen. Ein auf diese Weise geographisch und historisch dem Boden inhärirendes Uebel ist schwer zu bekämpfen. Dem modernen Staat indess mit den Mitteln seiner polizeilichen Technik müsste gelingen, was frühern Jahrhunderten unmöglich war — wenn nicht eine dritte Klasse von Ursachen hinzukäme, die den Process der Heilung langsam macht, eben der erwähnte gedrückte Stand des Landvolks. Besitzlos, ohne Kapital, also ohne Mittel, vortheilhaftere Kulturarten anzuwenden, den die Vorschüsse leistenden Produktenhändlern und den adligen Eigenthümern tief verschuldet, zu der angestrengtesten und doch für ihn fruchtlosen Arbeit genöthigt — wie konnte der *contadino* der Versuchung widerstehen, an dem socialen Kriege der Armen gegen die Reichen Theil zu nehmen? War er gar ein elender *terrazzano* im Tavogliere di Puglia, wo es nur Weidewirthschaft und grosse Güter giebt, d. h. ein heimathloser Proletarier, ein ohnehin unstäter Hirte, gewohnt die Heerde bewaffnet zu hüten, was lag näher als auf Kosten der Besitzenden sein Glück zu suchen? Der ausführliche und interessante Bericht der Untersuchungscommission der italienischen Deputirtenkammer hat durch die sprechendsten Zeugnisse dargethan, dass in den Provinzen, wo der ökonomische Zustand der Agrarbevölkerung verhältnissmässig befriedigend ist, der *brigantaggio* keine Wurzel hat fassen können; von dem Punkt an, wo jener Zustand sich verschlechtert, alsbald die Symptome dieses auftreten; wo der ländliche Wohlstand tief daniederliegt, wie in den Provinzen Molise, Capitanata u. s. w., das Räuberwesen unvertilglich scheint*). Nun giebt es zwar noch sonst in der Welt Landstriche, wo der Bauer unter dem Druck der Armuth schmachtet und sein Elend in stummer Gleichgültigkeit fortschleppt, keiner Erhebung fähig. Das persönliche Freiheitsgefühl ist aber auch bei diesem Theil des italienischen Volkes nicht erloschen; die ihm angeborne Phantasie spiegelt ihm Gold und Schätze vor; der tiefe Hass gegen die *signori* und *possidenti* und gegen die Bürger der Städte**) vereinigt die Landbevölkerung gleichsam zu einer allgemeinen stillschweigenden Verschwörung; die Natur des gebirgigen Landes kommt dem Unabhängigkeitssinn zu Hülfe. Denn — und hiermit kommen wir auf unsern Ausgangspunkt zurück — so schwer dic Last

*) Der Bericht ist von Massari im Namen der Commission abgefasst und wurde im August 1863 publicirt.

**) Dieser Gegensatz wurde unter König Ferdinand II. von Neapel sogar zum Regierungshebel und daher geflissentlich genährt und, wo er nicht bestand, künstlich eingeimpft. ,,Ich regiere so, sagte der König, dass wenn ich das Reich verlassen müsste, ich meinem Nachfolger eine fünfzigjährige Anarchie vermachen würde. —

der Armuth auf den Schultern der untern Klassen ruhen mag, so systematisch seit Jahrhunderten dies Volk durch Censur und Pfaffenthum, Argwohn des Despotismus, vergiftende Spionage, Zerstückelung des Gebietes, Gewalt des Auslandes, Brutalität fremder Soldaten, Rechtsverdrehung, Pflege und Erhaltung alles Niedrigen, Erstickung alles Höheren im Menschen — misshandelt und in Schlaf gelullt worden, dennoch ist es ungebrochen und noch immer durch Elasticität des Geistes und Stolz der körperlichen Haltung die Freude der Künstler. Wer diese Menschen und ihre Geberden nicht gesehen, ihre Accente nicht gehört hat, der konnte durch Adelaide Ristori einen Begriff davon bekommen. Die tragische Plastik dieser Künstlerin war die eingeborne Tochter des Volkes: so deklamiren die Weiber am Brunnen, so leidenschaftlich streiten sie über die Strasse, jede an der Schwelle ihrer Hausthür sitzend, so stehen sie versteinert da, so blitzschnell schwingen sie das Messer, so funkeln ihre Augen, so schleudern sie Zorn- und Schmachrufe. Eine Scene, die Otto Speyer („Bilder ital. Landes und Lebens", II., S. 203 ff.) bei Agrigent in Sicilien erlebte, mag das Gesagte deutlich machen:

„Zwei noch junge Frauen kamen in lebhaftem Wortwechsel den Berg hinab. Wenige Schritte von uns entfernt blieben sie stehen: immer lebhafter wurden ihre Geberden, immer zorniger die Blitze ihrer sprühenden Augen, immer rascher und rauschender der Redestrom, der ununterbrochen von Beider Lippen floss. Nach dem Wenigen, was wir davon verstehen konnten, schien es sich um das eheliche Verhältniss der Einen zu handeln, in welches die Andere störend eingegriffen haben sollte. Bald kam es von Worten zu Thaten. Wie Furien fielen die beiden Weiber über einander her; bald waren die Gesichter blutig, die Haare aufgelöst; andere Männer und Frauen stürzten auf das Hülfsgeschrei herbei und suchten sie zu trennen; vergebens, sie wurden selbst von der Wuth der Kämpfenden mitangesteckt; es entstand ein förmliches, zunächst jedoch nur mit Fäusten und Nägeln geführtes Gefecht. Aber schon wurden Steine aufgehoben, schon blutete Einer aus einer grossen Kopfwunde, schon blitzte eine Messerklinge in der Luft, und ein junges Frauenzimmer wurde von ihrer Gegnerin bei den Haaren auf der Erde umhergeschleift; da wurden die Weiber durch die zahlreichen herbeieilenden Nachbarn, unter denen auch ein Polizeibeamter in Uniform erschien, mit Gewalt auseinandergerissen. Nun begann das Wortgefecht von Neuem, aber nach wenigen Minuten (verstehen konnten wir nichts von den Verhandlungen) schien alles ins Reine gebracht und die ganze Gesellschaft verliess den Kampfplatz, allem Anschein nach, in Frieden und Einigkeit. Nur jene erwähnte junge Frau, die von ihrer Gegnerin so arg misshandelt worden war, blieb zurück, schüttelte drohend ihre geballte Hand hinter der Fortgehenden, setzte sich dann weinend auf den Boden und begann, während sie ihre langen aufgelösten Flechten durch die Hand gleiten liess, einen leidenschaftlichen Monolog, der hauptsächlich an einen gewissen, mit allen möglichen Liebes- und Schimpfnamen zugleich überhäuften „Cecco" gerichtet war. Dann stand sie wieder auf, warf die Haare aus dem Gesicht, fasste den zerzausten Mantel mit der einen Hand zusammen, streckte den andern Arm drohend in der Richtung aus, wo ihre Feindin verschwunden war, stand einige Minuten lang regungslos wie eine Bildsäule in einer Stellung, die einer

Rachel als Phädra oder Medea hätte zum Muster dienen können, und schritt dann dicht an uns vorüber, ohne uns eines Blickes zu würdigen. Es lag in dieser entfesselten, ihr selbst und ihrer Umgebung unbewussten Leidenschaft eines Weibes aus dem Volke etwas Grossartiges, Gewaltiges, das unsere Blicke wie mit Zaubermacht fesselte."

So weit Speyer. Dies war eine einfache Bäuerin und doch wie unmittelbar vom tragischen Theater, aus einem Stück des Aeschylus genommen. Aber auch dem Maler eröffnet dies Volksleben die reichsten Quellen für seine Kunst. Durch die Grösse des Ausdrucks, die es an sich trägt, erheben sich alltägliche Genrescenen zu historischen Bildern, in eine höhere Kunstsphäre. Dies empfand Leopold Robert: er, der Genremaler, wurde auf diesem Boden, ohne dass er es wusste und wollte, zum Geschichtsmaler; Einfalt und Adel dieses Volkslebens — er gebraucht diese Worte selbst in einem seiner Briefe — drückten seinen Darstellungen den Stempel heroischen, idealen Stiles auf. Der junge Bursche auf dem Bilde der Schnitter kann wohl ein Telemachos oder Antilochos sein, er kann ein Orestes werden, wenn ihn der Wahn der Leidenschaft ergreift; dieser alte venetianische Fischer, fern über das Meer blickend — aus ihm spricht ein Columbus; jener schlafende von seinem Weibe bewachte Räuber — ist er nicht ein todmüder Held, den die Uebermacht verfolgt, der sich aber nicht fangen lassen, sondern im Kampfe fallen wird? Der Garibaldizug, der Brigantenkrieg der letzten Jahre ist reich an malerischen Momenten aller Art gewesen, die nur des Künstlers harren. Hätte L. Robert z. B. bei folgender Scene, die sich im Herbste 1863 im gebirgigen Theil der Terra di

Lavoro zutrug, zugegen sein und sie auf die Leinwand heften können! Dort war eines Tages eine Anzahl Räuber von Bersaglieren verfolgt worden und hatte in einer Höhle des Berges la Palombara, einige Stunden von Cerreto, Zuflucht gefunden. Den Zugang zu dieser Höhle bildete ein schwindelnder Felsenpfad, wie sie in jenem Gebirge vorkommen, und jeder Soldat, der sich hätte hinaufwagen wollen, wäre unfehlbar durch einen Schuss von oben niedergestreckt worden. Da aber die Höhle keinen andern Ausgang hatte, warteten die Bersaglieri unten, bis der Mangel die Räuber oben gezwungen haben würde sich zu ergeben. Dies dauerte Tage lang. Von oben hörte man fröhliche Rufe, hin und wieder einen Schuss, Gesang, Tanz, denn die *briganti* hatten einige Frauen bei sich, wie auch Wein und Mundvorrath; zu den harrenden Soldaten unten sammelten sich Landleute der Umgegend, brachten Körbe mit Früchten, Krüge mit Wein und Oel herbei, Feuer wurden angezündet, ein Markt bildete sich, das Tamburin ertönte, die Tänze gingen auch hier die Nacht hindurch fort — alles dies unter dem neapolitanischen Himmel, auf unebnem Terrain, beim Farbenschein der Abend- und Morgensonne! So wird diesem Volke Alles zum Fest und das Leben zur Dichtung! Nach einigen Tagen, nachdem die Lebensmittel verzehrt und Ermüdung eingetreten war, stiegen die Räuber herab: da sie sich unbewaffnet ergaben, mögen sie mit dem Leben davongekommen sein. — Unzählige Maler haben solche und andere italienische Sittenbilder geliefert, aber Keiner mit so innig poetischem Verständniss als jener Meister aus dem Juragebirge. Genrescenen sind auch von allen

Enden der Welt herbeigebracht worden, aus der helgolander Bauerhütte, vom baierischen Hochlande, und von wo nicht? — aber sie blieben Genrebilder, im besten Falle traulich, herzlich und gemüthlich; Menschenadel gaben sie uns nicht zu schauen und der realistische Stil fiel nicht unmittelbar mit Idealität zusammen. Das ist und bleibt das Vorrecht Italiens.

Neuntes Kapitel.

Rom.

Wer sonst d. h. vor der Epoche der Eisenbahnen oder vor etwa einem Menschenalter nach Rom wollte — es war meist ein Künstler und Dichter oder ein Alterthumsforscher, mitunter auch ein frommer Katholik, obgleich damals die Glaubensinbrunst, die in den letzten Jahren so heftig aufgeflackert ist, noch unsichtbar unter der Asche lag —, der pflegte im Wagen des Vetturino von Florenz aus, sei es über Perugia oder über Siena, sechs Tage lang sich allmählig der ewigen Stadt zu nähern. Die Reise war lang, ein passender Weg der Vorbereitung. Er sah Arezzo, Cortona, Perugia, Assisi, Foligno und Spoleto, Terni und Narni, übernachtete das letzte Mal in Nepi und am folgenden Tage, bald nach la Storta, der letzten Station zeigte der Vetturin bei einer Wendung des Weges mit dem Peitschenstiel auf die am Horizont schwebende Peterskuppel und daneben die Engelsburg. Welch ein Anblick! Die Hauptstadt der Welt sollte ihn noch heute aufnehmen — denn das war sie, wenn je eine Stadt diesen Namen verdient hat. Seit Einsetzung der Cäsarenherrschaft, besonders seit der Zeit des grossen Kaisers Trajan, übte das Wort Roma eine magische Gewalt über die Gemüther und schallte mit der erschütternden Macht des Donners bis zu den entlegensten Völkern, den Kelten im schottischen Hochlande, den Ostgermanen an Weichsel und Ostsee, den in Sümpfen und Wäldern sich verbergenden Litauern und Slaven, den finnischen Fischern an eisigen Seen, allen Asiaten bis zu den Chinesen oder Serern im äussersten Osten und den dunkelgefärbten Afrikanern bis ins Herz des nach Süden sich erstreckenden Welttheils. Dem Orientalen erschienen die Römer als willensstarke, herrische, auf sich selbst gegründete Männer, hassenswürdig, aber furchtbar, — dem Barbaren des Nordens als Meister in Künsten, als im Besitz aller Einsicht, kriegerischer wie friedlicher, — Beiden als Dämonen oder Halbgötter: von unerreichbarer Höhe lenkte der Imperator die Welt und sein Befehl traf wie der Blitzstrahl auf die fernste, vorherbestimmte Stelle. Die westgothischen Könige in Spanien, wenn sie sich selbst und Anderen als gross erscheinen wollten, legten sich den Titel der Flavier bei, wie jenes römische Herrschergeschlecht geheissen hatte, und die Czaren von Moskau nannten sich und nennen sich noch heute mit dem Namen des grossen Cäsar. Als die Vandalen die Stadt Rom eingenommen und geplündert hatten, da schien dies Ereigniss allen Erdbewohnern so unbegreiflich, wie der Einsturz des Himmels. Und trotz aller Niederlagen ging das römische Imperium nicht unter, es war zu tief in den Herzen gewurzelt: es erstand als Papstthum wieder, nur in kirchlicher Gestalt. Und nicht bloss die grossen Geschicke der Welt hingen an Rom, auch die allgemeine Sprache, das Latein, und die Kunst, das Reich der Formen und Farben, und alles Wissen und Glauben ging von diesem durch ein mysteriöses Fatum erwählten Punkte des Erdbodens aus und führte dahin zurück. Das ganze Mittelalter pilgerte nach Rom und holte sich von dort Stärkung und himmlischen Lohn und Entscheidung in allen Streitfragen, ja nach dem Namen der Stadt hiess der Wallfahrer überhaupt, wie Juliens Geliebter, Romeo oder Romero. Und überall im heutigen Rom, im Grossen an Bergen und Bauwerken, wie im Kleinen bei jedem Schritt, an Trümmerstücken und Steinen, Form der Thüren, Schwellen und Treppen, den Körben, Nadeln, Tüchern, den Augen und Geberden trat dem Ankömmling die Andeutung und Vorbedeutung oder die halb erloschene Spur oder der vernehmliche Nachklang dieser hohen Bestimmung, dieser ungeheuren Verhängnisse entgegen. So rollte er klopfenden Herzens über Ponte Molle, dann durch Porta del Popolo, hielt an einem alten vermauerten Säulentempel, wo die Schergen Sr. Heiligkeit nach verbotenen Büchern fahndeten, und betrat dann wie im Rausch und Traum die Stätten des untergegangenen Alterthums und der katholisch-päpstlichen Pracht und Grösse.

Das war damals. Jetzt bringt ihn in Anwendung physikalisch-mechanischer Gesetze eine ferne, fremde, amerikanische Erfindung im Fluge nach Rom — er hat kaum Zeit und Gelegenheit zum Wagenfenster hinauszublicken — und setzt ihn im Osten der Stadt im Bahnhof ab; die Lokomotive stösst hustend ihren überflüssigen Dampf aus, Eisen reibt sich an Eisen, Alles drängt eilend durcheinander, er selbst kommt sich wie ein mit der Marke beklebtes, weiter geschobenes Gepäckstück vor. Indess, mitten in dieser dürren Welt der Rechnung und Technik, blickt doch ein Strahl der Phantasie hindurch, denn wir sind dennoch in Rom. Gleich im Empfangszimmer der ersten Klasse besteht der Boden nicht, wie anderswo, aus geometrischem Holzparquet, sondern aus einem antiken Musaik von Ranken und Blättern, das unter dem servianischen Walle ausgegraben worden, und eine lateinische Inschrift meldet dies zu den Füssen der reisenden Diplomaten, die darauf nicht achten, und der eiligen Handlungsbeflissenen jüdischer Nation, die nichts davon verstehen. Treten wir aus dem Bahnhof auf den freien Platz hinaus, da steigt unter Ligusterbäumen der mächtige Strahl eines Springbrunnens auf und kündigt uns sogleich die Stadt an, die von allen, die es giebt und gegeben hat, am reichsten von Wasser durchströmt ist; zur Rechten lagert eine unförmliche Ruinenmasse, die Thermen des Kaisers Diocletian, aus deren Werkstücken und in deren Mauerrippen hinein nicht bloss Oelbehälter, Militärmagazine und Gefängnisse, sondern auch zwei Kirchen gebaut sind, das Rund von San Bernardo und die prächtige, von Michelangelo errichtete Halle von Maria degl' Angeli; zur Linken und mehr rückwärts schweben die Kuppeln und der spitze Thurm von Maria Maggiore herüber, der vielleicht schönsten Kirche Roms und also der Welt, die dem Eintretenden ihren von antiken Säulen getragenen Saal so festlich öffnet, als hätte es nie eine Religion der Katakomben gegeben. So ist der erste Empfang in Rom, aber vielleicht verspricht er mehr, als das in giftiger Wüste gelegene Kloster oder geistliche Stift, das sich mit diesem Namen nennt, halten wird. Treten wir einen Gang durch die Stadt an, um uns vorläufig zurechtzufinden und einen ersten Eindruck zu gewinnen.

Wir beginnen mit den Anlagen auf dem Monte Pincio, steigen zur Piazza del popolo hinab und verfolgen den Corso bis zum Kapitol, dem Forum, dem Colosseum und Palatin — denn wen zöge es nicht zuerst zu den Denkmälern des alten Rom, in denen die grosse Zeit der Weltherrscher noch gegenwärtig ist?

Der Pincio, im idealen Stile einer italienischen Villa gehalten, erinnert uns durch seine exotischen Bäume und Marmorbilder im Freien, dass wir den Apennin, die klimatische Scheidemauer, überschritten haben und der kalte, trübe Norden weit, weit hinter uns liegt; nur die Dattelpalme will noch nicht gedeihen, die auf den sieben Hügeln nur an wenigen begünstigten Punkten sich graziös-fremdartig vor dem Blicke hebt und neigt; die Aussicht umfasst einen grossen Theil Roms, ein graues Meer von Dächern und Kuppeln, ohne malerischen Reiz; nur die Kuppel von St. Peter blickt als ein Besonderes von jenseits herüber; anmuthig aber stellt sich zu unsern Füssen, wie ein entgegengehaltener Credenzteller, die schöne Piazza del popolo dar, glänzend, symmetrisch, musivisch, von weissen Statuen, Pflanzengrün, Schwesterpaaren der Kirchen eingefasst, im Mittelpunkt der von wasserspeienden Löwen umgebene, ägyptische Obelisk, von dem, wie Strahlen, die drei grossen Strassen auslaufen, deren mittelste der weltberühmte Corso ist. In diesen eintretend lesen wir nach wenig Schritten an einem Hause links auf einer Marmortafel die Worte: *In questa casa immaginò e scrisse cose immortali Wolfgango Goethe. Il commune di Roma a memoria del grande ospite pose. 1872.* So begrüsst uns in Rom gleich an der Schwelle der Genius, ohne den wir uns die ewige Roma nicht mehr denken können, der uns ihre Grösse mit den Träumen eines innigen Dichtergemüthes wie mit einem holden Schleier umwoben hat! So hat er, der Todfeind von Wortschällen, auch das Herz des rednerischen Volkes sich gewonnen!

Denn nicht bloss die römische Gemeinde, auch Palermo in Sicilien ist auf ihn stolz und hat in der Hauptstrasse, dem Cassaro, jetzt Corso Vittorio Emanuele genannt, an ein unscheinbares Haus in der Nähe der *porta Felice* die Inschrift setzen lassen: *Giovanni Wolfango Goethe durante il suo soggiorno a Palermo nel 1787 dimorò in questa casa allora pubblico albergo.**) Weiter und weiter aufsteigend gelangen wir endlich zum Kapitol und dem Forum Romanum und den angrenzenden Hügeln, wo sich einst die Denkmäler, die Bauwerke, die Heiligthümer neben und über einander in engster Fülle drängten. Ach wie wenig ist davon übrig! Jetzt wo die Aufgrabungen immer weiter getrieben werden und die alten Ziegel in hässlicher Nacktheit daliegen, erkennen wir erst recht, wie uns von der früheren Herrlichkeit fast nichts geblieben! Andere Zeiten und Menschen, ein neuer Glaube sind gekommen und haben in langer Zerstörungsarbeit die Werke einer älteren, edleren Epoche niedergerissen, geplündert, verbrannt, ja bis auf die letzte Spur vertilgt. Hie und da stehen noch einzelne abgebrochene Säulen und Bogen, sie gleichen den kaum kenntlichen Stückchen eines zerfallenen menschlichen Gebeines, die wir aus aufgedeckten uralten Gräbern hervorscharren. Das

*) Die palermitanische Inschrift scheint uns würdiger, als die römische, da sie dem Namen, der für sich genug sagt, kein Lob hinzusetzt. In München allerdings steht unter dem Bilde Schellings nicht bloss der Name, sondern auch: dem grossen Philosophen! Wenn die im Herbst des Jahres 1877 in München versammelten Naturforscher beim Anblick dieser Statue einen kleinen heilsamen Aerger empfunden haben, so wollen wir der missglückten Unterschrift nicht gram sein. Sie speculiren freilich auch, nur bei Weitem platter, als der tiefe Denker, den sie so sehr verachten.

Colosseum dort, an dem der Sage nach die Juden, nachdem ihre Hauptstadt, der Sitz der Rebellion, erstürmt worden, arbeiten mussten, — sie, die Juden, haben es bis über die Hälfte wieder abgebrochen und an den römischen Siegern eine lange, schreckliche Rache genommen. Was sie nicht dem Boden gleich machten oder zu Kalk verbrannten, das gestalteten sie um und drückten ihr Zeichen drauf. Von den beiden Säulen der Kaiser Trajan und Mark Aurel stürzten sie das Bild der Gewaltigen herab und stellten zwei der Ihrigen, zwei Beschnittene, einen Fischer und einen Teppichweber, oben hin. Das Mausoleum des Kaisers Hadrian, in welchem seitdem die Herrscher über den Erdkreis ihre Ruhestätte gefunden hatten, schändeten sie äusserlich, raubten es innerlich aus und liessen eine Figur ihres überirdischen mythischen Reiches, einen ehernen Engel, über den Zinnen schweben, die Brücke aber, die der Kaiser zum Eingang in sein Grabmal über den Tiberstrom geschlagen hatte, schmückten sie durch ähnliche orientalische Phantasiegestalten in manierirten Stellungen, mit flatternden Gewändern und süsslichen Mienen. Dass aber auch in den letzten drei oder vier Jahrhunderten, nach der Wiederherstellung der Wissenschaften, die erbarmungslose Zerstörung ihren ungehemmten Fortgang genommen hat, das ist es, worüber wir nicht genug erstaunen können. So war die Renaissance, die Begeisterung für antike Ideale, doch nur ein Spiel, eine Anwandlung gewesen, bald wieder der Contrerevolution des Glaubens weichend, der eine Weile gestört, mit um so heisserem Hass alles Heidnische und Menschliche verfolgte. Rafael hatte gemalt, Michelangelo und Bramante hatten gemeisselt und gebaut und doch wagten

Kirchenfürsten und in ihrem Dienst arbeitende Werkmeister Hand an die letzten erhabenen Trümmer der Vergangenheit zu legen. Beispiele davon liegen überall vor. So liess Sixtus V. gegen Ende des 16. Jahrhunderts das malerische, hochgethürmte Septizonium, den Schmuck des palatinischen Hügels, abbrechen; einer seiner Nachfolger, Paul V. Borghese, riss den noch wohlerhaltenen Tempel der Minerva auf dem Forum des Nerva nieder, um mit den zersägten Säulen desselben seine im Jesuitenstil errichtete Fontäne auf dem Janiculus zu verzieren! Derselbe Paul V. entführte aus dem sogenannten Friedenstempel am Forum die hohe, schöne Säule, die vor Maria Maggiore steht; dass sie dort ein Gewölbe aufrecht hielt, das nach ihrer Entfernung zusammenstürzte, kümmerte ihn wenig: sie sollte ja das Kolossalbild der Jungfrau Maria tragen und diese dadurch als oberste Herrscherin der Stadt, über der einst Mars und Jupiter gewaltet, verkündigt werden. Ein anderer Nachfolger des fünften Sixtus, Clemens VIII. Aldobrandini, beging eine gleiche Schandthat oder liess sie geschehen: einer seiner Kardinäle, Salviati, der sich am Corso einen Palast bauen wollte, durfte mit seiner Zustimmung den Triumphbogen bei Maria sopra Minerva, der dem Camillus zugeschrieben wurde, niederreissen und zu Kalk verbrennen lassen. Dass die Cäcilia Metella noch steht, ist nicht das Verdienst Urban des VIII. Barberini. Denn der Befehl, sie zu zerstören und das Gestein zur Fontana di Trevi zu verwenden, war schon gegeben und Bernini eifrig am Werk — als das römische Volk, das sein Capo di Bove gern hatte, davon erfuhr, sich zusammenrottete und den heiligen Vater nöthigte, von seiner Absicht abzustehen. Nicht bloss Päpste, auch Künstler, wie der eben genannte Bernini, hatten nicht die mindeste Ehrfurcht vor den Ruinen: sie waren ja Manieristen, ihre Architektur lyrisch bewegt, ihre Skulptur malerisch, ihre Malerei virtuos; gegen die Einfalt der Natur und den stillen Adel der Antike war ihr Sinn verschlossen. So kostete es Bernini nichts, das vielfach geplünderte Pantheon mit zwei abgeschmackten Glockenthürmchen zu versehen und das letzte Erz, das sich noch unter dem Dache fand, abzureissen und daraus das abscheuliche Tabernakel in St. Peter mit den wie Korkzieher gewundenen Säulen giessen zu lassen. Und doch war das Pantheon frühe zur christlichen Kirche gemacht und dadurch vor Räubern nothdürftig geschützt worden! Jetzt steht es da, halb in die Erde versunken, ohne Bekleidung und Bildwerk, nur im Innern die herrliche Halle in ihren zugleich erhabenen und heitern Linien unzerstört! — Ja, selbst noch die zweite Hälfte des 18. Jahrhunderts, die Zeit nach Winckelmann, hat sich an den Resten des Alterthums vergriffen. Selbst Pius VI., der Zeitgenosse der französischen Revolution, wagte es, die 50 Fuss hohe Granitsäule, die die Söhne des Antoninus Pius ihrem Vater errichtet hatten und die auf Monte Citorio ausgegraben wurde, in Stücke zersägen, mit diesen die vatikanische Bibliothek verzieren und die Basis irgendwo im vatikanischen Garten unterbringen zu lassen. Einen noch grösseren Gräuel aber beging, wie die Nachrichten sagen, Heinrich von York, Cardinalbischof von Frascati, der letzte aus dem gottverhassten Geschlecht der Stuart, als er im Jahre 1783 den Tempel des Jupiter Latiaris auf dem Monte Cavo, dessen Marmorsäulen noch standen, niederbrach und mit den Werkstücken das dortige Mönchskloster erbaute oder restaurirte. Wenn einst ein neues Zeitalter dem mönchischen folgen sollte, werden dann die Werke des letztern nicht demselben Schicksal erliegen? Denn eine neue Zeit, die sich in mühsamem Kampfe durchsetzt, empfindet zunächst die Zerstörung überkommener Denkmäler, die ja nur der Ausdruck verabscheuter Satzungen sind, als eine Wohlthat und Befreiung. Wer wird dann die hundert oder zweihundert tausend Lire noch hergeben wollen, die jährlich zur Erhaltung der Peterskirche nöthig sind, und wird dies Bauwerk nicht verfallen, verwittern, hie und da zusammenstürzen, bis es zuletzt auch mit herausgerissenen Klammern als Steinbruch dient, wie das Colosseum?

Ist so das Alterthum in Rom fast verschwunden und überfällt den Fremdling tiefe Trauer, wenn er in den ersten Tagen nach seiner Ankunft durch die Stadt streift und es sucht und nicht findet, so hat auch das Mittelalter, dies lange Jahrtausend, das in Rom besonders grimmig wüthete, keine oder nur sehr geringe Spuren hinterlassen. Dies fällt demjenigen besonders auf, der aus Florenz oder überhaupt aus den Städten Ober- und Mittelitaliens kommt. Wo sind die Thürme streitender Geschlechter, die Schanzen wüthender Factionen, die Jahrhunderte lang die Strassen Roms mit Blut überschwemmten? Auch diese Zeit hat nur zerstört, ist ohne Vermächtniss an die Nachwelt vorübergegangen. Wenn die wilden Barone dem Hasse der Nebenbuhler oder der Gewalt einer ephemeren Obrigkeit erlagen, wurden ihre steinernen Schlupfwinkel und die antiken Bauwerke, die ihnen als Festungen gedient hatten, schonungslos niedergebrochen. Wie in diesen Kämpfen Tuskulum und Präneste, zwei Städte noch im Mittelalter reich an manichfacher altrömischer Architektur, dem Boden gleichgemacht waren, so fanden sich auch in Rom selbst, als endlich eine Art bürgerlicher Ordnung hergestellt war, alle Fussstapfen der Feudalzeit verwischt oder überdeckt und nur z. B. die torre di Nerone, jener stumpfe finstre Ziegelthurm, ist als ein zufälliges Ueberbleibsel bis auf unsere Tage stehen geblieben. Einige Kirchen aus früher christlicher Zeit, unscheinbar von aussen, im Innern von anziehender Alterthümlichkeit, dem Forscher unschätzbar, können kaum zum Mittelalter gerechnet werden: auf ihnen ruht noch der letzte Schimmer antiker Form und Kunst. Freilich, die edelste und merkwürdigste unter ihnen, San Paolo fuori le mura, ging in der verhängnissvollen Nacht vom 15. auf den 16. Juli 1823 durch Feuer zu Grunde, und was seitdem an ihrer Stelle aufgebaut worden, ist prächtig, aber nicht erfreulich. Auch die Thürme der Kirchen karolingischer Zeit, darunter der schönste der von Maria in Cosmedin, ragen noch mit antiker Heiterkeit und Leichtigkeit in der verlassenen Hügelregion Roms in die Lüfte und fehlen fast in keiner der stufenmässig sich aufbauenden Ansichten jener melancholischen Stadtgegend. Dem Licht geöffnet, in würfelförmigen Stockwerken hoch sich aufbauend, diese durch gekuppelte Säulen anmuthig durchbrochen, verrathen sie noch nichts von der trüben und kranken Schwärmerei des in der Selbstqual unersättlichen Mittelalters. Diesem könnte der venetianische Palast mit seinen Zinnen, gewaltigen Wänden und drin eingeschnittenen Fenstern anzugehören scheinen, aber in der zweiten Hälfte des 15. Jahrhunderts gebaut, trägt er bei aller Kraft doch schon die Zeichen der beginnenden Renaissance an sich.

Die Renaissance selbst aber, ist sie es, die Rom, wie es dasteht, geschaffen hat, ist die grosse Stadt etwa eine zusammenhängende Reihe von Denkmälern dieser freudigen, baulustigen, an Gold und Mitteln reichen Zeit? Wer dies erwartete, würde seines Irrthums bald inne werden: die Renaissance hat dem heutigen Rom nicht seinen Charakter gegeben. Wir müssen ihre Schöpfungen suchen; wir müssen uns durch das Labyrinth enger, schmutziger Gassen winden, um plötzlich und mit um so grösserem Erstaunen vor der Vorderseite eines Palastes von Bramante oder Baldassare Peruzzi oder Antonio da Sangallo zu stehen. Schöneres als die Cancellaria des grossen Bramante, als den Palazzo Farnese, den Palazzetto Farnese, die Farnesina, den Palazzo Massimi, den Hof von Maria della Pace u. s. w., selbst in der Stille und Verwahrlosung, der sie verfallen sind, kann man in der Welt kaum sehen. Diese Bogen und Säulen, diese Giebel und Gesimse, diese Hallen und Höfe, diese Arkaden übereinander, wie einfach sind sie und wie festlich zugleich, wie spielend und unsymmetrisch oft und doch wie rein zusammenklingend! Wie athmet diese Bauweise den Geist des Alterthums! Welche Grazie, doch nicht die schmelzende, welch reiche Phantasie, doch nicht die schwelgende oder mystisch ahnende! Die dies bauten oder für sich bauen liessen, sie hatten die Nacht des Wahnes von sich abgestreift und die wiedergeschenkte Welt in vollen Zügen genossen. Aber diese Stimmung war vergänglich: die Kirche, eine Weile überrascht und verführt, besann sich bald wieder auf ihr wahres Wesen und es begann eine fanatische Restauration, die Zeit des Tridentinums und der Jesuiten, in der Kunst aber das Barocco, die gebrochene Linie, der Schnörkel und die

Schnecke, die seelenlose, schimmernd kostbare Dekoration. Vignola erbaute die Kirche del Gesu, das eigentliche Wahrzeichen dieser Epoche, Carlo Fontana verlängerte das Vorderschiff der Peterskirche, so dass Michelangelos Kuppel dem Herantretenden unsichtbar wurde, Maderno gab dem Riesenbau die kleinlich getheilte, profane Façade, Borromini setzte der Sapienza einen Thurm oder eine Kuppel in Form einer Seemuschel auf, als wollte er die heilige Weisheit verhöhnen, die dort unten ihr Wesen trieb. Besonders seit Sixtus V., diesem Papst von barbarischem Gemüthe, wurde Rom eigenwillig und despotisch umgestaltet und im Sinne des ausgearteten Geschmackes mit Bauten bedacht. Seitdem ist die Stadt, was sie ist. Dennoch wohnt auch dieser verschrobenen Architektur, wie sich nicht läugnen lässt, ein Zug imponirender Grösse bei, denn in Rom kann nichts klein sein. Aus der Ferne gesehen, bei günstigem Standpunkt, Schatten werfend, von dem ausgleichenden Licht des Mondes umflossen, wirken auch diese Rococo-Bauten in ihrer Masse und der Kühnheit ihrer Anlage wie nur je ein Werk von reiner Künstlerhand. Wer fühlte sich nicht ergriffen, wenn er von der Engelsburg kommend, den Platz vor St. Peter betritt, zu beiden Seiten die Colonnade Berninis, in der Mitte der Obelisk und die beiden Springbrunnen, hinter ihnen die Basilika selbst, zur Seite im Hintergrund in unregelmässigen Stockwerken und Höfen der Vatikan aufgethürmt, Alles in gigantischen und doch klaren Verhältnissen? Oder wenn er von Westen her den Lateran umwandelt, der Reihe nach dem Obelisk, der Kirche, dem Palast, der Scala Santa, der musivischen Tribuna gegenübersteht und endlich im Süden an der Stadtmauer ausruht, den Blick auf die Albanerberge gerichtet? Wen ziehen nicht die römischen Brunnen unwiderstehlich an, die auf Piazza Navona und auf Campo Fiori, beim Ponte Sisto, die Fontana Trevi, die Acqua Paola und alle übrigen, so wenig sie auch in mythologischen und allegorischen Figuren und in Urnen und Becken die Epoche verläugnen, der sie entstammen? Und ebenso die Paläste der grossen Nepotenfamilien — stehen sie nicht alle so reich, weit und gebieterisch da, dass auch der strenge Kunstkritiker, wenn er ihre Thore und Höfe betritt und die glanzvollen Treppen emporsteigt, die zu kostbaren Bilderschätzen führen, verstummt und sich verwundert?

Dieser Baucharakter nun des ewigen Rom, mannichfach aus alten und neuen Zeiten gemischt, reizvoll und mangelhaft, prunkend und verfallen, gedrängt und einsam, wird auf ganz einzige Weise durch den ungleichen, auf- und absteigenden Boden gehoben, der alles Einzelne trägt. Rom ist ja die Siebenhügelstadt, auch die Stadt der Villen und Gärten, ja der Vignen und Einöden, die alle von der umschliessenden ungeheuren Mauer des Aurelian und des Belisar zu einem Ganzen vereinigt werden. Daher innerhalb Roms die unerschöpfliche Menge von Aussichtspunkten, halb Architektur- halb Landschaftsbilder umfassend. Thürme und Flächen, Mauern und Ruinen, Cypressen und Pinien, Klöster, Kirchen, verwilderte Abhänge, befahrene und zertrümmerte Brücken, der wirbelnde, gelbe Strom, im Hintergrund die braune, von Aquädukten durchzogene, mit einzelnen Alterthümern und neuen Casales wie mit Punkten durchstickte Campagna und die blauen Berge — alle diese Elemente kehren in jeder römischen Aussicht wieder, aber immer anders neben und über einander geordnet, immer von einem neuen Rahmen umschlossen, zu einem eigenen Bilde sich sondernd, innig und wehmüthig, von unaussprechlichem Reiz der Linien und Farben. Das Wetter, die Tagesstunde, die Jahreszeit zaubert hier immer neue Verwandlungen vor dem Auge des Wanderers, der, wie der Zufall es fügt, die bekannte Gegend bald unerwartet blühend und glühend, bald still und gedankenvoll, ein ander Mal auch wohl bleich, spröde, unlustig findet. So kann es zwar keinen köstlicheren Punkt geben, als die Höhe des Monte Testaccio — aber doch nur an Winterabenden, wenn die Sonne grade an der Stelle des Horizontes untergeht, wo ihr rother oder goldner Schein die Wände des Aventin überzieht: in früherer oder späterer Zeit des Jahres bleibt jener Hügel ausserhalb des Lichtes und nur die Pyramide des Cestius, die zinnengekrönte Porta S. Paolo und die Cypressen des protestantischen Kirchhofs, unmittelbar zu den Füssen des Beschauers, bilden immerdar dieselbe malerische Gruppe. Jeder der sieben Hügel, dazu der Pincio, Janiculus und Monte Mario, hat sein Panorama, seine nur ihm eigenen Ausblicke: so vom Kapitol der Thurm des Senatorenpalastes und das Dach des Palazzo Caffarelli, in der Nähe des Forum die Höhe der Basilika des Konstantin und das oberste Stockwerk des Colosseums, auf dem Palatin die Gärten und Ausgrabungen, auf dem Coelius der Rundgang des Klostergartens von S. Giovanni e Paolo und die Villa Mattei, auf dem Pincio das Casino der Villa Ludovisi, auf dem Janiculus die sich nach St. Peter öffnende Terrasse und das Belvedere der Villa Pamfili — um von Vielem nur einiges Hervorragende zu nennen. Auch wer über eine der Tiberbrücken geht — sie sind in antiker Weise eng —, blickt aus dem Gedränge und

Lärm der unmittelbaren Nähe rechts und links wie in eine andere stille Welt, und auch der Strom, gelb und undurchsichtig, mit wilden, verwaschenen, erdigen Ufern, wird allmählig sein Freund, ja wird immer schöner, je öfter er ihn sieht: *flavus* ist er, denn er kommt aus fettem Kulturboden, und seine Farbe stimmt einzig zu dem Kolorit dieser Wüstenlandschaft: wehe dem, der die kristallene, eisige, grüne, in tiefen Ufern pfeilschnell strömende Aare bei Bern oder die Limmat bei Zürich oder die Isar bei München hieher wünschte! — Um aber Rom als Ganzes zu überschauen, zusammen mit der grossen öden Natur, von der es umgeben ist, müssen wir die Kuppel von St. Peter ersteigen oder nach S. Pietro in Montorio oder noch weiter auf die Höhe der Villa Mellini hinausfahren. Dort öffnet sich kein malerischer Blick, wie er den Künstler erfreut, wohl aber die Scene des grössten historischen Schicksals, das je die Welt bewegt hat. Alle Schauer der Jahrtausende wehen über diese Ebene und das Kleinste, was Jeder von uns in seinem täglichen Leben erfährt, sein ganzes Kulturdasein führt mehr oder minder in seinen letzten Wurzeln auf diese vor uns daliegende, düster erhabene Gegend zurück. Besonders die so eben genannte Villa Mellini auf der äussersten Spitze des Monte Mario beherrscht das ganze latinische Gefilde und den weiten Umkreis des Gebirges von dem Soracte im Nordosten bis zum blitzenden Meer im Westen, und wo man auch in der Campagna wandere und umherstreife, bis zu den Vorbergen der Sabina oder den Villen von Frascati, immer bleibt sie als leuchtender Wachposten der Stadt und ihres Gebietes sichtbar und kenntlich. Daher auch der Plan besteht, ja schon in Ausführung gebracht wird, an ihrer Stelle, an Stelle der alten ehrwürdigen Cypressen Schanzen zu errichten und diese mit weittragendem Geschütz zu bewaffnen — ein für Jeden, der nicht ein rauher Kriegsmann ist, kaum fasslicher Gedanke. Indess, da auf so viel Bergen Crucifixe und Heiligenhäuschen stehen und diese uns im Genusse der unheiligen Natur nicht stören, so werden wir uns auch an die gezogenen Stahlrohre gewöhnen, die doch nur das Unserige vertheidigen sollen, und werden zur ehemaligen Villa Mellini, nachdem wir uns vom Commandanten den nöthigen Erlaubnissschein erwirkt haben, hinaufpilgern, nach wie vor. Und auch die von Garibaldi betriebene Regulirung des Tiberstromes, die Erweiterung der Brücken, die Anlage eines breiten, gemauerten, mit Bäumen besetzten Uferquais quer durch das verworrene Gedränge der Häuser und Gassen, wollen wir uns gern gefallen lassen und nur nach Kräften dafür sorgen, dass alles Alterthum, heidnisches und christliches, so weit es nicht im Wege steht, mit gebührender Ehrfurcht behandelt und geschont werde.

Und damit kommen wir zu der Frage, ob seit der stillen, frommen Zeit, wo hier die deutsche Kunstschule blühte, seit der Zeit französischer Besatzung und politischer Spannung, besonders aber seit dem Tage, wo das Königreich Italien sich dieser seiner Hauptstadt bemächtigte, — ob seitdem das alte Rom, wie es im Geist und Herzen der literarisch und künstlerisch Gebildeten lebte, ein anderes geworden, in ein neues Jugendalter, in die dritte grosse Epoche getreten sei, die ihm als bevorstehend geweissagt war?

Auf dem Esquilin und Viminal, jenseits des von Sixtus V. angelegten Strassenzuges, östlich vom Bahnhof und im Rücken von Maria Maggiore, erheben sich jetzt eine Anzahl reiner, moderner Häuser, in grader Linie und unter rechten Winkeln aneinandergeschlossen. Hat man lange in den labyrinthischen Stadtvierteln geirrt und steigt dann, übersättigt von malerischen Motiven, zu diesen Anfängen einer amerikanischen Stadt auf, dann kann man vorübergehend ein Wohlsein fühlen, wie derjenige empfindet, der nach staubiger Fusswanderung oder langer schmutziger Arbeit in den Fall kommt, frische Wäsche anzulegen. Das neue Finanzministerium freilich, ein kolossaler Bau, thut im Punkte rücksichtsloser Prosa des Guten zu viel; wandert man aber auf der neuen Via nazionale, die zum grössten Theil noch unvollendet ist, von dem Platze der Thermen des Diokletian weiter über die Abhänge des Quirinal zum Forum des Trajan oder nach SS. Apostoli und sieht zu beiden Seiten die aufgedeckte römische Erde, verwilderte, jetzt offene Klostergärten, alte Mauern, formlose Ruinen, herüberragende Thürme, dunkle Bäume, dann mag man bedauern, dass diese schwermüthige Wildniss verschwinden, jener tausendfach geweihte Boden monotone quadratische Häuserreihen und paarweise gepflanzte japanische Bäume tragen soll. Man mag es bedauern, aber abzuwenden wäre es nur, wenn die Zeit stille stünde, zu tadeln nur, wenn Rom nicht Hauptstadt der Italiener sein sollte. Gesündigt wird dabei in mancherlei Weise, wie überall in dieser endlichen Welt; auch geht die Arbeit nur mühselig und langsam fort. Da bauten die Päpste energischer — so noch Pio nono den prachtvollen Viadukt von Albano nach Ariccia —, aber ihnen floss das Gold dazu aus allen Theilen des gläubigen Erdkreises zu und sie hatten nicht zu fragen, ob arme Bürger die auferlegten schweren Steuern auch erschwingen könnten. Jetzt muss die Gemeinde Rom aufbringen, was sie braucht, und die Kosten nicht bloss des Nöthigen, sondern auch des Gewünschten, des Prächtigen und Anständigen aus eigenem Seckel bestreiten. Das kann sie auch, sollte man meinen, mit Leichtigkeit: ist Rom jetzt nicht Sitz eines glänzenden Hofes oder vielmehr zweier Höfe und eines aus allen Theilen der Halbinsel, sogar aus Sicilien und Sardinien, beschickten Parlaments und zugleich aller Ministerien und Centralgewalten; führen nicht drei oder mehr Eisenbahnen dahin und gehen von da wieder aus; sind nicht Regiment und Gesetze so frei, wie sie noch nie gewesen, weder im Alterthum, noch im Mittelalter, noch unter der Despotie der Dominikaner und der Gesellschaft Jesu; kann nicht jeder Bürger lesen und studiren was er will, ohne in den Kerker geworfen zu werden, wenn er über einem verbotenen Buche ertappt worden; kann er nicht ohne den mindesten Zwang erwerben und berechnen und unternehmen, Briefe und Telegramme absenden und empfangen, kurz seine Kräfte brauchen und, wenn ihm etwas gelungen, der Früchte seines Fleisses sich freuen? Und wirklich — kehrt man in einem der neu entstandenen Gasthöfe ein, im Quirinale an der Via nazionale oder bei Costanzi in S. Niccolò da Tolentino, da erinnert Ausstattung und Einrichtung an die vornehmsten Anstalten der Art in den ersten Hauptstädten Europas und an der Mittagstafel sitzend oder auch die tägliche Rechnung überschlagend, fragt man sich: bin ich in Rom, der Zuflucht der Trauernden, der lieben Heimath der Künstler, dem alten, von Rost und Spinnweb überzogenen geistlichen Eulennest? Dann im Corso — welches Gewühl und Rasseln der Räder, welch betäubendes Geschrei! Die Strasse, die sonst so schön zu dem darin sich bewegenden mässigen Leben im Verhältniss stand, sie ist jetzt zu eng, oft überfüllt, und der Fremde sehe sich nur vor, dass er nicht zerstreut sei und Unheil anrichte oder erfahre. Ein Kaffeehaus, ein Speisewirth und Liquorista neben dem andern, mit Spiegeln, Marmortischen und rothen Sammetpolstern! Guardie Municipali stolziren, Juwelen blitzen hinter Spiegelscheiben, Friseure schaffen die Köpfe um! Wo sonst das glimmende Lämpchen an der Ecke der Nebenstrasse vor dem Marienbilde hing und die Umgebung mit rothem Schein spärlich beleuchtete, ergiessen jetzt Gasflammen ihr weisses Licht und riesengrosse Kandelaber auf Piazza Colonna wecken selbst die halberhobenen Gestalten der verwitterten Antoninsäule aus ihrem langen, mehr als tausendjährigen Schlaf. Auf Monte Citorio rollen die Wagen der Minister und der Volksvertreter vor den Eingang des Parlamentes und drinnen wogen die Reden herüber und hinüber und erschüttern die Luft, ganz so klangvoll und wortreich, wie einst, nur tausend Schritt davon, die Declamationen pro T. Annio Milone und in Catilinam. Auch die Theater Abends fehlen nicht, sowie Festdiners und Bälle und Concerte und jene andere halbverhüllte Verführung, die vordem in der Priesterstadt sich nicht blicken lassen durfte. So wäre also der Corso seinem bewunderten Vorbilde, dem Boulevard des Italiens oder des Capucines, schon recht nahe gekommen? Aber Paris ist nicht bloss die Stadt des Lasters und der Eleganz, sondern auch der Sparsamkeit und unermüdlichen Arbeit und immer neuen Erfindung und Unternehmung. In Rom aber darf man seine Schritte nur ein wenig seitwärts lenken und das um Piazza Colonna sich treibende Leben schwindet — ich will nicht sagen als blosser Schein, aber doch als geringer, sehr geringer Anflug. Mit Trauer oder Freude, je nachdem, findet man da das alte Rom wieder, wie es aus dem achtzehnten in das neunzehnte Jahrhundert herübergekommen und wie es von geistlichen Würdenträgern und ihren Nepoten, von Cardinälen und Mönchen geschaffen worden. Da öffnen sich die schönen stillen Plätze, ganz umgeben von Wandflächen, sanft von Luft und Licht gefärbt, mit wenigen, unregelmässigen Fenstern, Architektur des 16. oder 17. Jahrhunderts, drüber der Himmel mit fliegenden Wolken oder ewigen Sternen — Plätze wie z. B. der von S. Agostino oder der zwischen Via Petra und S. Ignazio oder in nächster Nähe des Corso der von S. Silvestro in Capite u. s. w. Aus der Stille solcher verlassenen Räume treten wir dann wieder in die belebten Gassen und auf die Märkte, wie Campo de' Fiori — da wimmelt die eigentliche Bevölkerung Roms durcheinander, immer arm, fast ohne Bedürfnisse, oft anmuthig, Lumpen und Lappen tauschend, laute Stimmen, ewiges Geberdenspiel, Esel und verlegenes Obst und halbfauler gesalzener Fisch und Zwiebeln, der kleine, um Kupfermünze sich drehende Verkehr der Krämer, Handwerker, Trödler und Bettler. Da liegen die berühmten schmutzigen Weinschenken, die Kaffeehäuser mit den zinnernen verbogenen Kännchen und dem grauen Streuzucker in zinnernen Näpfchen, und hin und wieder fliegen unter Peitschenknall die Miethdroschken vorüber, von raschen klugen Pferden gezogen, die selten dem sich drängenden Volke ein Leides thun. Näher zu den Thoren, wo es einsamer wird, begegnen uns die vorweltlichen zweirädrigen Karren, beladen mit Weinfässern — sie kommen aus der Vigna und haben am Thor ihre Steuer erlegt — oder mit Steinen oder Schutt, zum Behuf der

Bauten und Ausgrabungen. Auf den Wegen, die zum Bahnhof führen, suchen wir vergebens die knarrenden hochgethürmten Lastwagen, wie sie anderswo mit Ballen, Fässern, Kisten und Säcken der Eisenbahn zuströmen und von ihr kommen und den Boden erschüttern, dass die Fenster klirren und die Häuser zittern. Von Rom geht ein Eisenstrang südlich nach Neapel und weiter, ein anderer über Civita Vecchia nach Livorno; auf zwei Wegen durch das Binnenland wird Florenz erreicht, eben so das adriatische Meer in Ancona und über Foggia. Die Strassen zum Welthandel stehen Rom nach allen Seiten hin offen, aber benutzt werden sie nicht, befahren weder von Gütern noch von Menschen. Das Erträgniss der römischen Bahnen ist gering, die Züge sind weder lang noch häufig. Roms Handel geht nicht viel weiter, als bis zu den Bergstädtchen im Umkreis, den sogenannten Castelli im Latiner- und Sabinergebirge, alle höchst malerisch um den palazzo baronale gruppirt, aber alle höchst armselig. Roms Gewerbe beschränkt sich auf goldene und musivische Schmucksachen, die den Fremden gefallen sollen, aber keine Fracht für Bahnen und Schiffe abgeben. Essen und Schlöte sieht man in der Umgebung der neuen Hauptstadt nicht, mit Ausnahme höchstens der Gasanstalten, von denen aus die Strassen und Kaufläden erleuchtet werden; eine Börse, die diesen Namen verdiente, giebt es kaum, und die Campagna rundum gehört noch immer der todten Hand oder wenigen klerikalen Signori und Principi, die die Dinge gehen lassen, wie sie zur Zeit der Väter gingen und wie es ihrer Trägheit zusagt.

Die Bevölkerung Roms ist arm, blutarm, es fehlt an Kapital, an dem Ersparniss und Erbe alter Zeiten und der an ein solches sich knüpfenden Sinnesart und Gewohnheit. Man bedenke, wie dies wahrhaft adelige Volk seit mehr als drei Jahrhunderten behandelt worden ist. Der geistliche Staat bezog Alles auf den Himmel und die Bettelei war ihm nicht anstössig. Wer hatte, gab Almosen, wer nichts hatte, empfing an den Thüren der Klöster den Abhub der Tafel feister Mönche; emporkommen, sich forthelfen konnte Niemand, als durch schändliche Dienste. Der offene Zutritt war überall bewacht und versperrt, wer vordringen wollte, suchte schleichend den Einlass durch die Hinterthür. Arbeit und Redlichkeit führte nicht zum Ziel, wer hätte diesen vergeblichen Weg einschlagen sollen? Der Krüppel, der an der Schwelle der Kirche lag und mit erbärmlichem Jammer die Schösse der Heraustretenden fasste, bezog aus seiner Wunde oft ein reicheres Einkommen, als der sich mühende Handwerker. Anschluss an einen Mächtigen war erster Grundsatz der Lebensklugheit, alles Trachten drauf gerichtet, die Gunst eines Kardinals, die Gönnerschaft eines Prälaten zu erwerben: der Schützling eines Vornehmen oder auch nur seines Geheimschreibers oder Haushofmeisters war der Noth und Sorge überhoben, er gewann seinen Process und blieb straflos, wenn er ein Verbrechen begangen. Wer eine schöne Frau oder Tochter oder Schwester besass, die die Aufmerksamkeit eines Monsignore oder gar einer Eminenz erregte, der kaufte sich bald ein Haus oder eine Villa und verachtete die armen Teufel seiner früheren Bekanntschaft, die zu Fusse gingen. Zweifelte er nur nicht an den Lehren der heiligen Kirche und war er vor Aller Augen eifrig in den Uebungen, die sie vorschrieb, so erhielt er im Uebrigen für seine Fehltritte leicht im Beichtstuhl den Ablass. Da die Greise, die den päpstlichen Thron bestiegen, nur kurze Zeit zu regieren pflegten, mit jedem neu Erhobenen aber eine neue Scene mit neuen Aussichten sich öffnete, so hoffte Jeder, dem es heute nicht gelungen, auf morgen, rascher Gewinn war die Losung und das Leben ein Glückspiel, bei dem es nur dem Edlen, dem Tüchtigen nicht wohl ging. Der theokratische, auf das Jenseits gerichtete Staat schloss überhaupt bürgerliche Tugenden, sittliche Triebfedern von selbst aus: nachdem er seit der Gegenreformation, also mehr als drei Jahrhunderte lang, über dieser Stadt und dem umliegenden Lande gewaltet, musste er in der unglücklichen Bevölkerung, die er wie eine riesige Schlange mit seinen Knoten umwunden hielt, Alles ausrotten, was ein Volk gross macht, den Stolz und die Selbstachtung, Gemeinsinn und Freude an Thätigkeit, Muth der Unternehmung, den weiteren Blick, das Vertrauen auf die eigene Kraft — und auch das Gold, das aus allen Ländern, von jenseits der Berge und des Meeres, den Truhen der päpstlichen Schatzmeister zufloss, konnte wohl einzelne grosse Denkmäler hervorzaubern, hinterliess aber die Menge hülflos und gebrochen und häufte nur den Schmutz und die Lumpen. Zum Ersatz dienten die kirchlichen Feste und Schaustellungen, an denen Jeder, auch der Elendeste, sein Theil hatte: in den Kirchen die rothseidenen Bekleidungen der Säulen und die verblichenen Blumen aus Taffet, vom Altan der Fluch und der Segen, Abends das Feuerwerk, in den Strassen die Aufzüge mit Fahnen und Lichtern, die goldenen Karossen mit drei gepuderten Bedienten dahinter, von den Kanzeln die theatralisch-leidenschaftliche Einschärfung immer derselben Satzungen und Geschichten — all dieser kindische Prunk, dieses System von Mitteln sollte die

Beherrschten in ihrer Geistesarmuth erhalten und erreichte trefflich seinen Zweck.

Als nun endlich die französische Besatzung abzog und am 20. September 1870 die Italiener, ihr König an der Spitze, durch Porta Pia in die lange ersehnte Hauptstadt einrückten, da stand ein schweres Werk bevor, eine Aufgabe, die nur die Zeit, verbunden mit weiser Beharrlichkeit, langsam, sehr langsam lösen konnte. Und Vieles ist seitdem geschehen: Klöster sind aufgehoben, ihre Bücher, so weit sie nicht bei Seite gebracht worden, zu einer Centralbibliothek vereinigt, das Collegio Romano, sonst eine Höhle der Finsterniss, in ein Lyceum, also ein Organ menschlich-natürlichen Wissens, verwandelt, in öden Palästen, den Residenzen päpstlicher Congregationen, haben sich die Ministerien eingerichtet, alte Oratorien, die Refectorien und Bienenzellen christlicher Derwische hallen von den energischen Tritten junger elastischer Soldaten und Officiere wieder, der Hoffnung des neuen Italiens. Die piemontesischen Beamten, dem Römer nicht sehr sympathisch, nehmen frühmorgens im Kaffeehause rasch ihr Frühstück ein und eilen dann, die Mappe unter dem Arm, an den Schreibtisch in die Amtsstube, damit sie der Vorgesetzte schon vorfinde: sie haben nicht Zeit, stundenlang vor der Tasse zu sitzen und mit dem Nachbar die Geschichten des gestrigen Tages auszutauschen. Auf dem Kapitol versammeln sich die gewählten Stadtvertreter um den Sindaco und berathen und beschliessen — aber ob Alles wohlbedacht ist, was sie unternehmen? ob sie sparsam in Worten, genau in der Ausführung, gewissenhaft in der Verwendung, standhaft beim ersten Misserfolg, zugleich den Parteigeist von sich fern halten? ob sie, nicht mit dem Grossen und Prächtigen, sondern mit dem Kleinen, Unscheinbaren anfangen und es geduldig und unbeirrt fortsetzen, bis es allmählich von selbst zum Grossen wird? Ach, es sind eben Römer, die bei dem besten Willen nicht in einem Jahre, ja nicht in einer Reihe von Jahren anders werden können, als sie sind. Die gegebene Freiheit ist kein Zauberstab, der bei der Berührung den Menschen umschaffen, eine bettelhafte Stadt über Nacht in eine blühende, gewerbfleissige verwandeln könnte. Wir Alle, so viel unser sind, sind Geschöpfe der Ueberlieferung und was an den Vätern verbrochen worden, ruht als ein zu tragender Fluch auch auf uns. Man hat dies gefühlt und setzt daher alle Hoffnung auf Schulen, auf Erziehung. Gewiss sehr lobenswerth, nur dass man sich erstens die Wirkung zu schnell, das Mittel als magisches denkt, dann dass dies der Sinnenschönheit ergebene Volk den mühsam zu gewinnenden Resultaten gern in Phantasie und Darstellung vorgreift. Künstlerisch schweben ist freilich leichter, auch edler, wenn man will, als die schweren Werkstücke der harten Wirklichkeit auch nur um einige Zolle des Weges weiterrücken. Der Verfasser wohnte vor nicht langer Zeit einer Schulfestlichkeit im Politeama in Trastevere bei, einem sehr grossen, länglichen, rings von Stufen und Logenreihen umgebenen Circus. An der einen Schmalseite war eine Bühne errichtet, auf der eine Anzahl Damen und Herren im Halbkreis sassen und deren Mitte in Laub und Blumen die Büste des Königs einnahm. Militärmusik spielte, es ging sehr feierlich zu. Die Kinder, klein und gross, auch einige Handwerker-Lehrlinge, aus täglichen oder Sonntags- und Abendschulen, wurden nach einander aufgerufen und drängten sich heran zur Bühne, wo sie den Preis erhielten und von der Versammlung beklatscht wurden. Unter den Gekrönten befand sich auch eine ältere Frau und Mutter, was besonderen Enthusiasmus erregte, sowie ein Volksschullehrer, dem eine goldene Medaille zu Theil wurde. Die Prämien bestanden in einem Sparkassenbuch von 40 Lire oder in Büchern von demselben Werth; das Geld dazu war durch die Commission der Notabeln der regio Transtiberina, sowie durch freiwillige Beiträge der Gäste beim Eintritt aufgebracht worden. Eine philharmonische Gesellschaft führte zum Schlusse unentgeltlich ein Ave Maria von Gounod und einen coro von Rossini auf; auch das Politeama war unentgeltlich hergegeben worden; als die Versammlung auseinander ging, wurde die Brücke S. Sisto und die Tiberinsel von einigen Apothekern und Photographen bengalisch und elektrisch erleuchtet — auch dies freiwillig. Das Fest war sehr schön, ob es dienlich war, ist eine andere Frage. Die beste Schule ist die, von deren Dasein man kaum weiss; nur in der Stille bringt sie ihren Segen und auch diesen nur nach Jahren. Und welche unvereinbaren Dinge liegen hier oft nebeneinander! Denn eine ähnliche dichtgedrängte Versammlung, wie die eben geschilderte, vielleicht zum Theil aus denselben Personen bestehend, fanden wir anderen Tags gegen die Mittagszeit im Gesù: jeder Winkel der gewaltigen Kirche war gefüllt und alle Anwesenden lauschten andächtig der Predigt von den Thaten des h. Xaverius, über die ein Jesuit von der Kanzel feurig, ja wüthend berichtete, von Zeit zu Zeit mit dem Taschentuch sich den Schweiss von der Stirn trocknend — dort die Erziehung zur Vernunft, hier das Wunder, beides ein Schauspiel. Um dieselbe Zeit beging auch die höhere Töchterschule auf dem Kapitol ihr Jahresfest mit Musik und Blumen. Ueber dem Eingang des Conservatorenpalastes hing eine riesengrosse Tafel mit einer Aufschrift, die ins Deutsche übersetzt also lautete: „die Gemeinde Rom krönt am heutigen Tage die eifrigsten Schülerinnen der Höheren Töchterschule. Möge die feierliche Ehrenerweisung den jungen Mädchen kund thun, was das Vaterland von den künftigen Müttern erwartet." Ein Fremder deutscher Nation lächelt, wenn er an einem solchen Placat vorübergeht und denkt wohl bei sich: wie jung ist doch in Vielem dies alte Kulturvolk! Auch hier aber fehlte der Contrast nicht. Denn auf demselben Kapitol, nur wenig Schritte davon, in der Kirche Maria in Araceli, hielten um die Weihnachtszeit ganz junge Mädchen, Kinder von sechs bis zehn Jahren, von einem Gerüst herab Predigten an die Menge. In einer Seitenkapelle war die Geburt Christi, ganz in Weise unserer Wachsfigurenkabinete, dargestellt: dort sah man das bambino, eine gräuliche, mit Flittern und Perlen, auch einer silbernen Krone auf dem Haupt ausstaffirte Puppe, die knienden Hirten u. s. w. Während in den dichtgefüllten Räumen der Kirche die Züge mit brennenden Lichtern auf- und abgingen und geplärrt und geräuchert wurde, traten die kleinen Mädchen, eins nach dem andern, auf die erhöhte Bühne und sagten mit lauter Stimme und rednerischer Betonung die widerwärtigste Dogmatik her: bald die rechte, bald die linke Hand wurde erhoben, bald beide Arme auf der Brust gekreuzt, am Schlusse beim Gebet niedergekniet, immer das Gesicht inbrünstig auf die gegenüberliegende Krippe gerichtet. Gebärden wie Worte waren den kleinen Künstlerinnen, armen Schlachtopfern des Aberglaubens, von den Priestern mit vieler

Mühe eingeübt worden. Auch dies war freilich nur ein Schauspiel, der Inhalt verflog bald und was übrig blieb, war die frühe geweckte Neigung zu Augenlust und sinnfälliger Darstellung. In dieser Hinsicht war auch folgender Vorfall charakteristisch. Ein junger Dichter, Pietro Cossa, Römer von Geburt (d. h. er war in Rom geboren, sein Vater aber Neapolitaner, seine Mutter Piemontesin) hatte ein Trauerspiel Messalina geschrieben, das bei der Aufführung vielen Beifall erhielt. Als das Stück in Turin gegeben und auch dort enthusiastisch aufgenommen wurde, telegraphirte der Sindaco von Turin an den von Rom und wünschte ihm Glück zu einem so hervorragenden Mitbürger; der Sindaco von Rom antwortete dankbar und stolz-bescheiden und beide Telegramme liefen Tags drauf durch alle Zeitungen. Niemand fand ein Arges darin, aber man denke, wenn der Herr Oberbürgermeister von Berlin von seinem Collegen in München oder in Hamburg eine Depesche empfinge, des Inhalts, der Johannistrieb von Paul Lindau sei gestern mit Beifall aufgeführt worden und er wünsche der Reichshauptstadt Glück zu ihrem dichterischen Sohne — der Herr Oberbürgermeister hätte trotz seiner vielen Geschäfte und der daher rührenden verdriesslichen Stimmung nicht umhin gekonnt, über die schnurrige Botschaft herzlich zu lachen. Darin aber liegts: die Werthschätzung des Theaters ist eine ganz andere diesseits und jenseits der Alpen. Dem Römer ist vor Allem das Schattenspiel theuer und die Noth des wirklichen Lebens berührt ihn nur leicht. Als die Ristori nach längerer Abwesenheit wieder in Rom erschien, da war der Beifall unermesslich, als wäre die Retterin des Vaterlandes in die Mauern der alten Roma eingezogen — so viel gilt noch immer der Schein und das Bild. Und hier müssen wir auch des Carnevals gedenken, das nach Jahren der Entsagung und gleichsam Landestrauer jetzt wieder in der früheren Blüte steht. Es ist oft geschildert worden und auch dass es durch Mass und Adel in der freien Thorheit das schönste Zeugniss für eine alte, sichere Bildung ablegt, wird jeder Denkende freudig anerkennen. Dieser neckende Verkehr ausgelassener Menschen, die einander umringen und scheinbar fesseln, einander Blumen und wieder Blumen und *confetti* und *coriandoli* zuwerfen, der Schönheit mit Anstand huldigen, sich selbt in fremder Hülle vergessen und doch sich selbst beachten und in voller Trunkenheit sich nur bis zu einer gewissen, selbst gesetzten Schranke vorwagen — wie viel gehört dazu, eine wie lange Entwickelung, wie viel aufgehäufte Vergangenheit! Noch schöner sind die Feste Abends auf der Piazza Navona. Welch ein Platz! Das Pflaster glänzt eben wie Musaik, die drei Springbrunnen rauschen, die Gaskandelaber leuchten, rings um das lange Oval reihen sich mit gethürmten Flaschen buntgeschmückte Weinschenken, vor denen hin und wieder Trinker und Trinkerinnen stehend ihr Glas leeren. Zwei Orchester spielen abwechselnd an den beiden Enden des Platzes und siehe, da drehen sich schon die Paare und die Zuschauer bilden einen Kreis. Die Tanzenden mögen Arbeiter, Handwerksburschen, Stubenmädchen sein, die meisten sind ganz oder halb maskirt; dennoch kann bei keinem aristokratischen Feste bei einem beliebigen Botschafter mehr graziöse Zurückhaltung herrschen. Der Platz, als wir ihn das letzte Mal Abends besuchten, mochte ein halb Dutzend solcher improvisirter runder Ballsäle enthalten haben; drüber schimmerten die Sterne und die Fremden fehlten in dieser entlegenen Gegend glücklicher Weise fast ganz. Wer kann dem Zauber südlicher Festfreude widerstehen und dennoch war Goethe, als er das römische Karneval beschrieb, nicht mit vollem Herzen dabei. Die Zeit der Maskenzüge war für ihn vorüber; er stand gerade auf einer Stufe persönlicher Bildung, wo er vor Allem nach reiner Form verlangte, sich in die Anschauung des menschlichen Körpers als höchsten Daseins versenkte und wenn er vor einem vollendeten Kunstwerke stand, ausrief: „man wünscht dem Bilde eine Dauer für die Ewigkeit, wenn man gleich zufrieden ist, selbst aufgelöst zu werden." Darum störten ihn die Narren, wie er sie nennt, mit ihren bunten Lappen, den Hörnern auf dem Kopf und den langen Nasen. Auch aus anderem Gesichtspunkt kann das Karneval missfallen: es ist nämlich ein Zeichen der kirchlichen ascetischen Lebensansicht, die den Menschen und sein Thun in zwei Hälften bricht: da doch Lust und Busse, das Irdische und das Himmlische immer eins und in und durch einander sein, Nichts was wir in dieser Endlichkeit vornehmen, dem Ernst des Ewigen, der Heiterkeit des Ideals völlig abgekehrt sein soll. Doch dies kommt hier wenig in Betracht: in Rom handelt es sich vielmehr um den Gegensatz der Praxis und des ästhetischen Spiels und da muss sich Jeder, dem die sittliche Wiedergeburt dieses Volkes am Herzen liegt, beim Anblick solcher kindischen Possen betrüben. Man bedenke, dass zwölf Tage nicht gearbeitet wird oder höchstens halb! Wie viel Millionen mag dies wahrlich nicht reiche Land jährlich auf sein Karneval verwenden, in Form nicht bloss direkter Ausgabe, sondern auch unterlassener Arbeit! Wenn das Karneval naht, da leeren sich die Sparkassen, da häuft sich der Versatz in den Leihämtern. Und wie viel Erschlaffung, welch erbärmliches Gefühl der Nichtigkeit alles Irdischen bleibt übrig! Als den Römern das Joch der Priesterschaft noch auf dem Nacken lag und der vorgeschriebene Glaube ihnen Welt und Vernunft vermauerte, da mochten sie sich am Gaukelspiel ergötzen und in der Lotterie versuchen, ob ihnen nicht eine jenseitige Macht, wie in orientalischen Märchen, plötzlich und ohne natürlichen Zusammenhang das Glück in den Schoss werfen werde, auch Nachts von Nummern träumen und auf die Winke der allerheiligsten Madonna felsenfest bauen, — jetzt gilt es, nicht zu träumen oder zu spielen, sondern zu schaffen, zu arbeiten, zu erwerben, mit Anstrengung aller Kräfte die Wirklichkeit zu zwingen, dass sie verständigen Zwecken diene. Dass die Römer über diesem Streben nach realen Gütern je die Anmuth des Lebens verlieren könnten, ist nicht zu fürchten: dafür bürgt die Abstammung vom Alterthum und der glückliche Himmel. Rom wird nicht so bald eine über und über von Rauch geschwärzte, von tausend Schloten überragte, mit eben so viel Branntweinschenken gesegnete englische Fabrikstadt werden.

Auch die Campagna verbreitet sich noch nach allen Seiten und vor allen Thoren so öde und schön, wie ehedem, und es hat nicht den Anschein, als ob sie sich nächstens in ein blühendes Kulturgefilde verwandeln werde. Noch immer ziehen die Schafheerden langsam weidend über die vulkanischen Hügel, die einst alte verschollene Städte trugen, lagern sich bei Sonnenuntergang zusammengedrängt in der Nähe eines Mauerwerks oder erdbedeckten Grabes und der Hirte zündet aus Dornsträuchern ein Feuer an, dessen Rauch sich am Boden langsam fortzieht. Bei Ponte Salaro, Acqua Acetosa und gegenüber an der Flaminischen Strasse liegen noch immer am Tiber die Anschwemmungen und Abspülungen des Stromes, wie eine Reihe gewaltiger Schollen oder Bastionen, fast regelmässig abgestuft, schwarze Schatten werfend, von einzelnen abgebrochenen Thürmen oder Ruinen gekrönt — Stätten tiefsten Grames, wo der Erdgeist dunkel waltet und schwer drückt. Bei Porta Furba, auf der Landstrasse nach Frascati, bilden die drei sich kreuzenden Wasserleitungen noch immer die herrliche Gruppe in der Nähe mit dem Blick auf das Gebirge in der Weite, und auch die einsame Pinie steht noch als Wahrzeichen für die gleichnamige Osteria. Vor Porta Pia, nachdem man die Mauern der Villen überwunden hat, gelangt der Wanderer noch immer zu den mit dürren Dornen, auch mit Anemonen und Veilchen bewachsenen Höhen, an deren Fuss noch immer der Anio, der kleine Tiber, den das Sabinerland gesendet hat, von der nomentanischen Brücke überspannt, sich windet. Jenseits der Cäcilia Metella zieht sich noch immer jener Weg erhabener Trauer hin, die alte Via Appia, die Gräberstrasse: zu beiden Seiten aufgegrabene Platten und Bruchstücke, Inschriften und Figuren, hin und wieder konische, mit jungen Cypressen und Pinien in die Runde umpflanzte Hügel, die nichts anderes sind, als Grabmäler; man ersteigt sie und überschaut schweigend die schweigende, gehobene und versunkene Oede. Die grösste dieser wieder zu Erde gewordenen Bauten, das Casale Rotondo, von runder Cylinderform, wie ein kleineres Castell St. Angelo, geschält und seines Marmors entkleidet, wie Cäcilia Metella, trägt auf seiner Höhe einen kleinen

Olivenhain und eine steinerne Hütte und man kann sich dort oben im Grase lagern: fern zieht sich langgestreckt die Stadt hin, Maria Maggiore und der Lateran sind grade noch zu unterscheiden, drüber leuchtet Villa Mellini als weisser Punkt, zum Greifen nahe aber hält auf der entgegengesetzten Seite das Albanergebirge seine hellen, schimmernden Häusergruppen dem Blick entgegen. Auf diesem Wege öffnen sich auch die feuchten Modergruben, in denen sich Anfangs das Christenthum verbarg, und Viele steigen bei Fackellicht in diese Katakomben hinab: der Verfasser eilte immer schauernd vorüber, blickte lieber zum Himmel und wiederholte im Stillen Helenas Worte:

Die grausen Nachtgeburten drängt der Schönheitsfreund
Phöbus hinweg in Höhlen oder bändigt sie.

Wer ein gutes Pferd hat und zu reiten liebt oder auch der geübte Fussgänger kann auch auf Quer- und Nebenwegen frei durch die Campagna schweifen und wenn den Erstern die hölzernen Zäune, den Andern ein Graben oder böse Hunde zwingen, sich seitwärts zu schlagen, gerade dann treffen sie in dieser Unendlichkeit von Erdbildungen und Beleuchtungsmomenten auf unerwartete, so noch von Niemand gesehene Scenen. Die Campagna ist noch so unbewohnt oder der Anbau, die Niederlassung so zerstreut, wie je, die kleinen Wirthschaften, in denen man einkehrt, so ursprünglich, wie vor grauen Jahren. Ein Schilfdach, an den Seiten offen, grobe Tische, ländlicher Wein, hartes Brod — wenns hoch kommt, roher Schinken und hartgesottene Eier. Der Wirth oder die Wirthin stecken ihre Finger in die Gläser und tragen sie so auf den Tisch: der Gast, wenn er ekel ist, spült sie sich mit demselben Wein, den er trinken soll, nothdürftig aus. Etwas, doch nicht viel besser sieht es in den Osterien in der Nähe der Stadt, bei Ponte Molle, vor Porta Pia, Salara u. s. w. aus, die besonders Sonntags sich mit Fahrgästen füllen und bei Ave Maria sich wieder leeren. Unvergesslich wird dem Verfasser das Bild bleiben, das ihm eine ländliche Schenke auf dem Wege von Subiaco nach Tivoli bot, die sogenannte Osteria della Ferrata. Sie liegt an der Theilung zweier Strassen, der via Valeria und der via Sublacensis, und verdankt diesem Zusammentreffen ihr Dasein — denn sonst bietet das Sabinergebirge, das auf den felsigen Gipfeln zahlreiche graue Städtchen trägt, an den Wegen nirgends ein Obdach oder einen Tropfen Erquickung. In dieser brannte das Heerdfeuer mitten auf dem Boden, wie in den ältesten Tagen in den Hütten unserer Urväter; darüber hing ein eiserner Haken, von einem konischen Dach herabkommend; Thiere aller Art, Hühner, Enten, Hunde, Schweine, Katzen umringten die Menschen, drängten sich unter einander, vertrugen und kannten sich und schnappten einander die hingeworfenen Brocken weg, Jedes in seiner angeborenen Weise; unbeschreibliche Tische, Treppen, hölzerne Läden und Truhen zeigten die Form und Bauart längst vergangener Zeiten. Dies war im Gebirge und die Männer waren in Ziegenfell gekleidet, wie die Hirten der Urzeit, aber auch im innersten Rom selbst kann man, etwa von einem Unwetter überfallen und in der ersten besten Thür Zuflucht suchend, Schwellen betreten, die zu ähnlichen Räumen führen: statt des Fensters eine blosse Oeffnung, während des Regens und Sturmes von einer schweren, dicken, zweigetheilten Lade verschlossen und die ganze Höhle in solchem Falle nur von dem Lämpchen vor dem Heiligenbilde dämmernd erleuchtet.

So ist also Rom noch immer elend und poetisch, verfallen und malerisch. Die christliche Priesterschaft hat tausend und mehr Jahre gebraucht, um in dieser Stadt das heidnische Alterthum auszurotten: wenn der neuern Zeit das gleiche Werk an ihrer Vorgängerin gelingen soll, wie edle Menschen hoffen, so werden doch erst kommende Geschlechter die Früchte geniessen und auch das Rom der Zukunft wird nicht in einem Tage gebaut sein.

Zehntes Kapitel.

Sicilien.

Goethe, als er seinen Ausflug nach Sicilien in Weimar entschuldigen wollte, schrieb der Frau von Stein: „In Neapel hätte meine Reise gar zu stumpf aufgehört", und ein ander Mal: „Italien ohne Sicilien macht gar kein Bild in der Seele: hier ist der Schlüssel zu Allem." Und in der That, wer in Neapel und Capri umkehrt, der lässt das Werk seiner Reise unvollendet. Wie die Lombardei, der altkeltische Boden, noch nicht Italien ist, so ist Sicilien erst Italien, die eigentliche Wirklichkeit des Südens, von dem wir träumen und den zu suchen wir auszogen. Und wie Italien nördlich des Apennin mit dem mittleren oder neuen Europa durch zahlreiche natürliche Bande verknüpft ist, so weist auch Sicilien nach der entgegengesetzten Seite über Italien, auf die übrigen Uferländer des Mittelmeeres, hinaus. Die Insel liegt gleich weit von den Mündungen des Nils und der Strasse von Gibraltar, also in der Mitte des gemeinsamen Beckens dreier Welttheile, des Schauplatzes der ersten Kultur, auf deren Grunde die unserige ruht. Sie ist der Einheitspunkt jenes Meeres, das von seinem Osten her die Weisheit der ältesten Menschenbildung, Ninives und des Pyramidenlandes, allmählig zu uns herüberleitete, und von dessen Westen aus Amerika, die neue Welt, die andere Hälfte der Erde, entdeckt und damit die zweite grosse Periode der Weltgeschichte eröffnet wurde. Auch dies hat Goethe schon empfunden. Denn am 26. März 1787 merkt er an: „Sicilien deutet mir nach Asien und Afrika, und auf dem wundersamen Punkte, wohin so viele Radien der Weltgeschichte gerichtet sind, selbst zu stehen, ist keine Kleinigkeit." Zwar die Sänger des homerischen Epos können von dem Dasein Siciliens noch nichts gewusst haben, wenn auch die Namen *Θρινακίη νῆσος*, *Σικανίη*, *Σικελοί* in unserem Gedicht von Odysseus bereits gelesen werden. Hätte nicht der Aetna, die himmelhohe Feuersäule, zu allererst dem griechischen Schiffer begegnen, sein höchstes Erstaunen erregen, die mythische Phantasie zur Production reizen müssen? Der Name Aetna aber fehlt bei Homer und ebenso in den Abenteuern des Odysseus der feuerspeiende Berg, die ins Meer fliessende Lava und der wellenförmig sich hebende und senkende Boden. Auch nach Cumä konnte kein Schiff gelangen, ohne am Aetna vorüberzukommen. Aber im achten Jahrhundert vor Chr. landeten die Griechen in Schaaren in Sicilien, gründeten Städte, bauten Tempel und unterwarfen die umliegenden Gebiete. Sie fanden an den besten Punkten semitische Phönizier vor, die lange vorher sich hier niedergelassen und die einheimischen Bewohner, die Sikaner und Sikuler, Verwandte, wie wir glauben, des latinischen Stammes, gewaltsam zum Dienst und zur Arbeit angehalten hatten. Besonders im Osten der Insel wurden die Phönizier ausser Besitz gesetzt und allmählig ein neues Westgriechenland geschaffen, dessen Städte mächtig aufblühten und in immer neuen Gründungen sich des Ueberflusses ihrer Bevölkerung und des Gegensatzes ihrer Parteien und Racen entledigten. Die siculischen Griechen bauten und schifften, dichteten und redeten, ersannen politische Formen in allen möglichen Combinationen, aristokratische, demokratische, tyrannische, gemischte, führten Kriege gegen einander, in besinnungsloser Leidenschaft wider sich selber wüthend, schlugen die Karthager und wurden von ihnen geschlagen; ja es geschah, dass der grosse Krieg, der die Kraft und den Wohlstand der hellenischen Nation auf immer brach, hier auf diesem Boden, vor den Mauern von Syrakus, seine eigentliche Entscheidung fand. Und so trafen auch im dritten Jahrhundert die afrikanische Handelsrepublik Karthago und die allgewaltige Roma, die Erbin aller früheren Kultur, auf dieser Insel zuerst zusammen und von den römischen Provinzen, die sich allmählig über den Erdkreis vom atlantischen Ocean bis zum Euphrat und von den Wasserfällen des Nil bis zur Istermündung und zum schottischen Grenzwall erstreckten, war Sicilien in der Reihe die erste (Cicero: *Sicilia prima omnium, id quod ornamentum imperii est, provincia est appellata).* Als das römische Weltreich wankte und in zwei Hälften sich theilte, fiel die Insel an die Griechen von Byzanz, denen sie die einst von der Ostsee, also dem äussersten Nordosten gekommenen Barbaren, die Vandalen und die Ostgothen, streitig machten, bis sich im 9. Jahrhundert ein anderer Völkerstrom, der der braungefärbten islamitischen Araber und Berbern, über das griechisch-lateinische Land ergoss. Auf diese semitische, viel schaffende und viel zerstörende Periode folgte wieder eine nordische Herrschaft, die der blondhaarigen Normannen und Hohenstaufen, die aber eine wesentlich veränderte, mit dem heissen, fanatischen Blut der Wüstenbewohner versetzte Race vorfanden und diese nicht mehr umschaffen konnten. Die französischen Ritter unter Führung des Hauses Anjou verstanden in dem Uebermuth ihres Ehrencodex dies Volk nicht und wurden durch die sicilianische Vesper ausgerottet; die Spanier, stolz, phantasievoll, glaubenswüthig, konnten mit ihrem kirchlich-feudalistischen Regiment, — da doch die Politik eine bloss menschliche Angelegenheit ist —, der zerrütteten und in der Zerrüttung erstarrten insularen Bevölkerung keinerlei Verjüngung oder Förderung bringen. Eben so wenig konnten es die neapolitanischen Bourbonen; dann kam, nach dem Vorspiel von 1812, das Jahr 1860, das Jahr der Besitzergreifung durch die Italiener und es ergoss sich in unvermitteltem Uebergang eine Flut von Freiheiten und Rechten über das Land, die auf völlig fremden Voraussetzungen ruhend, diesen ganz anders erzogenen, sittlich kraftlosen Menschen erst recht zum Unheil gereichen mussten.

All diese lange Vergangenheit nun mit ihren wechselnden Zeiten und günstigen und ungünstigen Schicksalen hat auf der Insel ihre Spuren hinterlassen, sowohl in noch erhaltenen, sichtlichen und greifbaren Denkmälern, als in Sinnes- und Gemüthsart der heute lebenden Enkel. Einst bewohnte Höhlen in mehr als einer Gebirgsgegend deuten auf die Urbevölkerung, sei diese als iberischen und libyschen oder als sikanischen Blutes zu denken; mächtige Quadern, Hafendämme, Grabkammern, Wasserleitungen stammen von den Phöniziern und Karthagern, die hier den Baal und Moloch und die Aschera in scheusslichen Bildern verehrten und durch Menschenblut versöhnten; der Widerschein griechischer Kunst und Anmuth, griechischen Ernstes und Masses liegt noch jetzt auf den Tempeln von Selinunt und Girgenti und auf den Münzen von Syrakus, die der Schoss der Erde uns wiedergiebt, und auch die Römer haben die Werke der Griechen erhalten und in Stand gesetzt und Theater und Amphitheater hinzugefügt. In Palermo zeugen nicht bloss zierliche Ornamente der Bauwerke, auch die Gärten mit Südfrüchten von der glücklichen, aber vergänglichen Kultur der Mauren und der Pracht ihrer Nachfolger, der zugleich orientalisch-träumerischen und nordisch-kräftigen Normannen, so die Kathedrale von Monreale und der Palazzo Reale mit der Cappella Palatina. Auch der Hohenstaufenzeit steht man im Dome von Palermo leibhaftig gegenüber: dort ruht neben andern Gliedern seines Geschlechts der gewaltige Kaiser Friedrich II., vielleicht die grösste Gestalt des ganzen Mittelalters, denn sein Haupt ragte über die am Boden lagernde Nebelschicht jener Zeiten in die Helle natürlich-menschlicher Empfindung hinauf: er liegt in einem Sarkophage von rothem Porphyr, den vier Löwen tragen und ein Baldachin wie ein Tempeldach bedeckt, neben ihm in ähnlichen Särgen sein Vater Heinrich VI., seine Mutter Costanze und deren Vater König Roger — Alles in übermenschlichen Verhältnissen, als wäre hier die Grabstätte jener göttergleichen Kämpfer und Stifter, von denen keine Geschichte, nur der Mythus erzählt. Dass auch die aragonische und spanische Herrschaft und die der feudalen Barone sich noch jetzt in Häusern, Brunnen und Bildsäulen verkörpert, lehrt jeder Schritt durch die grösseren sicilischen Städte; wie aber das achtzehnte Jahrhundert und die Regierungskunst Neapels sich zu den Traditionen der Insel verhielt, dafür giebt es ein besonders sprechendes Beispiel: wir meinen die im seichtesten rationalistischen Stil trotz lebhaften Widerspruchs der Palermitaner auf die Zinnen des wunderbaren Domes der h. Rosalia gesetzte Kuppel. Als Merkmal der allerneuesten Epoche, die mit dem Jahre 1860 beginnt, können wir die Eisenbahnen betrachten, die in diesem Räuberlande jetzt von Palermo nach Girgenti und von dort nach Catania gehen und bald auch den Westen der Insel erreichen werden, Werke der allerjüngsten Technik, die sich an die Stelle der troddelbehängten Maulthiere, der mit Ackergeräth oder gelben Schwefelblöcken beladenen trippelnden Eselein und der kleinen, viereckigen, mit bunten Farben bemalten Wagen zu setzen suchen.

Von Neapel gehen täglich grössere Dampfer nach Sicilien hinüber: die Fahrt nach Palermo pflegt nicht viel länger als einen Tag oder eine Nacht zu dauern. Wer, wie der Verfasser bei seinem letzten Besuch in Sicilien, das Glück hat, Anfang Mai bei schönem Wetter in der Bai von Palermo zu landen, der empfindet lebhaft, um wie viel näher, als in Neapel, er hier der Zone der Wendekreise gerückt ist. In der That, dem Glanze und der Fülle Palermos gegenüber muss die glückliche Campagna von Neapel eine arme, nordische Gegend genannt werden. An dem breiten Quai längs dem blauen Meere stehen in Reihen die herrlichen Erythrina-Corallodendron-Bäume, mit verschränkten Zweigen, gleich den steinernen Gewächsen der Meerestiefe, mit rothglänzenden Blüten und Bohnen, gleich den Korallen am Busen oder im Haar schöner Frauen. An diese Marina stösst der öffentliche Garten, die Flora oder Villa Giulia und weiter der botanische Garten, nach anderer Seite der Giardino Garibaldi, gefüllt mit der Zauberpracht tropischer und subtropischer Pflanzen, mit dem fusshohen Rasenteppich der Fluggea Japonica, mit Musaceen und Bambusen und

Papyrus, zarten Mimosen, Ficusarten und Palmen, prachtvollen Hibiscus, Araucarien, seltenen Coniferen u. s. w., ähnlichen Anlagen der Art in Italien, dem Monte Pincio in Rom, auch der Villa nazionale in Neapel weit überlegen. An der entgegengesetzten nördlichen Seite der Stadt, am Fusse des felsigen, ziegenbeweideten Monte Pellegrino, wuchern die Opuntien wie in ihrem Vaterlande Mexico: ein graugrünes, fleischiges, stachelbesetztes Blatt oder vielmehr Glied setzt sich an das andere, bekränzt sich im Frühling rundum mit Blüten von brennendem Gelb, trägt im Herbst stachlichte, vielgegessene Früchte; das ganze seltsame Gebilde strebt im Zickzack zu erstaunlicher Höhe auf, schützt als Umzäunung die Gärten und verwandelt mit den Wurzeln das Felsgerölle und die harte Lava in fruchtbaren, humusreichen Acker. Steigt man durch diese westindischen Blüten und Früchte den von den spanischen Vicekönigen in spanischer Grandezza gepflasterten Weg zum genannten Berge auf, dann reicht der Blick zunächst über die palermitanische Thalebene, die goldene Muschel, die ganz und gar mit Orangen und duftenden Mispeln bepflanzt ist, eine unerschöpfliche goldene Fülle, wie sie das Festland an keinem Punkte bieten kann. Noch weiter aufwärts öffnet sich das Gebirgsrund, das die Conca d'oro umgiebt, die Küste mit ihren Vorgebirgen und Buchten, das stille Ustica, in der Ferne die rauchenden Vulkane der liparischen Inseln, und endlos das Meer und der Alles überdeckende Himmel. Dies sind sie wirklich, die Berge, die Linien des Südens, dies die kristallene Luft, das energische, alle Dinge in einen zitternden Schleier hüllende Licht. „Mit keinen Worten, schreibt Goethe am 3. April 1787, ist die dunstige Klarheit auszudrücken, die um die Küsten schwebte, als wir am schönsten Nachmittage gegen Palermo anfuhren. Die Reinheit der Contoure, die Weichheit des Ganzen, das Auseinanderweichen der Töne, die Harmonie von Himmel, Meer und Erde — wer es gesehen hat, der hat es auf sein ganzes Leben.“ Wie von dem Verdecke des nahenden Schiffes, auf dem Goethe stand, und den Gipfeln des Monte Pellegrino, stellt sich die ideale Schönheit dieser einzigen Gegend auch von zahlreichen anderen Aussichtspunkten dar, aber welchem der Vorzug gebührt, ist unmöglich zu sagen, sei es die Sternwarte des königlichen Palastes oder die Zinnen der Zisa oder das Dach der Kathedrale von Morreale oder in einiger Entfernung nach Süden Maria di Gesù, das Belvedere der Villa Valguarnera in Bagaria und die Höhe von Solunto. Die letztgenannten Punkte führen schon in die sicilische Gebirgswelt ein, die im Innern und dem ganzen Westen der Insel herrscht, mag man von Palermo im Postwagen nach Trapani und dem Eryx und den Trümmern von Segesta und Selinus oder mit der Eisenbahn quer durch das Land nach Girgenti und von dort nach Caltanisetta und Castro Giovanni sich wenden. Es sind die blau duftigen Bergwellen und Falten und Gipfel, die wie individuelle Charaktergestalten aus dem Gewirre sich hebenden wunderbaren Häupter, je nach dem Stande der Sonne und dem Zuge der Wolken braun oder grau oder röthlich und grünlich angehaucht, Abends die eingesogene Glut ausathmend, von keiner Vegetation bewegt oder gestört, gebildet im Geiste edler Grösse oder gefassten Ernstes, zuweilen auch der Erstarrung, wie die Niobe in Phrygien, immer so ätherisch und zart und zugleich streng und bestimmt, wie nirgends jenseits des Meeres im Norden. Hier befinden wir uns ahnend, ja mehr als ahnend, vielmehr schauend, mitten im griechischen Alterthum, nicht im späteren, in der Epoche anmuthigen Spieles, sondern in der strengen gebundenen Zeit des Aeschylus und Pindar, in der Zeit des dorischen Tempelstiles und der Furcht vor den Göttern. Wunderbar stimmt die Natur in und um Girgenti und Syrakus zu der Bedeutung dieser trümmer- und sagenreichen Stätten. Welch ein Blick vom hohen Rande des Athenefelsens in Girgenti landeinwärts auf das düstere, wogende Gebirge! Welch ein Blick auch von Girgenti selbst abwärts auf die geneigte Ebene zum Meere hin, mit den zerstreuten dunklen Oliven, den anschwellenden Hügeln, den durchsichtigen Säulentempeln, den langsam geschweiften Bergzügen zu beiden Seiten, dem blauen Meere im Hintergrunde, Alles herbe, eine Natur anderer, höherer Ordnung, dem Gefilde von Rom, noch mehr dem von Pästum ähnlich, dennoch noch herber, noch näher der ältesten Vorzeit, der Zeit, wo hier oben der schreckliche Zeus Atabyrios thronte und den Dunst versengten menschlichen Gebeines einsog. Dieselbe starre Maske der höchsten Alterthümlichkeit, das edel schöne Medusenantlitz, wie es die antike Kunst geschaffen, trägt auch die Gegend, in der das einst semitische, dann griechische Syrakus stand. Dort waltet weit und breit der nackte Fels, in den die Menschenhand gearbeitet, durch den sie sogar in der Tiefe meilenweite Wasseradern geleitet hat. Auf dieser Steinfläche sengt die Sonne und tobt der rothgelbe wüthende Scirocco. Eine endlose uralte Gräberstadt, mit den aus dem Fels gehauenen Lagerstätten der Todten, jetzt leer, oder mit geringem Staube gefüllt, hat im Laufe vieler Jahrhunderte einer Menschenrace und religiösen Phantasie nach der andern die ewige Ruhe gegeben, erst den Phöniziern, dem Gefolge des wandernden Melkarth, dann den Griechen, dem Volke des Lebens, dann den Römern, den geborenen Herrschern, endlich auch den Christen mit ihren Symbolen des Leidens und des Todes. Ueber diesen unterirdischen Gängen und Sarkophagen läuft oben am Licht des Tages eine andere Gräberstrasse und noch deutlich zeichnet sich das griechische Theater mit den Sitzreihen aus dem lebendigem Fels: auf die Todten wie auf die Lebendigen von einst und jetzt aber schaut in erhabener Ruhe ringsum die Steinöde, hinter ihr der Kranz der hybläischen Berge und zur Seite der Küstenrand des halbrunden grossen Hafens, die häuserbedeckte Ortygia und das vorgestreckte Plemmyrion. Wie aber überall in diesem Süden an die dürre, nur vom Farbenspiel der himmlischen Lichter belebte Wüste unmittelbar die üppige Oase stösst, so auch hier. Denn in den weissen Felsboden gehen Spalten hinab, sich zu Hallen erweiternd, hoch, phantastisch, oft gewunden, seltsam gefärbt, mit stehengebliebenen Unterstützungsäulen: es sind die Steinbrüche, aus denen einst die alten Völker zu ihren Mauern und Tempeln die Werkstücke holten. Mit welchen Mitteln, fragt man sich, gelang die schwere Arbeit der Loslösung und Zurichtung des harten Steines, da doch die Technik der Sprengstoffe, wie wir sie jetzt üben, damals noch nicht erfunden war? Durch Geduld und Sclaverei, ist die Antwort, und durch die uralten Handgriffe, die vom fernen Osten her, den unbewusst bauenden Thieren gleich, ein Geschlecht dem anderen überlieferte. In die Tiefe dieser Gründe nun hat seit Jahrhunderten der Regen und der Wind ein aufgelöstes Erdreich geschwemmt und dadurch grüne strotzende

Gärten geschaffen. Dort unten herrscht eine ewige milde Wärme, eine ewige feuchte Kühlung. Die immergrünen Zierpflanzen, die Fruchtbäume des Südens drängen sich dort neben und durcheinander: man sitzt ruhend auf der Bank, vor sich auf dem Tisch süssen Wein von Syrakus und goldene Orangen und hebt mit entzückter Schwärmerei den Blick zu den hohen, braunen, mit Stachel- und Rankengewächs bekleideten Wänden hinauf, über denen ein blaues Stückchen Himmel offen geblieben ist. — Dies sind einige Züge zu dem Bilde der Landschaft von Syrakus, welche letztere wir in vollem Ernste geneigt sind für die Krone der ganzen Insel zu halten.

Ist diese schöne Insel aber wirklich, wie die Sage geht, überall dürr und unfruchtbar geworden, ist sie nicht mehr die reiche Kornkammer, für die sie lange Zeit im Alterthum galt? Wer in den Frühlingsmonaten März bis Mai das Innere bereist, wird diese Behauptung nicht wiederholen. Denn zwischen Palermo und Girgenti und nach Caltanisetta zu begleitet ihn zu beiden Seiten des Weges ein unermesslicher grüngoldener Segen der Demeter, die noch immer die schützende und spendende Landesgöttin ist. Und wenn er bei langsamem Aufsteigen einen Berg hinan aus dem Wagen springt und am Rande des Feldes einige Aehren ausrauft, dann erstaunt er über die Länge und Schwere derselben und den Mehlgehalt dieses Weizens und seiner Körner. Ein sicilischer Aehrenbüschel würde den nordischen Landwirth ebenso in freudiges Erstaunen versetzen, als gleich drauf der eigenen Armuth gegenüber kleinmüthig machen. Unterbrochen wird diese meilen- und tagereisenweit verbreitete Fülle edelsten Kornes nur durch erquicklich grüne Bohnen-

und Linsenfelder und hin und wieder bei einzelnen Gehöften des Adels durch Gruppen fruchttragender Bäume: Mandelbäume, doppelt und dreifach so hoch, wie die Bäumchen gleicher Art in den Gärten Roms, Mannaeschen, Oliven, Nuss- und Johannisbrodbäume u. s. w. Dabei an den Wegen und Gräben, in der Umgebung der Tempeltrümmer und überall, wo ein Fleckchen von der Kultur freigelassen ist, eine Blumenpracht ohne Gleichen: blendend rother Mohn, reizende Malven in allen Farben, wunderbar blühende Akanthus, gelbe Euphorbien, hohe violette Disteln und eine Menge unbekannter Arten, durchwimmelt von Schnecken, Eidechsen und Schlangen, durchduftet von tausend Kräutern aus der Familie der Labiaten. Nähert man sich freilich auf der in den schwierigsten Kunstbauten, Tunnels, Curven, Dämmen, ausgemauerten Flüsschen aufsteigenden Eisenbahn dem kühn auf dem Doppelfelsen gelegenen alten Enna, heutigen Castrogiovanni, das dem Königstein und Lilienstein vergleichbar, lange im Auge bleibt, indess der Aetna mit seinem Schnee breit am Horizonte zu herrschen beginnt — da ist das Land in Nähe und Ferne felsige Wüste, unfruchtbar, fast unbewohnt, man sieht keinen Baum noch Strauch, nur hin und wieder ein kümmerliches Getreidefeld. Rückt die Jahreszeit vor und es beginnen die drei Monate des brennenden regenlosen Sommers, dann ist auch in der westlichen Region die Ernte geschehen und der Reisende, der in dieser todten Zeit Sicilien durchstreift, wird in das Vorurtheil einstimmen, dies Land sei seit dem Alterthum zu einem Stück Afrika geworden. Denn mehrfache Ernten in einem Jahr, wie in der Campagna von Neapel oder sonst in Italien, erlaubt das Klima der südlichen Hälfte des

Mittelmeergebietes nicht. Wenn im Herbst die Regenzeit beginnt, dann wird der Weizen gesäet und die Mispel blüht mit süssem Duft; wenn sie endet, dann wird der Weizen geschnitten und es beginnt der Sommerschlaf der Pflanzen und die unerbittliche Herrschaft der Sonne. So streng aber scheidet sich mehr nach Norden und auf dem Festland das Jahr nicht in die Sommer- und Winterhälfte. Nur da, wo vom Mai bis September Bewässerung möglich ist, blühen und grünen auch in Sicilien die Gärten das ganze Jahr hindurch. Dies Verhältniss kann auch zur Zeit der Griechen oder Römer nicht anders gewesen sein. Kommt man nun über die Wasserscheide des eben genannten Castrogiovanni hinaus, dann thut sich allmählig das reiche Gefilde von Catania auf, eine Vega von üppiger Fruchtbarkeit. Es sind nicht mehr die unabsehbaren Weizensaaten des Westens, sondern statt ihrer ein wohlgepflegter Garten mit Beet an Beet, Rosenhecken, Cactus, vielerlei Gemüse, mannichfachen Fruchtbäumen und geometrisch gezeichneten Feldern. Vom Aetna kommen Wasserströme, die sorgsam benutzt werden; auch die Fiumaren, die weiten Kiesgründe, die die herabstürzenden Regengüsse hinterlassen, pflegen auch in der heissen Zeit in ihrem Grunde noch Feuchtigkeit zu bergen, die dann unter dem aufgrabenden Spaten quillend hervortritt und die durstenden Pflanzen erquickt. Darum auch an dieser ganzen Küste bis Messina hinauf ein ununterbrochenes Paradies glänzender Limonen- und Orangengärten. Ueber ihnen erhebt sich die Riesensäule des Aetna, vielleicht die furchtbarste und merkwürdigste Naturgestalt unseres Welttheils. Von diesem Berge singt der Dichter, der auch sonst der älteste und sicherste Zeuge über die Insel ist, Pindar, in mächtigen Worten,

Pyth. 1, 15: „Ueber des Typhos, des hunderthäuptigen, zottiger Brust liegt drückend Kymas Meeresgestad und die Insel Sicilien; ihn bändigt die Himmelssäule (*κίων οὐρανία*), die schneeige Aitna, das ganze Jahr hindurch die Pflegerin kalten Schnees; da brechen aus Schlünden die reinsten Quellen unnahbaren Feuers; bei Tage strömt rauchender Brand, in der Finsterniss wälzt sich rothe Glut des Gesteines zischend in die Meerestiefe. Jener Wurm, Typhos, sendet die furchtbarsten Fluten des Hephaistos herauf, dem Vorüberziehenden ein Wunder zu schauen, ein Wunder auch zu hören, wie er gebunden liegt unter den schwarzbelaubten Gipfeln und dem Boden der Aitna, der ganze niedergestreckte Rücken von dem stachelnden Lager gequält. O Zeus, der du diesen Berg, die Stirn des fruchtreichen Landes, gern besuchest, gefalle es Dir u. s. w." Der Aetna bildet genau den Mittelpunkt des innern Meeres, er ist der Leuchthurm zwischen Tyrus und Gades; er reicht am höchsten zum Himmel auf innerhalb des weiten Kreises, den der Pic von Teneriffa und die unbekannten Schneeberge des südlichen Atlas im Westen, die Alpen im Norden und der Kaukasus im Osten beschreiben. Von dem Gipfel des Taygetos in Lakonien soll schon mehr als einmal der Abglanz des Feuers gesehen worden sein, das er gegen die Wolken schleudert. Rund um ihn, über die Insel und über Kalabrien hin, bebt die Erde häufig und stürzt um, was auf sie gegründet worden: wunderbar genug, dass gerade da, wo im dorischen Tempel die Architektur für immer ihr Ideal erreichte und Kraft und Last im reinsten Einklang schwebenden Gleichgewichts gegen einander wirkten — dass grade da der Grund und Boden, die Schwerkraft, die in der Baukunst das Erste und

Letzte ist, versagt und wankt! Sehen wir vor unsern Augen ein Säulengebäude, die idealisirte Construction des Weltalls, erst taumeln und gleich darauf als formlosen Haufen zur Seite liegen, dann werden wir wie von Wahnsinn ergriffen — „denn das Gefühl der Wasserwage und des Perpendikels macht uns eigentlich zu Menschen" (Goethe aus Palermo).

In so erhabener Grösse nun auch der Aetna seine Stirn zum Himmel erhebt und ein so freundlicher Kranz von Pflanzungen, Wäldern und Meeresbuchten ihn umgiebt, — so können sich doch im Allgemeinen die Gegenden von Catania und Messina an Idealität der Landschaft mit dem westlichen Theil der Insel nicht messen. Nur im Westen und Süden herrscht die in die Himmelsbläue verschwebende Gebirgsbildung, die Form voll ernster Hoheit, die zart geistige Linie, die tief innerliche und doch bescheidene Farbe. Im Vergleich mit den Bergen von Palermo sind die von Messina grob gezeichnet, die Hügel wie aus einem Teig aufgebacken, die Umrisse borstig und bärtig, das Ganze verdriesslich. Dies gilt auch von Taormina, welches Manche für den schönsten Punkt von ganz Italien oder wenigstens von Sicilien halten. Wahr ist davon nur, dass die Aussicht von Taormina mit den Kastellen hoch oben auf den Gipfeln höchst romantisch ist und den Deutschen, der den Norden noch im Herzen trägt, so heimisch anspricht, als stünde er noch am burgenreichen Rheinstrom oder in einem der bewaldeten hercynischen Gebirge. Die Stimmung ist eine romantische, nicht die lautere und stille der Gegenden von Cefalù bis Trapani und von Girgenti bis Syrakus. Der Grund davon liegt in dem verschiedenen Alter der Gebirge hier und dort. Denn die nordöstliche Ecke der Insel erfüllen Urgesteine, Gneis, Glimmerschiefer, Thonschiefer, auch Granit, von demselben Charakter, wie jenseits der Meerenge der Aspromonte und Sila; die Nordküste entlang, von Milazzo an, im Westen und Süden herrschen dagegen die Kalkgebirge, dem Apennin und seinen Formen nahe verwandt, während im Südosten, bei und hinter Syrakus, die secundären und tertiären Bildungen von vulkanischen Kräften durchbrochen sind und dadurch ihre eigenthümliche Gestalt und Lagerung erhalten haben. Man braucht keinen geübten Blick zu besitzen, um sogleich den Unterschied zu empfinden, den dieser Wechsel des Alles tragenden geologischen Bodens dem ganzen Landschaftsbilde, der Pflanzenwelt, den Umrissen und der Anordnung und Färbung aller Objekte aufprägt.

Und eben so merklich, und zugleich wunderbar genug ist der Gegensatz, in welchem nach der einen und der andern Himmelsrichtung hin auch die Gemüthsart der Menschen steht. Wer noch daran zweifeln könnte, wie sehr Alles auf die anthropologische Grundlage einer menschlichen Gesellschaft ankommt und wie verschieden deren Kulturwerth ist, der könnte an dem Beispiel der Ost- und Westseite Siciliens eines Besseren belehrt werden. Beide Theile der Insel haben seit Jahrhunderten ein fast gleiches politisches Schicksal erfahren und wie verschieden ist dennoch die sociale Physiognomie des einen und des andern! In den Adern der östlichen Bevölkerung fliesst mehr griechisches Blut, in denen der westlichen und südwestlichen mehr semitisches und berberisches. Das Gebiet um Palermo und Girgenti und nach dem Vorgebirge Lilybäum hin wurde in dichten Massen von Afrika aus bevölkert und verräth noch immer in Neigungen und Fähigkeiten der Menschen diese Versetzung mit fremdem und wildem Stoffe, die Beduinennatur. Nur hier hat sich das aus Feigheit und Tücke gewobene Netz der Mafia unsichtbar über alle Stände gelegt, nur hier hat der Hang zu Raub und Hinterhalt, der Widerwille gegen Zucht und Gesetz als ein unvertilgliches, tief eingepflanztes Erbtheil aus der Väter Zeit jeder versuchten humanen Erziehung gespottet. Auf diese Provinzen hauptsächlich beziehen sich die harten Urtheile, die neuerdings über den Charakter der Sicilianer gefällt worden sind. „Ich kenne aus langer Erfahrung, so schrieb der Präfekt von Caltanisetta, Hr. Fortuzzi, an den Minister des Innern nach Rom, die sittliche Verderbtheit dieser Bevölkerung, für welche der Begriff von Gerechtigkeit, Redlichkeit und Ehre ein todter Buchstabe und die eben so räuberisch und blutdürstig, als abergläubisch ist." „Welche Reformen würden Sie für Sicilien vorschlagen?" so fragte Jemand einen kundigen, auf der Insel seit lange lebenden Fremden. „Reformen?" erwiederte Jener, „Sicilien wäre nur zu helfen, wenn eine Ueberschwemmung käme, so hoch als der Aetna, und alle Sicilianer vertilgte" (Revue des deux Mondes, November 1875). Aeussere Sicherheit der Person und des Eigenthums wenigstens hatte das bourbonische Regiment herzustellen gewusst, die seit der Einführung der italienischen Justiz und Verwaltung verloren gegangen ist. Und hier zeigt sich, wie wenig die abstrakten Formeln in der Politik werth sind, wie eine Freiheit, der die Vorbedingungen fehlen, eine zu frühe, zu reichlich, am unrechten Orte gegebene Freiheit die Menschen, die sie gebrauchen sollen, vielmehr zurückwirft, statt sie aufwärts und vorwärts zu bringen. In Sicilien, einem noch feudalen, wundergläubigen, halb barbarischen Lande, das kein achtzehntes Jahrhundert gehabt hatte, vielmehr grades Wegs aus dem Mittelalter kam, war das Mass persönlicher Grundrechte ein viel zu grosses. Diesen Unmündigen gegenüber wäre strenge Vormundschaft, ein aufgeklärter Absolutismus und wohlwollender Despotismus, eine rücksichtslose Polizei und energische Verwaltung die grösste Wohlthat und ächte politische Weisheit gewesen. Statt dessen wurde plötzlich und wie aus der Luft herab eine unbeschränkte Pressfreiheit eingeführt, ohne Caution, ohne Steuer, ohne irgend eine Möglichkeit administrativer und juridischer Zügelung. Eine Menge kleiner Blätter tauchte auf, alle radikal, schamlos, ehrlos, unwissend. Sie waren für Freiheit und wieder Freiheit begeistert und priesen die sicilianische Civilisation als die höchste, ja die einzige in der Welt. Mit der Mafia standen sie in geheimer Verbindung, zitterten vor deren Rache und beschönigten oder verschwiegen deren Unthaten, die Obrigkeit aber bekämpften sie entweder offen mit wüthender Rednerei oder untergruben ihr Ansehen hinterrücks mit allen Mitteln der Lüge und Verläumdung. Auf die gläubige, unerfahrene Menge musste die so geartete Presse wie eine tägliche Fälschung der Lebensmittel wirken. Man sagt wohl mit einem beliebten Bilde, wie der Speer des Achilleus den Telephus erst verwundete, dann aber heilte, so trage auch die Pressfreiheit ihr Correctiv in sich selbst. Ein bestechender Vergleich, nur gut für politische Anfänger. An Versuchen, der deklamatorischen Presse eine sachlich eingehende gegenüberzustellen, hat es nicht gefehlt, sie sind aber immer gescheitert. Die Gazzetta di Palermo, die für die Regierung das Wort führte, ward nicht gelesen: sie war zu verständig und gemässigt. Ein

Blatt, das nicht in jeder Nummer von Hass gegen die Tyrannen überfliesst, das nicht fortwährend auf die Minister und die Beamten als die Urheber aller Uebel erbittert hinweist, mundet den Lesern nicht, ja wer es öffentlich in die Hand nimmt, macht sich verdächtig und die stechenden Augen der Mafia richten sich aus jedem Winkel auf ihn. Auch die Gerichte können dagegen nichts helfen. Denn wie die Presse, ist auch die Justiz ein von aussen gekommenes Gewächs, das sich auf diesen Boden und in der grade herrschenden Jahreszeit nicht verpflanzen liess. Das Strafgesetzbuch ist zu milde, der Rechtsgang mit zu viel Cautelen umgeben, beide auf eine gebildete Gesellschaft berechnet. Hier aber hat kein Zeuge den Muth, nach der Wahrheit auszusagen, kein Geschworener, nach Ueberzeugung seinen Spruch zu thun. Das Verbrechen geht erhobenen Hauptes einher und triumphirt unter dem Beifall der zitternden oder mitbewussten Menge. Die Advokaten sind unerschöpflich in Einwendungen, denen der Richter Gehör geben muss, in Kniffen, die vom Ziele abführen — vielleicht auch hier, wie im übrigen Italien, das noch als Wurzelstock im Boden steckende altrömische Recht, das aber in der Länge der Zeit etwas ausgewachsen und verwildert ist. Noch während wir schreiben, kommt die Nachricht, dass zwei Bauern der Provinz Palermo, die eine Patrouille verrätherisch in einen Hinterhalt geführt hatten, wo die Soldaten von versteckten Banditen niedergestreckt wurden, obgleich die Sache völlig klar lag, doch von den zwölf in Eid genommenen Bürgern Palermos freigesprochen worden sind. Was blieb den Berufenen auch Anderes übrig? Bei einer Verurtheilung wären sie bald selbst das Opfer des Vehmgerichts der Mafia geworden, das im Dunkeln mit Dolch oder Kugel seine Rache sicher vollstreckt. Das Unrecht lag an denen, die hier die Jury eingeführt, die Gerichte öffentlich d. h. tumultuarisch gemacht und die Verhandlung in französischer Weise mit theatralischer Feierlichkeit ausgestattet hatten. — Wie die Presse und Justiz, so wirkte auch die eben so unvermittelt gegebene wirthschaftliche Freiheit, d. h. sie schlug in ihr Gegentheil um. Der Verkehr war aller Fesseln entledigt, aber der Mangel jeder helfenden und bürgenden obrigkeitlichen Aufsicht brachte es bald dahin, dass er ärger stockte, als zuvor. Die Börse von Palermo wollte es ihren Schwestern auf dem Continent gleich thun, überschlug sich in den luftigsten Speculationen und büsste ihre Unerfahrenheit durch den Verlust alles vorhandenen, ohnehin nicht übergrossen Kapitals. Jedermann wollte sein Conto auf der Bank haben und erhielt Kredit in der freisinnigsten Weise: die Folge war die Aufzehrung aller kleinen Ersparnisse und eine bedenkliche Lage der Bank selbst. Die unter Beisteuer der Regierung in grossen Verhältnissen arbeitende Gesellschaft der Trinacria — mit prachtvollen Schiffen und weitgreifenden, in ununterbrochener Folge sich ablösenden Linien und Fahrten — hatte bald ihre Kräfte erschöpft, fälschte eine Weile ihre Bücher und musste endlich an einem schreckenvollen Tage vor aller Welt bekennen, dass sie beim Nichts angelangt war und kein Telegramm mehr bezahlen konnte. Mit einer ähnlichen Katastrophe schloss die auf Nutzung der Schwefelgruben angelegte Gesellschaft des Senatore del Regno Baron Ignazio Genuardi in Girgenti: die Passiva beliefen sich auf achtzehn Millionen Lire, die kleinen Kapitalisten, die die Gewinne des unermesslich reichen Schwefelkönigs hatten theilen wollen, fanden sich eines schönen Morgens bettelarm und die zahlreichen Arbeiter brodlos. Auch das Municipio von Palermo, froh der gegönnten unbeschränkten Selbstverwaltung, griff fleissig zu. Es machte Schulden über Schulden, zu lauter hohen und glänzenden Zwecken: ein Politeama, ein grosses Theater wurde erbaut, Markthallen errichtet, die sich bis heute nicht haben füllen wollen, die Strassen kunstmässig gepflastert, exotische Pflanzen verschrieben, Gasbeleuchtung eingeführt und die Zinsen der so verschleuderten Millionen durch immer neue Taxen und hohe Einkommensteuer kümmerlich gedeckt. Daher Erbitterung gegen das neue Regiment, Sehnsucht nach der guten alten Zeit, wo die Abgaben gering waren und Polizei und Gouverneur jeden Bürger gern schützten, wenn er sich nur nicht mit Politik abgab. Jetzt ist der Präfekt ohnmächtig, denn constitutionelle Garantien binden ihm die Hände. Gleich jenen Strömen des Südens, die rauschend vom Berge kommen, dann aber, ehe sie die Küste erreichen, in der Wüste versiegen, gelangt sein durch schwächende Mittelglieder gebrochener Wille selten ans Ziel. Die Einrichtungen sind gut, wohlgemeint, setzen aber Menschen voraus, die mitthun, mithelfen und die ergangene Verfügung in ihrem eigenen Herzen als vernünftig empfinden. Diese Mitempfindung aber fehlt, oder, wo sie etwa vorhanden war, der Muth, ihr zu folgen. Die italienische Regierung hat daher, da ihr jeder grade Weg verschlossen war, in fernen tröstlichen Hoffnungen und dem Werke langsamer Umbildung einen Ersatz suchen müssen. Nur Schulen, Schulen, rief man ihr von allen Seiten zu, nur Wege, Eisenbahnen! Und sie hat Beides in der That mit Eifer und Ausdauer in die Hand genommen. Es sind Chausseen gebaut und auf ihnen Postwagen in Bewegung gesetzt, Schienen die Kreuz und die Quer durch die Insel gelegt und dadurch unbekannte Landschaften erschlossen worden. Auch hier aber war der Kontrast zu gross. Noch immer hängt die Sitte an Bergpfaden und kleinen Lasten auf dem Rücken der Thiere, an Märkten, Feiertagen, Festen der Heiligen; die Zeit gilt wenig und eine hastige Arbeit ist nicht beliebt. Die Postwagen werden auf vielen Strecken von berittenen, bis an die Zähne bewaffneten Karabinieren begleitet, und dass sie die Stunde einhalten, d. h. zur rechten Zeit abgehen und eintreffen, dies durchzusetzen scheint auf dieser Insel fast unmöglich. Die Eisenbahnen haben in dem gebirgigen Lande unverhältnissmässig viel gekostet und tragen keine Rente, die Menschen und Waaren aber, die ihnen Leben bringen sollen, bleiben aus. Wo wären auch die Fabriken und Bergwerke, die reichen Verzehrer und schaffenden Unternehmer, denen sie mit ihrer leichten Verbindung dienen könnten? Die Gewinnung des Schwefels geschieht in der einfachen Weise der Urzeit: die groben Stücke werden auf halbfaulen Leitern oder Treppen von armen bleichen Knaben und Mädchen aus der Tiefe geholt, dann auf Esel und kleine zweirädrige Karren gehoben und erreichen so die Abladestätte — der ganze Betrieb kann aber von Jahr zu Jahr weniger die Concurrenz mit dem Schwefelkies anderer Länder bestehen und wirft nur geringen Gewinn ab. Dass die Eisenbahnen den Verkehr, wo er nicht vorhanden ist, schaffen und aus dem Nichts hervorrufen, ist ein Satz, der früher oft gehört wurde, der aber doch nur halbwahr ist. Eine Eisenbahn setzt immer eine dichtere, vermögende Bevölkerung, ein irgendwie entwickeltes Gewerbe oder wenigstens den latenten

Trieb dazu voraus, sei es in ihrer mittleren Strecke oder an ihren beiden Endpunkten. Fehlen diese Bedingungen, dann kommt die Eisenbahn zu früh und kann weder selbst gedeihen, noch Leben um sich verbreiten. Und dies ist der Fall bei den meisten sicilischen Bahnen. Allerdings dringt der fremde Reisende jetzt leichter in das Innere der schönen Insel und an den Hauptpunkten, die die Bahn berührt, sind wenigstens erträgliche Herbergen entstanden oder im Entstehen begriffen. Auch im Punkt des Unterrichts ist viel geschehen und die statistischen Tabellen des Königreichs weisen eine stattliche Ziffer von Volksschulen in Sicilien, sowohl Knaben- als Mädchen-, Tages- und Abend- und Sonntagsschulen und Kleinkinderbewahranstalten und in andern Columnen auch Lyceen und Gymnasien und technische uud Specialschulen auf, mit immer steigender Zahl der Schüler und Schülerinnen. Die Verzeichnisse sagen nicht, wo man die Lehrer, die Schullocale hergenommen hat, wie der Unterricht beschaffen ist und ob das Gelernte, falls etwas gelernt wurde, ein Jahr nach dem Austritt nicht wieder vergessen worden ist? Noch viel weniger sagen sie uns, ob etwa die Kenntniss der Buchstaben den ganzen Menschen umwandelt und gegen die Ueberlieferung und den Racencharakter merklich ins Gewicht fällt? Wenn eine Gesellschaft in aufsteigender Entwickelung begriffen ist und in Folge lebhafteren Verkehrs und gemehrten Reichthums, auch unter dem Einfluss des Auslandes allmählig aus der Dumpfheit erwacht, dann regt sich von selbst das Verlangen nach Erweiterung der Kenntnisse, die Eltern möchten den Kindern eine bessere Erziehung geben, als sie selbst genossen haben, Privatschulen entstehen, von allen Seiten werden die Machthaber aufgefordert, doch ihrerseits solchem Bedürfniss entgegenzukommen, die Regierung, conservativ wie jede Regierung ist und auch sein soll, entschliesst sich endlich, Gelder zum Zwecke öffentlichen Unterrichts flüssig zu machen, vor Allem aber sorgt sie, wie billig, für Lehrerseminare, um damit die erste Handhabe für das begonnene Werk zu gewinnen. Dies ist der organische Gang des Bildungs- und Erziehungswesens: der umgekehrte Weg führt zu nichts. Wer in der Geschichte bewandert ist, weiss, dass es mehr als einmal Völker und Zeiten von hoher Civilisation gegeben hat, in denen zugleich die Analfabeti die überwiegende Mehrheit bildeten.*) Vielleicht ist auch das absolutistische Regiment mehr geeignet, die allgemeine Volkserziehung erst vorzubereiten, dann einzurichten, endlich nach allen Seiten durchzuführen, als die Epochen constitutioneller oder republikanischer Freiheit, wo der Lärm kein stilles Schaffen duldet, bei dem Wechsel der Hände der angesponnene Faden immer wieder abreisst und die Früchte, ehe sie zeitig sind, gepflückt zu werden pflegen. Auf jeden Fall setzt die Kunst des Lesens, wenn sie wohlthätig wirken soll, eine gesunde Volksliteratur voraus, ausser einer allgemein bildenden auch eine fachliche zum Gebrauch des Dienenden, des

*) Justus Möser in einer seiner sinnigen, erfahrungsreichen „Patriotischen Phantasien", überschrieben: „Ueber die Erziehung der Kinder auf dem Lande", zeigt, dass es auch ohne Lesen und Schreiben ein tüchtiges, in seiner Weise gebildetes Landvolk geben könne, ja dass diese gelehrten Künste dem Gedeihen des Bauerstandes nur schadeten. Diese Behauptung wagte Möser mitten in der Aufklärungszeit, in welcher die Schule für die Panacee gegen alle Uebel galt. — Dass die deutschen Siege der Jahre 1866 und 1870—71 eigentlich vom Schulmeister erfochten worden seien, ist doch nichts mehr als eine pikante französische Phrase.

Handwerkers, des ländlichen Pächters und Tagelöhners — wo aber wäre eine solche in Sicilien zu finden? wer soll sie schreiben, so schreiben, dass sie den gemeinen Mann, indem sie ihn erzieht, zugleich ergötzt, da doch alle der Feder Kundigen mit ganz andern Dingen beschäftigt sind, mit advokatischer Beredsamkeit, Theaterstücken, vor Allem aber mit Politik, hoher, grosser, allgemeiner Politik, mit constructiven Prinzipien und der hitzigen oder giftigen Partei-Polemik? Vorläufig bietet sich dem sicilischen Landmann, wenn er lesen kann, keine andere Geistesnahrung, als Heiligenmärchen, abergläubische Lottobücher und die zahlreichen schon erwähnten arsenikhaltigen Blätter und Blättchen. Wäre nur das Geld da, die Armee zu verdoppeln, die Dienstzeit zu verlängern und fleissig Recruten auszuheben — ein Regiment mehr, das Sicilien stellen müsste, würde dies Volk wirksamer humanisiren, als es die mit den gleichen Kosten errichtete Anzahl Dorfschulen vermöchte. Ein sicilischer Soldat, der seine Jahre in Mailand oder Florenz abgedient hat, kehrt als ein ganz anderer Mensch in seine Heimath zurück, er spricht italienisch und verachtet oder verlacht die verkehrten Begriffe seiner Nachbaren, ihre säumige Arbeit und unsaubere Lebensart. Jetzt ist die Zahl solcher militärisch Erzogenen zu klein und sie verlieren sich nach einiger Zeit in die Masse der Uebrigen. Ehe Schule, Pressfreiheit und Geschwornengerichte die beabsichtigte Wirkung gethan haben, kann ein Jahrhundert und mehr verfliessen, Mancherlei sich ereignen, ja die Insel dem Königreich Italien, gegen das sie schon jetzt nur Hass empfindet, ganz und gar verloren gehen. Eine kleine Schrift von Giacomo Pagano *(Le presenti condizioni della Sicilia, Firenze 1875)*, der selbst ein Sicilianer ist, droht der römischen Regierung in der That mit dieser Aussicht: „es ist unleugbar, heisst es S. 54, dass bei dem ersten Kanonenschuss, den eine uns feindliche Seemacht im Mittelmeere abgiebt, Sicilien für uns verloren ist, denn der Feind hätte bei der ersten Landung eine uns tief abgeneigte Bevölkerung auf seiner Seite." Zu retten ist die Insel nur — warum sollte ein Fremder diese Wahrheit nicht aussprechen, die in Italien selbst verpönt ist? — durch Aufhebung der Constitution und aller ihrer Bürgschaften und Umschweife — was sollen Parlamentswahlen in einem Lande, wo eine Verbrecherbande, Mafia genannt, die Deputirten ernennt, ja der Räuber Leone Leoni einst der Wählerschaft von Caccamo den von ihm genehmigten Candidaten in einem offenen Tagesbefehl oder Drohbrief bezeichnete? —, ferner durch ein militärisches Regiment mit dem dazu gehörigen Standrecht, durch eine vorsorgliche, erst unerbittlich strenge, dann immer mildere Dictatur — bis endlich die Beobachtung ergäbe, dass die Bevölkerung hinreichend erstarkt wäre, um einige der entzogenen Güter allmählig und in weisem Masse zurückzuempfangen. Würden die Engländer, wenn in einem Theile des Vereinigten Königreichs, z. B. in Irland, ein ähnlicher Zustand, wie in Sicilien herrschte — würden sie sich bedenken, alle gepriesenen Palladien ihrer Freiheit bei Seite zu werfen und nach dem Spruche zu leben: *quod medicamenta non sanant, ferrum sanat* —? Gewiss nicht, denn sie haben oft genug das Gegentheil bewiesen. Als Nino Bixio, der Freund und Landsmann Garibaldis, der schwärmerische Republikaner, im Zuge der Tausend in die Gegend des Aetna gekommen war und eines Tages erfuhr, dass in der am nordwestlichen Abhang des Berges gelegenen Stadt Bronte und in einigen umliegenden Ortschaften ein blutiger, von altem Familienhass eingegebener Aufstand ausgebrochen sei, begleitet von Gräuelthaten jeder Art, Mord, Brand, Plünderung, an der Spitze der wilden Banden aber die Obrigkeit der Stadt selbst stehe, — da säumte er nicht auf gut militärisch zu verfahren, die Anführer sogleich standrechtlich erschiessen zu lassen, die Uebrigen dem Kriegsgericht in Messina zu summarischem Process zu übergeben und der ganzen Bevölkerung mit Androhung der strengsten Strafen ihre Waffen abzufordern. Dabei zeigte es sich, dass die Einwohner, die vor ihren Augen ihre Kinder und Weiber hatten abschlachten, ihre Häuser hatten aufbrennen lassen, fast alle im Besitz von Feuerwaffen und Dolchen waren, sich aber nicht zur Wehr gesetzt hatten,*) und Bixio schrieb entrüstet an den Gouverneur von Catania: „Garibaldi ist nicht gesonnen Dictator eines Landes zu sein, das halb von Wilden, halb von feigen Memmen bewohnt ist" *(popolato da uomini metà feroci metà codardi)*. In einem andern ähnlichen Erlass bekannte er: „Sicilien giebt uns keine Soldaten, zahlt keine Steuern, wollte man aber aus den Bittgesuchen um Stellen und Aemter eine Leinwand machen, so liesse sich die ganze Insel damit bedecken." Sehr natürlich war es, dass diese soldatische Energie und Freimüthigkeit den zu Hause gebliebenen hochsinnigen Zeitungs-

*) Noch jetzt trägt jeder Sicilianer, wenn er Galantuomo sein will, in der Tasche einen Revolver oder Dolch, es ist das Zeichen, dass er mündig geworden und ein gebildeter Mann sei. Gebrauch aber macht er von der Waffe nicht in männlicher, muthiger Weise, etwa um einer Beleidigung sogleich zu begegnen, sondern er schiesst aus dem Versteck hinter der Mauer und zückt das Messer im Dunkeln, Beides aus Motiven der Habsucht oder der Rache.

schreibern nicht gefiel, und sie ergossen desshalb ihre bittere Galle gegen den sonst von ihnen gepriesenen Helden der Freiheit. Wie das Ding in Sicilien anzugreifen sei, ergab sich noch bei einer andern Gelegenheit. Die gemässigte Partei war im Jahre 1876 durch ein Votum des Parlaments verdrängt worden und an ihre Stelle traten die Deklamatoren der Linken, die sich bisher in Verwünschungen über den unerträglichen Druck, unter dem die Insel seufze, einander überboten hatten. Einer dieser rhetorischen Anwälte und Menschenfreunde, Zini, ward nach Palermo geschickt und wurde bald inne, dass auf diesem Boden mit bloss wohlklingenden Worten nichts auszurichten sei: die Mordthaten häuften sich, der Riscatto blühte, die Mafia mit ihren Erpressungen, ihrer Polizei und ihren Henkern beherrschte im eigentlichen Sinne das ganze westliche und mittlere Sicilien. Nicotera, ehemals einer der leidenschaftlichsten Prediger der Humanität, jetzt Minister der Innern, von Natur ein Dictator und bei aller Schlauheit herrischer Charakter, verlor endlich die Geduld und beschloss seinen Freund Malusardi, einen ihm ähnlich gearteten Mann, der bisher Präfekt von Cantanzaro gewesen war und in diesem Bezirk kräftig aufgeräumt hatte, mit der Gewalt in Palermo zu betrauen und ihm zugleich anzudeuten, dass auf eine ängstliche Beobachtung des Gesetzes so sehr viel nicht ankomme. Malusardi zeigte sogleich, dass er der rechte Mann für diesen Ort und dieses Land sei. Er trat als Selbstherrscher auf und liess sich durch keinen juristischen Formalismus beengen, ja Advokaten und Assisen wurden gar nicht mehr bemüht, dagegen die Gefängnisse besser verwahrt und alle Einverständnisse abgeschnitten. Reiche und vornehme Leute, wenn sie sich als heimliche Leiter verriethen, wurden ohne richterlichen Spruch aufgehoben und wie gemeine Verbrecher behandelt. Der Schrecken vor dem Präfekten, im Dienst des Guten, vertrieb den Schrecken vor der Mafia, der Verbrüderung des Bösen. Es war wie durch Zauber ruhig und sicher auf der Insel geworden, die Zahl der Verbrechen nahm täglich ab und was das Erstaunlichste war, die Presse wurde kleinlaut, wagte nur leisen Widerspruch und schien das Geschehene zu billigen. So verging etwa ein halbes Jahr, da erwachte in Rom, im Parlament, in den Zeitungen vom Neuem die Phrase und erhob ihr Haupt riesengross. Die sicilischen Deputirten, selbst grösstentheils Mafiosen, fielen Nicotera wie Hunde, die ihren Hof vertheidigen, ingrimmig an, Palermo fuhr aus der Betäubung auf, die verletzte Constitution schrie um Rache zum Himmel, in öffentlichen Versammlungen entlud sich das Gewissen des Volkes und aller Völker, Nicotera wurde, wie es Tyrannen nicht anders verdienen, gestürzt (December 1877) und in Sicilien brachen alle alten Wunden wieder auf.

Einem noch unentwickelten Volke wird eine zu freie, von aussen zugebrachte Regierungsform unerträglich und es empfindet sie als Qual. Sie macht zu grosse Ansprüche an den Willen, sie verlangt Haltung, Selbstbeherrschung des Einzelnen und gewährt keine Stütze gegen die eigene Schwäche. Völker, denen so die Freiheit naturwidrig gegeben ist, wünschen den Zwang und die Furcht herbei, mitten in der festen Regel und Gesetzlichkeit sehnen sie sich nach Schicksal, nach Unordnung und Ueberraschung, nach Willkühr der Mächtigen. Wir glauben, dass selbst die Mafia diesem Bedürfniss ihre Entstehung verdankt: die Mafia befreit von den Banden der Moral und Vernunft, auf Missachtung ihrer Befehle steht der Tod, vor ihr zu zittern ist dem Halborientalen Siciliens eine Wollust. Es kann kommen, dass eine allgemeine Empörung auf der Insel ausbricht — die das Jahr 1866 in Palermo erlebt haben, werden diese Möglichkeit nicht bestreiten — und dann die Regierung genöthigt ist, ihre eigenen liberalen Formeln wegzustreichen und ganz andere Tafeln aufzustellen. Doch da kein Vernünftiger auf solche gefährliche Krisen rechnet oder hinarbeitet, so bleibt dem heutigen italienischen Staatsmann, der im Namen und Geiste der Constitution regieren soll, im Grunde nichts übrig, als sich zu bescheiden, Symptome, die zu grell an die Oberfläche treten, zu unterdrücken, das Weitere aber der Natur zu überlassen, die oft den Heilungsprocess an einem Punkte einleitet, wo wir es am wenigsten erwarten. Schon jetzt darf zum Troste gereichen, dass die Ostküste der Insel oder der Strich Landes zwischen Messina und Syrakus in bürgerlicher Hinsicht den Provinzen des Festlandes, die das ehemalige Königreich Neapel bildeten, einiger Massen gleich steht. So geschah es im Winter 1876, dass die Gemeindevertretung von Acireale, einer auf dem Wege von Messina nach Catania gelegenen, regsamen und blühenden Stadt, den in ihren Mauern residirenden Unterpräfekten zum Zeichen der Dankbarkeit mit ihrem Bürgerrecht beschenkte — ein im Westen und Innern der Insel, wo alle Beamten, sie mögen handeln und beschaffen sein wie sie wollen, nur für Landesfeinde gelten, unmöglicher Fall. Als ein weiteres günstiges Zeichen mag betrachtet werden, dass bei aller inneren Zerrüttung doch der Handel und der Ertrag des Bodens mit jedem Jahre zugenommen haben. Man sagt wohl, dies sei weniger ein Verdienst der Insulaner selbst, als die Folge des gestiegenen Reichthums und der arbeitsamen Thätigkeit der übrigen Welt, in deren Umschwung die träge Insel mit hineingezogen worden. Allein, kommt die Hülfe nicht von innen, so setzt sie oft von aussen an, und freuen wir uns über den Zusammenhang der civilisirten Völker, der auf die Länge keine isolirte Barbarei mehr duldet. Neben der Kultur des Sumach hat besonders die der Agrumi seit 1860 einen überraschenden Aufschwung genommen (siehe darüber Theobald Fischer, Beiträge zur physischen Geographie der Mittelmeerländer, Leipzig 1877, S. 111: die Kulturpflanzen). Die Gärten und Pflanzungen dehnen sich immer weiter aus, wo nur Boden und Klima nicht widerstreben und ein Strahl Wasser in den heissen Monaten, wenn auch nur von der Dicke einer Federspule, zu erreichen ist. Damit ist dann noch ein anderer Vortheil socialer Art verbunden. In den unruhigen Jahrhunderten des Mittelalters und in den Zeiten, wo Seeräuberbanden auf dem Meere schwärmten und oft plötzlich landeten, hatte sich die Bevölkerung auf die Gipfel der Berge zusammengedrängt und dort liegen noch jetzt die grauen, unendlich malerischen Städte und Städtchen, von den Aeckern, die von dort aus bearbeitet werden, oft stundenweit entfernt. Nun lässt sich Körnerbau, Aufbruch des Bodens, Saat und Ernte auf solche Art aus der Ferne betreiben, wenn auch mit Zeit- und Arbeitsverlust, nicht aber der Fruchtbaum pflegen und die Bewässerung leiten. Oliven, Reben,

Mandeln, Mispeln, Orangen fordern die Gegenwart des Pflanzers und seine unablässige Sorge und so beginnen, wie versichert wird, die Landleute aus ihren hochgelegenen Schlupfwinkeln herabzusteigen und sich in der Ebene, inmitten ihres Besitzes oder ihrer Pachtung, eine Wohnung zu bauen. Die einsamen Gefilde, in denen weit und breit kein Haus zu sehen war, bevölkern sich allmählig, der Wunsch nach Eigenthum erwacht und die Grenzen der feudalen Pachtwirthschaft ziehen sich langsam zusammen. So kann vielleicht auf ökonomischem Wege gelingen, was auf idealem unerreichbar schien. Noch ist bei Weitem nicht jede im Boden verborgene Quelle aufgefunden und damit der Bewegung ein Ziel gesteckt. Freilich, wo das Wasser gänzlich mangelt, die Stürme freien Eingang finden und das Gebirge höher aufsteigt, da kann keine Orange gedeihen und es bleibt nur der Bau des Wintergetreides und hoch oben die Thierweide möglich. Während im heissen Sommer unten in der Nähe des Meeres die Agrumeti ihre goldenen Früchte reifen und um die Stämme das Wasser in den Rinnen leise rauscht, athmen in den hohen Gebirgen, z. B. den Madonie, die halb verwüsteten Wälder noch frisch, ja in den Schluchten und Senkungen liegt vielleicht ein Ueberrest Schnee — welchen Schatz an Holz und Wasser und Vieh würde eine blühende Wirthschaft auch an diesen Bergen besitzen! Auch der sicilische Weizen, so köstlich er ist, wächst doch fast ohne menschliche Obhut, so wohl oder so übel, als ihn der unerschöpfliche Boden und der befruchtende Regen wachsen lässt — welcher Verbesserungen wäre auch der reine Feldbau hier fähig! Wie reich ist diese Insel ausgestattet, was könnte sie sein, was könnte aus ihr werden! Vorläufig und wie die Dinge liegen, bedürfte sie einer bessern d. h. despotischen Regierung, und zwar in fremden, italienischen, nicht in einheimischen Händen, denn aus eigener Kraft kann sich dieses Volk nicht helfen. Weniger Freiheit ist hier gleichbedeutend mit mehr Wohlfahrt und ein tüchtiger General der ächte Fortschrittsmann.

Elftes Kapitel.

Sprache.

Es gab eine Zeit, und sie ist noch nicht ganz vorüber, wo wir Deutsche im Bewusstsein, eine sogenannte Ursprache zu besitzen, mit Mitleid und Verachtung auf die romanischen Sprachen, und also auch die italienische, herabzublicken gewohnt waren. Der halbe und ganze Teutonismus in allen seinen Stadien, bei Luther wie in den Gesellschaften des siebzehnten Jahrhunderts, in der Zeit Klopstocks wie vor und nach dem Jahre 1813, hat sich immer mit besonderer Vorliebe auf den beiden wesenlosen Gebieten: Urzeit und deutsche Sprache getummelt. Dort störten harte Thatsachen den Bau der Luftschlösser und die Feste der Selbstverherrlichung weniger als anderswo; dort fand sich, um dem inhaltlosen Selbstgefühl wenigstens durch Negation eine Art Erfüllung zu geben, der Gegensatz glücklicher Weise in der Entsittlichung des Erbfeindes und seiner armen und verunstalteten Sprache. Denn — je grösser die Begeisterung, desto geringer zwar gewöhnlich die Wissenschaft von der realen Sprache und ihrer Geschichte: aber etwas Latein konnte doch ein Jeder: von dort ergab sich die Entartung des Romanischen von selbst und ohne viel Studium und Mühe. Um so mehr erschien es als schmachvoll, von jenen

Sprachen so viel zu erborgen und entlehnte Wörter uud Phrasen derselben in die tägliche Rede zu mischen: auch war man tapfer in Austreibung der Fremdwörter; die leider trotz aller Predigt immer wiederkehrten. So betrübend diese Thatsache, so unbegreiflich war jene andere, dass alle drei romanischen Hauptsprachen der Reihe nach als Hof-, Adels- und internationale Völkersprache in Europa geherrscht hatten, erst die spanische und italienische, dann seit der Mitte des siebzehnten Jahrhunderts die französische. Auf die Gründe dieser Erscheinung einzugehen, war die Wissenschaft viel zu unreif und das Volksgefühl viel zu befangen. Nicht die patriotischen Allgemeinheiten oder die bloss negative Entrüstung haben die Macht der französischen Sprache jetzt auf ein vernünftiges Mass reducirt, sondern die positiven Leistungen unserer Literatur, Kunst und Wissenschaft seit dem Ende des vorigen Jahrhunderts. Darin sind wir die Meister geworden: und mit dem wachsenden Einfluss derselben verbreitet sich auch unsere Sprache in fremden Landen. In politischen Dingen aber sind wir offenkundig noch Kinder, und zwar, wie es scheint, ziemlich talentlose, und denken und sprechen noch immer mit einigen englischen und vielen französischen Begriffen und Worten.

Wer auf die deutsche Sprache. als eine Ursprache stolz ist, hat sich diesen Begriff nicht recht klar gemacht. Hätte Gott der Herr bei Anbeginn der Dinge eine Anzahl Menschen ausgewählt, ihren Wohnplatz von allen Seiten mit himmelhohen Mauern oder undurchdringlichen Wüsten umgeben, ihnen in eigener Person eine Sprache in den Mund gelegt und dafür gesorgt, dass diese im Lauf der Jahrtausende unverändert sich erhalte, — gut, dann möchte solch ein nationales Idiom als Ursprache bezeichnet werden. Diese naive Vorstellung liegt dem populären Urtheil in der That zu Grunde. Allein auf so leichte und einfache Weise ist unser jetziges Deutsch nicht entstanden. Es ruhte einst jenseits aller Geschichte im Schosse der indoeuropäischen Muttersprache, die an dem Punkte, bis zu dem wir combinirend aufwärts steigen können, selbst schon Produkt mannichfacher Schicksale war. Die Mehrsilbigkeit, der Formenreichthum, der Bestand abstrakter Begriffsbezeichnungen, weisen auf einen vorausgehenden Bildungsprocess, der wie alles Irdische im Drange der Noth, d. h. nicht ohne Störung von Aussen, nicht ohne Abirrung im Innern, unter Verlusten und gezwungenen Behelfen sich vollzog. Verdunkelte Zusammensetzung ergab allmählig Flexion und Derivation; Benennungen sinnlicher Vorgänge, metaphorisch zum Ausdruck der sich regenden allgemeinen Begriffe verwandt, wurden in ihrer ursprünglichen Bedeutung erst halb, dann gar nicht mehr verstanden; selbständige Wörter erblassten zu blossen Beziehungsmitteln im Satze; Zufall, Bequemlichkeit, Nachlässigkeit u. s. w. veranlasste lautlichen Wandel aller Art. Mit einem Worte, die indogermanische Sprache, wie sie z. B. Schleicher in einem eigenen Werke aus ihren jüngeren Gestaltungen zu reconstruiren versucht hat, steht selbst schon weit, weit von ihren Ursprüngen. Als dann die einzelnen Theile des Urvolks sich trennten und nach Süd und West in weite Fernen drangen, da konnte es nicht fehlen, dass der Ortswechsel, das neue Land, das veränderte Klima, die ungewohnten Lebensbedingungen zerstörend und schaffend auf die Laute und Ausdrucksformen der mitgebrachten Sprache einwirkten. Vieles wurde vergessen, verloren, Vieles neu erfahren, aus neuem Material gebildet. Nichts löst so sehr das feste Gefüge ererbter Denkart und Redeweise auf, als erst die Wanderung, dann, nachdem diese ihr Ziel erreicht, der darauf folgende Uebergang vom Hirtenstande zum Ackerbau, — die eingreifendste Umwälzung, die im Leben der Völker erfolgen kann. So finden wir in den neubesetzten Wohnplätzen, zur Zeit, wo das erste Dämmerlicht der Geschichte sie trifft, besondere Völker, jedes mit eigenthümlich differenziirter, d. h. durch Absterben und nachtreibendes Wachsthum individuell bestimmter Sprachen. Die früheste Gestalt des Deutschen, die wir kennen, die in der gothischen Bibelübersetzung, ist doch, so alterthümlich sie uns scheint, ein secundäres, metamorphes Gebilde, in vielen Partien für uns bereits undurchsichtig. Und seit dem Eintritt in den europäischen Kulturkreis — was ist da nicht aus der vermeintlichen Ursprache geworden! Man darf dreist mit einem Jedem der jetzt lebenden Patrioten ins Blaue und Schullehrer in kleinen Städten wetten, dass er nicht einen gothischen Satz verstehen wird, er müsste denn dieses alte Deutsch besonders studirt haben, etwa wie man Lateinisch und Griechisch lernt. Von der Aeneis bis zur göttlichen Komödie ist der Weg nicht weiter, als von Ulfilas bis Luther. Und auch den Eindrang von Fremdwörtern, den Einfluss der andern europäischen Sprachen, besonders der romanischen, auf die deutsche, pflegt man viel geringer anzuschlagen, als er in der That war. Der Verfasser hat einmal in einer müssigen Stunde den Buchstaben k im Wörterbuch durchgezählt und findet unzweifelhaft deutsche Wortstämme 139, unzweifelhaft fremde 93, zweifelhafte 18. Und wohlgemerkt: solche, deren ausländisches Ansehen noch ganz deutlich ist, wie

Karawane, Kastanie, Katalog, Katarrh u. s. w., sind nicht mitgezählt, da Jeder nach Belieben neue einführen kann, sondern nur diejenigen, die in alter Zeit entlehnt schon durch das deutsche Medium verwandelt worden sind. Bedenkt man nun 1) dass in vorgeschichtlicher Zeit gewiss manches Wort aus der Fremde aufgenommen wurde, das wir jetzt für urdeutsch halten — da bei noch mächtigem Sprachtriebe das Entlehnte rasch assimilirt wurde, der Lautverschiebung unterlag und nun in allen Mundarten, mit Transposition in die Tonart einer jeden, gleichmässig vorkommt; 2) dass in dem Buchstaben k sich besonders viel rohe Onomatopöien finden, deren häufiger Lautwechsel die Zahl der Stämme eigentlich nur scheinbar vermehrt, z. B. knarren, knurren, knirschen u. s. w., und auch unter den übrigen manche sind, die zusammengehören und eigentlich nur einen Wortstamm bilden, z. B. klettern, Klette; Klammer, Klempner, klimmen u. s. w.; 3) dass alle aus dem Niederdeutschen, Holländischen, Englischen u. s. w. aufgenommenen Wörter — deren Anzahl nicht klein ist — hier als deutsche gerechnet sind; — bedenkt man dies, so erscheint unser jetziges Hochdeutsch als eine ausserordentlich gemischte Sprache, zu der die mannichfachsten Elemente beigetragen haben. Und wie sollte dies auch anders sein, da sie doch eine gebildete, im Verkehr der Welt erwachsene, und das Volk, das sie spricht, keine abgesonderte Barbarenhorde ist.

Ein anderes Kennzeichen sogenannter Ursprachen, dass in diesen das mystische Band zwischen Laut und Begriff noch ungelöst ist, d. h. dass die Wörter nicht bloss als willkührliche Werthzeichen Geltung haben, sondern nach ihrem Ursprung lebendig gefühlt werden —

auch dieser Vorzug fällt mit dem eben Gesagten in Nichts zusammen. Schon ehe es eine besondere deutsche Sprache gab, hatten Laut und Vorstellung sich von einander getrennt und waren ihre eigenen, oft sehr zufälligen und weit abführenden Wege gegangen. „Wir, die wir an unzähligen Beispielen erkannt haben, welch eine ungeheure, die verschiedensten phonetischen Veränderungen herbeiführende Geschichte die Sanskritsprachen schon vor ihrer Trennung durchgemacht haben, werden aus dem subjectiven Eindruck der Laute nicht leicht uns zu einem Schluss berechtigt glauben" (Benfey). Seit der Trennung aber ist jene genetisch-intuitive Beseelung der Wörter vollends geschwunden. Schon der Dreiklang, in welchem nach Grimm jede deutsche Wurzel erscheint (binde, band, gebunden), beweist, dass der Vocal zum Ausdruck des Wurzelbegriffs unwesentlich geworden ist; schon die deutsche Lautverschiebung beweist für das consonantische Gerüste der Wörter dasselbe. Der paradiesische Naturton liegt auf keiner der europäischen Sprachen mehr und diejenigen, die in so jungen Lautformen, wie die der heutigen deutschen Sprache, noch unmittelbare Klangbilder der Empfindung vernehmen, ergötzen sich an vielleicht sehr gemüthlichen, aber völlig nichtigen und dem Kenner der Geschichte lächerlichen Phantasien. Wer erräth, indem er Mond sagt und dabei an den bleichen silbernen Gedankenfreund denkt, dass dieses Wort, identisch mit Monat, ursprünglich nichts weiter besagt, als Zeitmesser? Die romanischen Sprachen besitzen im Latein noch eher eine wirksame Erinnerung ihrer Ursprünge, als sie uns Deutschen in unserer jetzigen Sprache gegönnt ist. Lateinisch hat doch jeder Gebildete gelernt,

z. B. der ganze Stand der Geistlichen, vom untersten Dorfpfarrer bis zum Erzbischof und Kardinal hinauf: dort aber ergiebt sich in vielen Fällen für das entstellte Wort und seine verwandelte Bedeutung die relative Urgestalt und die Sphäre seiner Verwandtschaft. Der Italiener findet — um bei dem obigen Beispiel zu bleiben — für sein *mese* ein lateinisches *mensis*, zu welchem das Participium *mensus* von *metiri* wenigstens einen Anklang an das ursprüngliche Verhältniss gewährt. Sein *sole* ist ihm freilich eben so unverständlich, wie uns unsere Sonne; aber er denkt sich wenigstens den strahlenden Herrn des Himmels immer noch als Mann — *il sole* — während uns die Sonne zur Frau und der Mond zum Manne geworden ist, im Gegensatz zu der natürlichen Auffassung*). Uebrigens ist an dem Verlust des symbolisch-bildlichen Charakters der Sprache nichts zu bedauern. Der Geist in seiner Erhebung von der Stufe der Kindheit zu Bewusstsein und Freiheit bedarf einer Sprache, in der der sinnliche Ursprung völlig getilgt ist und das Wort ohne Neben- und Widerschein rein den Begriff und nichts weiter benennt. Unsere Väter empfanden z. B. in der Causalpartikel weil (aus Weile) noch die Gleichzeitigkeit, in denn (eins mit dann) noch die Zeitfolge mit: es ist gewiss ein sprachlicher Fortschritt, dass uns jetzt bei logischen Operationen die Herkunft beider Wörter nicht mehr zum Bewusstsein kommt. Oder wäre es nicht ein Vortheil, wenn den beiden Wörtern begreifen und Vernunft die Entstehung aus den sinn-

*) Das Gothische schwankt hier noch auf merkwürdige Weise. Es hat drei Ausdrücke für Sonne: *sunna, sunno, sauil*, das erste — Masculinum, das zweite — Femininum, das dritte — Neutrum.

lichen Vorstellungen greifen und nehmen nicht wie die Erde an den Wurzeln noch anhinge, wenn sie ganz in das neue Reich des Gedankens eingegangen und darin wie eingeboren wären? Es ist hier wie in der Musik, wo auch keine unreinen Nebentöne mitklingen dürfen. Conventionelle Sprachen — wenn es solche giebt, denn diejenigen, die man so zu nennen beliebt, sind gleichfalls nicht Werke der Uebereinkunft, sondern historische Ergebnisse — nehmen daher eine höhere Stufe ein, als onomatopoetische Natursprachen. Selbst für die Poesie sind die ersteren ein feineres Material — denn sonst müsste alle Poesie Dialect- oder Oh-, Ach- und Weh-Poesie sein. Es mag wahr sein, dass die Poesie älter ist, als die Prosa, aber die höchste Poesie setzt die Existenz einer gebildeten Prosa schon voraus und geistigere Sprachen vermitteln in reinerem Fluss die gehaltvollen Anschauungen der dichtenden Phantasie in ihren höhern objectiven Formen.

Die Art, wie die romanischen Sprachen aus dem Lateinischen hervorgingen, — die dabei wirkenden Umstände und waltenden Gesetze, — das geheime Thun des Menschengeistes, der auch im Dunkel wandelnd seines Weges nicht verfehlt, — die Selbsthülfe der Natur im tiefsten Verfall, — die nicht ruhende Kraft, mit der sie aus Armuth neuen Reichthum schafft, — die Rücknahme edler Bildungsformen, Resultate einer bereits erschöpften Entwickelung, in den elementaren Schoss und ihre Verwendung zum Anfangspunkt einer neuen Reihe, — die mystische Dämmerung, die über diesem Weben der innern Kräfte schwebt, — der Schleier, den das sogenannte Mittellatein darüber ausgebreitet hält, bis im dreizehnten Jahrhundert, zur Zeit Dantes, auf dem Fussgestell neben einander bestehender dunkler Mundarten und Redeweisen, die italienische Sprache auf einmal fertig für uns dasteht, ein neuklassisches Kunstwerk, ein Werk der Schönheit und tiefen Sinnes, in ihrem überraschenden Hervorgang ganz zu vergleichen dem der politischen Einheit Italiens, die sich in unsern Tagen eben so schnell und scheinbar leicht und mühelos vollzog, — alles dies macht die Entstehung und Ausbildung der romanischen Sprachen, und speciell der italienischen, zu dem anziehendsten, aber lange verkannten Gegenstand sprach- und kulturgeschichtlichen Studiums. Eine ähnliche Rück- und Neubildung, wie die Sprache, erfuhren im Mittelalter und gegen Ende desselben die antike Kunst, das römische Recht, Kleidertracht, Architektur, Philosophie u. s. w. Doch können wir hier nur daran erinnern.

Die römische Sprache, wie sie in den Werken der klassischen Epoche erscheint, erweist sich der aufsteigenden Forschung zwar als ein vielfach jüngeres Gebilde, für sich betrachtet aber ist sie doch die alterthümliche, formvolle Rede der in Rom herrschenden conservativen Aristokratie, der Priester- und Staatsreligion, des Gesetzes und Rechtes. Das Ansehen, das die geschmackvollen, griechisch gebildeten Schriftsteller der letzten Jahre der Republik und des augusteischen Zeitalters gewannen, vornehmlich Cicero und Vergil, verbunden mit der Consolidirung des Staatswesens durch das Kaiserthum, fixirten diese Sprache als feste unwandelbare Form für alle Zeiten des Reiches und darüber hinaus. Sie war die Trägerin der politischen und literarischen Tradition und wurde hinwiederum von dieser getragen; Knaben l e r n t e n sie in den Schulen der Grammatiker an der Hand der Muster; sie allein wurde g e s c h r i eben. Aber während sie auf diese Weise erstarrte, ging das Leben seinen Gang. Die Sprache im Volksmunde, der alte plebejische Dialekt, gestaltete und entwickelte sich, von Schule und Regel nicht gehemmt, unter dem Andrang täglicher Bedürfnisse und wechselnder Einwirkungen von aussen. Das Latein der Schriftsteller, das adelige, imperatorische Organ der Herrschaft und Bildung, und der *sermo rusticus, barbarus, vulgaris* wichen bald sehr erheblich von einander ab. Die Sclavenfamilie und der *villicus*, die Soldaten und der *centurio*, die *lixae* und Marketender, die Weiber und Kinder, die Handwerker aller Art, die *pistores, fartores, fullones, sutores, sarcinatores* u. s. w., die Hausirer und Krämer, die Bewohner der kleinen Städte — sie Alle sprachen nach Pott's Ausdruck ein Plattlatein, bei welchem es nur auf Deutlichkeit des Sinnes und schnelles Verständniss, Bequemlichkeit der Laute und unmittelbaren Ausdruck der groben, aber lebendigen Empfindung ankam. Während im Theater die untern Reihen, wo die Vornehmen sassen, lateinisch sich unterhielten — mit eingemengten griechischen Phrasen —, jubelten die obern *barbare* (Quintil. 1, 6, 45: *nam, ut transeam, quemadmodum vulgo imperiti loquuntur; tota saepe theatra et omnem circi turbam barbare exclamasse scimus)*. Nicht geringer war der Abstand des Volksgesanges, des alten, gewiss nicht erloschenen, auf Hebung und Senkung gebauten saturninischen Masses von den nachgeahmten griechischen Schulgedichten mit ihrer Messung nach der Quantität, ihren langen Flexionssilben von gleicher metrischer Kraft, wie die Stammsilben, ihrer verschränkten Construction und gelehrten Mythologie. — Zu diesem Gegensatz kam als zweites mächtiges Moment die Ausbreitung der römischen Sprache, die doch nur die Sprache einer Stadt oder einer Landschaft gewesen war, über weite Provinzen und Länder. Zwar dass die italischen Bruderstämme, die Sabiner, Osker und Umbrer, mit dem Bürgerrecht auch die verwandte Mundart der beherrschenden Lateiner annahmen, kann nicht für wunderbar gelten; aber auch die Etrusker, die in dichten Massen Oberitalien bis zum Apennin erfüllenden Kelten, die Ligurer im Nordwesten, die Veneter im Nordosten erscheinen bald völlig latinisirt, so sehr dass gegen Ende der Republik einer der naivsten und ächtesten lateinischen Dichter, Catullus, nach Namen und Geburtsort (Verona) ein Kelte ist (wie auch die Namen Vergilius, Livius, Plinius gallisch sind, s. Glück, die bei C. J. Cäsar vorkommenden keltischen Namen, München 1857, S. 47, und schon früher Zeuss, Gr. Celt., im *index gallicus*). Administration und Rechtsprechung, die imponirende politische Ordnung, die Verlockung durch den schönern und menschlicheren römisch-griechischen Göttercultus und Mythus, die Theilnahme an dem entwickelteren auf Verstand und Freiheit gebauten Privatrecht, Handel und Verkehr mit dem vorgeschrittenen Italien, Rhetorik, Technik aller Art, Kunst, überhaupt die Uebermacht lateinisch-hellenischer Bildung, unterstützt durch zahlreiche Einwanderung, — diese mächtigen Propagationsmittel unterwarfen auch ferner liegende grosse Barbarenländer, wie Hispanien und Gallien, in kurzer Zeit und in durchgreifender Weise der römisch-italischen Zunge. Das höhere Latein wurde auch hier in den Schulen gelehrt und Händler, Kolonisten und Veteranen brachten auch hier ihre Volksmundart unter die grosse Masse. Das römische Reich wurde, je weiter in der Zeit abwärts, desto mehr, ein brausender Hexenkessel, in dem eine ungeheure Mischung vor sich ging und das Unterste zu oberst stieg. Irgend ein gemeiner Soldat, thrakischer Herkunft, konnte Kaiser werden, der altehrwürdige Senat war voll barbarischen Blutes. Gegen die neuen Klimate und ihre Produkte, gegen die Anschauungen und Sitten, die alten Erfindungen der vielen unterworfenen Völker, vorzüglich der Anwohner des Oceans und der naturkräftigen thrakisch-illyrischen Stämme in der Donauebene und am Hämus, konnte sich das enge und geschlossene Idiom der latinischen Landschaft in seiner Reinheit nicht halten. Besonders das Heerwesen, das immer mehr der eigentliche Halt des ungeheuren Reiches wurde, vermittelte wie die Verbreitung der herrschenden Sprache, so die Aufnahme und Verschmelzung fremder Begriffe. Die Conscription versammelte Genossen der verschiedensten Länder in den Armeen und stehenden Lagern, in denen eine eigene Militärsprache sich ausbildete, die wieder durch Ansiedelung gedienter Soldaten, durch Veteranenkolonien und durch den lebhaften Krämerhandel in und bei den Stationen auf die Bevölkerung ganzer Landstriche überging. Vielleicht stammen aus diesem *sermo militaris* oder *castrensis* Ausdrücke wie *camisia* das Hemd (aus dem Gallischen entlehnt), *papilio* Schmetterling als Bezeichnung des Zeltes (welches auch geflügelt ist, ital. *padiglione*, franz. *pavillon*), *captivus* in der Bedeutung schlecht, übel (ital. *cattivo*, franz. *chétif*), *viaticum* statt *iter* (ital. *viaggio*, franz. *voyage*, Reisepfennig, den der heimkehrende Veteran mit auf den Weg nahm, daher Reise überhaupt) u. s. w. Vom Orient aus wirkte das Juden- und Christenthum zersetzend im Innern. Schon in verhältnissmässig früher Zeit war Italien von jüdischen und syrischen

Sclaven und Sclavinnen überfüllt, die als Gärtner, Köche, Musikanten, als leichtfertige Zofen, Tänzerinnen, Citherspielerinnen dem Luxus der Reichen dienten und die Künste und die Verdorbenheit des Orients einführten. Von daher Wörter wie z. B. *pandura*, *pandurium* die Laute, Cither (ein assyrisches Wort, heut zu Tage auch in der Form *mandola*, franz. *mandore*). Das Lateinische als Herrschersprache ging noch immer mit dem Purpurstreif an der Toga, aber es konnte sich der steigenden Flut von unten nicht mehr erwehren; es wurde immer künstlicher, schwülstiger, unreiner; es schwankte allmählig in das sogenannte Mittellatein, die Kirchen-, Staats- und Literatursprache des Mittelalters, hinüber. Ungesehen, im Dunkel des Lebens, im Zuge der Nothwendigkeit, bildete sich eine moderne Sprache mit weiterem Gesichtskreis und tieferem Empfindungsgrunde aus — das Romanische. Die hereinbrechende Nacht der Barbarei war seinem Werden nur günstig. Als das Römische Reich zusammenstürzte, war es in den Grundzügen sicher schon da: das Germanische konnte es im Einzelnen zur Seite lenken, aber nicht in seiner Richtung wesentlich bestimmen, noch viel weniger es hervorrufen und schaffen. Das Urtheil eines berühmten Sprachforschers, das Romanische sei ein mit germanischem Munde gesprochenes oder germanisch behandeltes Latein, beruht auf Generalisirung einzelner, verhältnissmässig nicht zahlreicher Fälle und ist daher gewiss verfehlt.

Eine moderne Sprache, sagen wir, hatte sich hervorgebildet, eine christliche, eine europäische. Modern — im Gegensatz zu den antiken, wie das Griechische und Lateinische, den künstlerischen, von einem Theater, einem Forum umschlossenen Sprachen kleiner Politien, die zugleich so geistvoll und so sinnlich sind und den tiefern Bruch zwischen Ideal und Wirklichkeit noch nicht kennen; christlich — im Gegensatz zu den ethnischen, wie das Gothische und noch heut zu Tage das Slavische in den meisten seiner Zweige, Sprachen, die in die Geschichte der Menschheit noch nicht eingetreten sind; europäisch, d. h. auf weiterem Schauplatz, im Wechselverkehr der Länder und Klimate, innerhalb des ungeheuren römischen Reiches und seiner Nachfolgerin, der völkerumfassenden christlichen Kirche, geboren und erwachsen.

Auf den ersten Blick scheinen die romanischen Sprachen eine ungeheure Einbusse erlitten zu haben. Die alte Grammatik ist zu Grunde gegangen, die feierlichen Flexionssilben sind verschwunden, die durch sie bedingte freie Wortstellung ist eine gebundene geworden. Das Neutrum ist aufgegeben, an die Stelle des Infinitivs sind in vielen Fällen Satzpartikeln, an die der Casusendungen Präpositionen, an die der Personalendungen voranstehende Pronomina getreten. Der Comparativ und Superlativ wird durch Umschreibung, eine Anzahl Tempora durch Hülfsverba ersetzt. Das Substantiv bedarf der Begleitung durch das abgeschwächte Zahlwort *unus* oder das gleichfalls erblasste Demonstrativpronomen *ille*, den sogenannten Artikel. Dass das Ganze dieser Erscheinungen den Charakter moderner Sprachen überhaupt constituirt, beweist nicht bloss das Neugriechische, sondern auch das Deutsche, welches seit gothischer Zeit ganz denselben Gang verfolgt hat und jetzt gleichfalls das Substantiv durch den Artikel stützt, die abhängigen Sätze durch ein dass einleitet, von der Flexion nur einen geringen Rest noch bewahrt und die meisten Tempora des

Verbums umschreibt. Vielleicht geschieht dieser Uebergang aus den Flexionssprachen in die sogenannten analytischen auf folgende Art. In einem gebildeteren Zeitalter, nach längerer geschichtlicher Entwickelung, im Zusammenstoss oder Verkehr mit fremden Volksgeistern, in Folge ergreifender Ereignisse u. s. w. weicht der Halbschlummer einer grössern geistigen Regsamkeit; diese führt zu einem schnelleren bewegteren Sprechen; dieses bringt Verkürzung der Beziehungsformen mit sich, die in dieser Abschleifung zuletzt ungenügend werden. Gewiss sprachen die Römer der älteren republikanischen Zeit langsamer und feierlicher, als die der Kaiserzeiten, die so viel erlebt hatten; gewiss auch klang die Rede im Munde der Deutschen vor der Völkerwanderung gravitätischer, als nach der Berührung mit der römischen Welt und der Annahme des Christenthums. Dabei verstärkt sich in einem erregteren, nervösen Geschlecht der Accent, der Hauptzerstörer der Flexion und der mit ihr wesentlich zusammenhängenden Vocalquantität. Die Deutlichkeit leidet: Auxiliarwendungen stellen sich ein und greifen von einzelnen Punkten immer weiter um sich. Zwar stellt sich die Schrift, die überall conservativ wirkt, dem Umschwung entgegen, aber sie vermag ihn höchstens zu retardiren, nicht ihn gänzlich abzuwenden, und in Zeiten, wie der Ausgang des Alterthums und der Beginn des Mittelalters, weniger als je. Man glaube aber nicht, dass in diesem Process nur ein schwindendes Leben zur Erscheinung komme. In der neueren Weise liegt vielmehr eine reifere Männlichkeit, ein die Phantasie-Hülle abstreifender denk- und sachgemässer Ernst, daher ein helleres, gleichmässigeres Licht, ja selbst eine frischere

Sinnlichkeit. Die alten feineren oft nur in einem Buchstaben, einer Betonung oder Quantität bestehenden, mit dem Begriffsworte verwachsenen Beziehungen sind dem Gefühl nicht eingreifend genug, dem Verstande, der Inhalt und Form geschieden wissen will, störend; sie theilen die Aufmerksamkeit und halten sie bei Nebendingen, bei anhangendem schönem Schein auf; ihre Mannichfaltigkeit, z. B. die der sechs Casus des Singulars und Plurals in den fünf lateinischen Declinationen, erscheint als kindisches von der Sache abführendes Spiel. Der Redende, indem er Partikeln braucht und nach festen Formeln umschreibt, giebt daher gleichsam vollere Stücke mit gleichbleibendem Werth und einfach kenntlichem Gepräge; zugleich gewinnt er Raum für den wesentlichen Gedanken, der in der klaren, logischen Wortstellung in seiner natürlichen Gestalt hervortritt. Dass die englische Sprache z. B. das Genus der Substantiva aufgegeben hat, darf in dieser Hinsicht als grosser Vorzug angesehen werden. Ist es nicht in einer Zeit, wo der Geist seiner und der Natur sich bewusst geworden ist, eine lächerliche und kindische Phantasie, alle Dinge als Mann oder Weib oder ausdrücklich als keins von beiden anschauen zu wollen? Da in der That an den Geschlechtsunterschied nicht mehr gedacht wird, so bildet das Genus, dem sich auch noch alle weitern Bestimmungen des Substantivs, wie Pronomen, Adjectiv, Participium, in der Form anschliessen müssen, nur einen zweckwidrigen, den einfachen Gehalt des Gedachten trübenden Umschweif. Dies gilt von vielen Flexionsformen der antiken Sprachen. So weit aber, als das Englische, das modernste aller Idiome, sind die heutigen romanischen Sprachen im Punkt der Abwerfung aller Grammatik nicht vorgeschritten. Dem rücksichtslosen realistischen Verstande englischer Wort- und Satzbildung stellte sich bei den Romanen das diesen Völkern unauslöschlich innewohnende Formgefühl, die Freude an Klangschönheit, fliessender Leichtigkeit, graziöser Verschmelzung, d. h. doch wieder an grammatischer Zusammenfassung entgegen. Die Geschichte der romanischen Sprachen wurde in manchen Theilen zugleich die einer Regeneration. Und was bemerkenswerth ist, die Mittel, die der neue Trieb ergriff, sind oft die gleichen, deren sich eine ältere, längst vergessene Sprachperiode zur Erzeugung grammatischer Formen bedient hatte. Wenn z. B. das romanische Futurum aus einem verwachsenen Verbum *habere* entstand (*canterò = cantare habeo*), so ist dies der Bildung lateinischer Tempora durch die Verbalwurzeln *as* und *fu* oder des deutschen Präteritums schwacher Conjugation durch Anfügung des Verbums thun analog; ebenso gleicht die Bezeichnung der Personen beim Verbum durch ego, tu, ille (*je* donne, *tu* donnes, *il* donne) der uralten Entstehung eben dieser Personen im indoeuropäischen Verbum durch suffigirte Pronomina, wie auch die Art, wie das verloren gegangene Passivum theilweise durch das Reflexivpronomen ersetzt wird (*si dice* = es wird gesagt), nur eine Wiederholung des Vorgangs ist, durch den im Urlatein die Formen *dicitur, loquitur* sich gebildet hatten u. s. w.

Auch eine Menge sehr wichtiger Wortstämme der lateinischen Schriftsprache sind im Neulatein oder Italienischen erloschen. Die Gründe lassen sich hin und wieder errathen und gewähren dann einen Einblick in die Tiefen der Sprachgeschichte. Warum ging z. B. das altehrwürdige *ignis* verloren? Da es keine romanische Sprache besitzt, so muss es schon in der Kaiserzeit kein lebendiges Wort mehr gewesen sein. Vielleicht war es bei einzelnen italischen Stämmen schon in der Urzeit nicht mehr vorhanden, wie auch Germanen und Griechen es nicht kennen: die Umbrer sagten schon pir, wie die Hochdeutschen fiur und die Griechen *πῦρ*; vielleicht auch waren mythologische Vorstellungen und religiöse Spaltungen der Grund, warum die Völker in der Benennung des Feuers sich gruppenweise gegenüberstehen: die Slaven haben das sanskritische agnis bewahrt, die Germanen es aufgegeben; in demselben Verhältniss stehen Lateiner und Griechen zu einander; der Gothe sagte fon, funins — ein Wort, das eben so räthselhaft ist, als guth, Gott; das altkeltische aidu, aid, woher der aus Caesar bekannte Name der Aeduer stammt, kommt mit dem ahd. eit, ags. âd (Feuer) und dem griechischen *αἴθω* u. s. w. überein; ein anderes keltisches Wort tene, Gen. tened, mit dem goth. tandjan anzünden. Abweichend von all dem setzen die Romanen focus für ignis, worin ihnen schon Properz vorausging; sie thaten es nicht sowohl nach dem rhetorischen Tropus: Ort statt des Dinges an dem Ort, als sie vielmehr das alte Wort focus, Wärme, Feuer, nach dem auch der Herd benannt wurde, in der ursprünglichen Bedeutung bewahrten. — In ähnlicher Weise finden wir statt *lapis*, welches verschwand, jetzt saxum (ital. sasso) oder das griechische *πέτρος*, *πέτρα* (ital. pietra, franz. pierre), im Gebrauch. Altitalischen Sprachen wird es fremd gewesen sein, ganz wie auch die übrigen verwandten Völker jedes für den Begriff Stein einen eigenen Ausdruck besitzen: gr. *λίθος*, goth. stains, slav. kamy, kamenĭ u. s. w. — *Aeger*, krank, ging verloren und wird durch male aptus (ital. malatto, franz. malade, buchstäblich = unpässlich) umschrieben, wie auch unser ächtes siech, Sucht durch ein spätes, der Herkunft nach dunkles krank, Krankheit verdrängt wurde (krank erst mhd. und zwar in der Bedeutung schwach, schlank, gering; bei Bonerius ist das Schilfrohr krank im Vergleich mit der Eiche; „ein Rosenbaum hoch und krank mit zweien blühenden Aesten" — bei einem Minnesänger). — *Magnus* ging unter, ganz wie das urverwandte deutsche michel; an die Stelle trat grandis, wie im Deutschen gross. Dasselbe Schicksal hatten *parvus* und lützel (bei lebhaftem Eindruck der Grösse und Kleinheit greift der Redende nach einem frischen, sinnenfälligen Wort). — *Putare* meinen, scheinbar eine ächt bäurische Metapher, muss in dieser Bedeutung auf den Kreis der eigentlichen Lateiner beschränkt gewesen sein, da die romanischen Sprachen es nicht anerkennen. — Statt *emere* kaufen sagte die Krämersprache comparare, schon bei Terenz, eigentlich sich verschaffen, oder adcaptare, franz. acheter. — Lernen, *discere*, wurde sinnlicher durch imparare, gleichsam sich bemächtigen, oder durch apprehendere, ergreifen, auffassen ausgedrückt. — Die Gans, *anser*, bezeichneten die Gutsleute und Sclaven in Weise des Volks mit dem Gattungsnamen avica der Vogel (ital. oca, franz. oie), — „wie man", sagt Diez, „das Rind schlechtweg animal nannte", und wie pullus das Hühnchen, ital. la pecora das Schaf ist. — Bekannt ist, dass religiöse Scheu der Christen manchem Worte den Untergang brachte, welches zum Ausdruck für Gegenstände des Kultus oder Begriffe des Dogmas verwandt, aus dem gemeinen Gebrauch ausgeschlossen blieb. *Domus* wurde der Dom, das Haus Gottes, und das Menschenhaus hiess casa, in Gallien mansio (Verbleib, franz. maison); *verbum,* das Wort Gottes, konnte auf das Wort aus dem Menschenmunde nicht mehr angewandt werden, für welches nun das bäurische mutire muxen (ital. motto, franz. mot) aushelfen oder ein seltsames parabola (ital. parola, parlare, franz. parole, parler) aus dem Griechischen geholt werden musste; *vesper* behielt sich die Kirche für ihre Abendmesse vor und der Abend wurde nun mit dem Adjectiv serus als die späte Zeit bezeichnet (ital. la sera, franz. le soir) u. s. w. — Viel edle Worte der alten Sprache gingen auch unter, weil sie, ausserhalb der Literatur- und Bildungssphäre, in der freien Luft des rohen Lebens gleichsam nicht ausdauerten. Sie waren zu zart, zu flüchtig und hatten lautlich und begrifflich nicht Körper und Gewicht genug. Der Mund des Bauern und Soldaten, des sich selbst überlassenen Winzers, Handwerkers, Colonen, Händlers u. s. w. bedurfte derberer Wörter, die zum Ohre drangen, gröberer metaphorischer Spässe. Er liess *os,* oris fallen und sagte bucca, Maul, ebenso manducare kauen (mangiare, manger) statt *edere,* welches gleichsam zu dünn und schwach war; caballus statt *equus* (wie im Deutschen das hässliche Pferd, aus mittellateinischem paraveredus, die alten edlen Ausdrücke verdrängte); testa, Scherbe, Schale, statt *caput* (wie auch Kopf, d. h. Schale, Scherbe an die Stelle von Haupt trat und wie auch κεφαλή, caput u. s. w. ursprünglich dasselbe besagten); batuere (ital. battere, franz. battre, bataille, bataillon, batterie) statt *caedere, ferire;* spatha, der Spatel, breiter Rührstock (ital. spada, franz. épée), statt *ensis* oder *gladius;* captiare fangen (ital. cacciare, franz. chasser, la chasse) statt *venari* u. s. w. Als von zu geringem Lautgehalt verschwanden Wörter wie *vis* (statt dessen von fortis, ital. forza, franz. force), *res* (wofür causa, ital. cosa, franz. chose, mit ähnlichem Begriffsübergang wie bei den deutschen Wörtern Ding und Sache), *jus* (ersetzt durch rectum, directum, entsprechend dem griechischen ὀρθόν und deutschen Recht; das Gegentheil davon tortum, das Gewundene, il torto, le tort; schon bei Cicero: jus omne torqueri), *scire* (dafür das kräftigere sapere) u. s. w. Auch wo das Wort blieb, geschah dies nur mit Hülfe einer Verstärkung: entweder durch Derivation: speranza, espérance statt *spes*, ganascia, ganache statt *gena*, rame, franz. airain, von aeramen statt *aes*; oder durch Adjectivformen: inverno, hiver von hibernus statt *hiems*, giorno, jour von diurnus statt *dies*; oder durch Frequentativa: cantare, chanter für *canere*, ajutare für *juvare* und unzählige andere; oder durch Composition: primavera statt des unscheinbaren *ver*, welches die Franzosen durch primum tempus ersetzen, cucire, franz. coudre, von consuere, da das Simplex *suere* nur einen Consonanten hatte, (wie auch *sus* Schwein aus demselben Grunde sich nicht halten konnte) u. s. w.

Da nun so viele Wörter des Altlateinischen in den neuern Sprachen verloren sind und da nach dem Spruch: „Sprachen verlieren nur Wurzeln, neue können sie sich nicht schaffen," auch kein Ersatz möglich war, so folgt, dass die romanischen Sprachen arme, bedürftige Enkel eines einst reichen Ahnherrn sind, die kaum ihre Blösse decken und ihrem täglichen Bedürfniss genügen können. Aehnlich stünde das Verhältniss unseres jetzigen Neuhochdeutsch gegen die Sprache Otfrieds oder gar gegen die des Ulfilas. Zwar, da die moderne Begriffswelt offenbar eine weitere ist, da es jetzt, so zu sagen, mehr Dinge, in der Welt giebt, als zur Zeit der Alten, — wie sollte es weniger Wörter geben? Oder liegt es gerade im Wesen secundärer Sprachen und des reiferen Denkens, dessen Ausdruck sie sind, dass es weniger Individuen und individuelle Benennungen giebt, diese vielmehr als generelle Gruppen zusammengeschaut und die Namen der Einzelnen durch immer neue Differenzirung des sparsam vorhandenen Grundstoffes auf logische Centra bezogen werden? Wie dem auch sein mag, die Behauptung, dass neue Wurzeln nicht entstehen können, ist nur dann wahr, wenn man unter Neuschaffung rein die Entstehung aus Nichts, gleichsam durch ein Wunder, ohne endliche Vermittelung und folglich der Sonde des Forschers unerreichbar, — sich denkt. Dann ist der Satz unumstösslich, versteht sich aber dann auch ganz von selbst. Aber jene Anknüpfung zugegeben, ist in den romanischen Sprachen viel, sehr viel neuer Wortstoff aufgetreten, der sie auch in lexikalischer Beziehung dem Lateinischen überlegen macht. Von den mannichfachen Wegen, die die Sprache dabei einschlug, verdienen folgende vier genauer ins Auge gefasst zu werden:

1) Lautveränderung aller Art, hervorgebracht durch Zufall, Missverständniss, üble Gewohnheit, locale und dialektische Aussprache u. s. w., wird vom Begriffe festgehalten und benutzt. Wie bei gewissen Thiergattungen Vermehrung durch Theilung eintritt, so ergab ein und dasselbe lateinische Wort, je nach der Behandlung, zwei und mehr neuere. *Vas, vasculum* wurde zu *vascello*, Schiff, und *vasello,* Gefäss, aus *lex* stammt *la legge*, das Gesetz, aber auch *la lega*, Gehalt der Münzen, *allegare,* legiren; *pendere, pensare* gab *peso*, Gewicht, *pesare*, wägen, aber auch *pensare,* franz. *penser*, denken (wie das deutsche erwägen) und franz. *panser*, eine Wunde verbinden, ein

Pferd warten (wo auch die Schrift das neue Wort besiegelte); aus *nitidus* ward *netto* und *nitido*, aus *limpidus lindo* und *limpido* u. s. w. Eben so spalteten sich im Deutschen fest *(firmus)* und fast *(paene)*, schon *(jam)* und schön *(pulcher)*, schlecht *(malus)* und schlicht *(simplex)* u. s. w. Der Linguist wird sagen, dies sei nur eine scheinbare Zeugung, allein das Scheinbare fällt hier mit dem Wirklichen zusammen.

2) Durch Zugang fremden Sprachstoffes, eine ergiebige Quelle der Bereicherung und Belebung. Nur beschränkte Kleinstädter haben meinen können, es sei für eine Sprache förderlich fern von den Menschen aufzuwachsen, oder strenge Prohibition und Grenzwache nebst Verbrennung eingedrungener fremder Waaren stärke die Produktion, mache das Land reich und sei ein Gebot nationaler Würde. Ganz im Gegentheil. Viel Fremdwörter, viel Kulturverkehr; viel entlehnt, viel gelernt; eine reiche Geschichte, ein an mannichfachem Gute reiche Sprache. Schon auf italischem Boden und in früher Zeit hatte das populäre Latein manches Fremde aufgenommen. Da z. B. die Kelten längst in Italien angesessen waren, ehe unsere ältesten Schriften verfasst wurden, so mag dort manches keltische Wort sich bergen, das wir, weil es bei Plautus, Cato, Varro u. s. w. vorkommt, für ächt lateinisch halten. Die romanischen Sprachen haben indess aus dem Keltischen, das doch auf einem grossen Theil ihres jetzigen Gebietes die frühere Landessprache war, verhältnissmässig nur Weniges aufgenommen. Da wir freilich die älteste Gestalt der ohnehin mit dem Lateinischen verwandten keltischen Sprachen fast gar nicht kennen, — wer sagt uns, wie viele unter den dunkeln, räthselhaften Wörtern, deren

es doch in den jetzigen romanischen Sprachen immer noch eine beträchtliche Zahl giebt, aus dieser Quelle stammen? oder wie viele aus iberischer, ligurischer, venetisch-illyrischer? Dass die griechische Sprache dem Latein und seinen Töchtern reichlich mitgetheilt, ist bei dem Kultur-Vorsprung Griechenlands von vorn herein wahrscheinlich. Der griechische Einfluss machte sich viele Jahrhunderte lang und in mehreren auf einander folgenden Epochen geltend. Zuerst in der Urzeit, als die griechische Colonisation den einfältigen Natursöhnen mannichfache Künste und Sitten und damit Wörter wie oleum, classis, rosa, machina, purpura, gubernator, ergastulum u. s. w. zuführte. Dann nach Eroberung Unteritaliens, Siciliens und Griechenlands selbst, zur Zeit wo griechische Sclaven, Lehrer, Künstler, Aerzte, Hausgenossen aller Art einströmten, jeder Gebildete beide Sprachen kannte und der Orient selbst gräcisirt war. Endlich auch nach Untergang des römischen Reichs, als dem Abendlande gegenüber immer noch Byzanz der Sitz verfeinerten Lebens war und grosse Theile des italienischen Landes unmittelbar dem griechischen Hofe unterworfen waren. Nur selten ist es dem Wort selbst anzusehn, zu welcher Zeit es eingewandert, wie z. B. cetera, cetra, die Cither, aus alter Zeit stammt, während chitarra, guitarre, dem griechischen *κιθάρα* noch ganz nahe liegt. Die Entlehnung mancher Wörter scheint nicht kulturgeschichtlich, sondern durch unmittelbares Zusammenleben auf italischem Boden erklärlich z. B. tallo der Zweig — von *θάλλος*, torso der Stumpf — von *θύρσος*, tomba die Gruft — von *τύμβος*, bulimo, sbulimo der Heisshunger — von *βούλιμος*, baleno der Blitz, arcobaleno der Regenbogen von *βέλεμνον*, *βελεμνίτης* (muss ein altes Wort sein, dessen Entlehnung nach Zeit und Ort räthselhaft ist), zio, zia, Oheim, Tante — von θεῖος, θεῖα (Verwandtschaftsnamen wandern leicht von Volk zu Volk), schizzo, Skizze — von σχέδιος, grotta — von κρύπτη, tufo, tuffo — von τῦφος, cambiare, franz. changer — von κάμπτειν (eigentlich von der Rennbahn, hin- und zurückfahren), bottega, franz. boutique — von ἀποθήκη, piazza, franz. la place — von πλατεῖα (d. h. ὁδός; schon bei Horaz Ep. 2, 2, 71 platĕa mit verkürzter Penultima, Anfangs Strasse, dann Platz. Strassen und Plätze sind späte Kulturbegriffe, die von fremden Völkern entlehnt werden; in den Weilern der ältesten Zeit lagen die Häuser oder Hütten zerstreut), treggea, franz. dragée, Zuckerwerk, — von τραγήματα, mostaccio, franz. moustache, — von μύσταξ (dorische Form statt μάσταξ, eigentlich Mund, dann Oberlippe und Schnurrbart), crocchiare klappern — von κρόταλον u. s. w. Andere legen Zeugniss ab von griechischer Kunstfertigkeit, Technik, Mathematik, Baukunst, Arzneikunde u. s. w., z. B. mangano die Schleuder — von μάγγανον (davon das deutsche Mange, Mangel — Rolle zum Glätten der Wäsche), trepano, trapano der Bohrer — von τρύπανον, magrana, franz. migraine — von ἡμικρανία, sesta, seste Zirkel — von ξυστόν, colla der Leim — von κόλλα u. s. w. In Schifffahrt und Seewesen waren die Griechen der ältesten wie der spätern Zeit die Lehrer Italiens, wie das heutige Europa den Holländern und Engländern Ausdrücke dafür entlehnt hat: gonda, gondola — von κόνδυ (altravennatisch oder neuvenetianisch?), nolo, noleggio Fracht — von ναῦλον, nocchiere, Steuermann — von ναύκληρος, fanale Schiffslaterne, Leuchtthurm — von φανός, stuolo Mannschaft — von στόλος, poggia, rechte Seite des Schiffes — von πόδιον (πόδες die beiden untern Zipfel des Segels), sarte, sartie Tauwerk — von ἐξάρτιον u. s. w. Dahin rechnen wir auch libeccio Südwestwind — von λίψ, golfo — von κόλπος, und die Fischnamen: triglia — τρίγλη, trota, Forelle — τρώκτης, boca, franz. le bogue — βόαξ, βῶξ u. s. w. Dass das Christenthum, welches aus Osten kam, griechische Wörter einführte, ist natürlich: biasimo, franz. blâme — von βλάσφημος, lästerlich, βλασφημία Lästerung, parroco, parrocchia, Pfarrer, Pfarre — von παροικία, chiesa, église — von ἐκκλησία u. s. w. Verhältnissmässig spät müssen solche griechische Wörter eingewandert sein, die nach dem Accent, nicht nach der Quantität gesprochen sind, z. B. ermo einsam — ἔρημος, ídolo — εἴδωλον, idéa — ἰδέα u. s. w. Die byzantinische Herkunft endlich folgender Wörter beweisen die eigenthümlichen Kulturbegriffe, deren Ausdruck sie sind: inchiostro, franz. encre — von ἔγκαυστον (die purpurrothe Tinte, deren sich die Kaiser zur Unterschrift bedienten), sciamito Sammet — von ἕξ und μίτος der Faden, Gewebe aus sechs Seidenfäden (daher auch das deutsche Sammet), brillare, briller — aus dem Namen des Edelsteins Beryllus, der in den Kaiserjahrhunderten immer populärer wurde, obgleich ihn die Wenigsten gesehen hatten (woher auch unser Brille), polizza, police — von polyptychon, protocollo — von πρωτόκολλον, eigentlich das vorgeklebte Blatt, garofano, franz. girofle Gewürznelke — von καρυόφυλλον, duca der Herzog (davon ducato der Dukate) — von δούξ, im Accusativ δοῦκα (welches selbst wieder von den Griechen aus dem lateinischen dux gebildet war; der Doge von Venedig aber stammt unmittelbar von dux), paggio der Page — aus παιδίον u. s. w.

Die Völkerwanderung brachte germanische Völker als Sieger auf römischen Boden und mit ihnen neue Staats-, Rechts- und Kriegsformen. Wie sollten germanische Wörter nicht eingedrungen sein? Dies geschah in Menge, doch nicht so, dass Mischsprachen daraus hervorgegangen wären. Erstens war dazu die Zahl der Fremdlinge doch nicht gross genug, zweitens wurden auch die aufgenommenen Barbarismen von dem romanischen Sprachgeist ergriffen und seinen phonetischen und constructiven Normen unterworfen. Dass wenig Ackerbau-Wörter und Pflanzen- und Thiernamen darunter sind, kann nicht auffallen, denn die Ankömmlinge, selbst erst auf der Stufe des Uebergangs zu dem eigentlich sesshaften Leben, betraten ja Länder uralten Bodenanbaus und einen neuen Himmelsstrich, wo alle Naturdinge schon benannt waren (doch führten sie Benennungen nordischer Beeren ein: ital. lampione, lampone, die Himbeere, franz. framboise, wörtlich Brombeere); dass umgekehrt die Sphäre des Waffenhandwerks nnd der Rechtsverfassung eine Menge deutscher Ausdrücke aufweist, brachten die Kulturverhältnisse mit sich, z. B.: ital. fio, franz. fief, mittell. feudum — von goth. faihu Vermögen; schiatta Geschlecht — von ahd. slahta (auch ins Polnische u. s. w. übergegangen); schiavino, franz. échevin — der Schöffe; mondualdo Kurator einer Frau — der Mundwalt; gaggio Pfand, franz. gage, engager, dégager — von goth. vadi (welches selbst wahrscheinlich vorher aus lat. vas vadis); castaldo, castaldione der Verwalter — vom langobardischen gastaldius, gastaldio, bando öffentlicher Aufruf, bandire verkündigen, bandito der Räuber, franz. abandon, arrière-ban, forban u. s. w. — vom deutschen Bann (welches vielleicht selbst in sehr früher Zeit aus dem Keltischen entlehnt); marca Land, Gränze, Zeichen, marchese, franz. marquis Markgraf — von goth. marka (wie das deutsche *Gränze* aus dem Slavischen); ricco, franz. riche — von *reich* (welches ebenso keltisch ist); usbergo, franz. haubert Panzer — von ahd. halsberc; baldo, baldanzoso kühn, baldanza — von goth. balths, ahd. bald; brando Schwert, brandire schwingen — von *Brand* (das Schwert als Feuerbrand gedacht); poltro träge, poltrone Feigling — von *Polster*; tregua, franz. trève, Waffenruhe — von ahd. triwa Treue; gonfalone Fahne, gonfaloniere Bannerherr — von ahd. gundfano Kriegsfahne; schermo, schermire, schermare fechten, scaramuccia Scharmützel — von *Schirm*; araldo, franz. héraut — von *Herold*; fodero, franz. fourreau Scheide — von goth. fodr Futter; elmo, elmetto Helm — von *Helm*; briglia, predello, franz. bride Zügel — von ahd. prittel, brîdel; schiniera Beinharnisch der Pferde — von ahd. skina Bein; stalla Stall, stallaggio Hafengeld, stallatico Dünger, stallia Liegezeit für Schiffe, stallo Wohnung, stallone Hengst, Stallknecht, franz. étalon, étaler u. s. w. — von ahd. stal Stelle, Stall; scalco Haushofmeister, mariscalco, siniscalco — von goth. skalks Knecht, Diener u. s. w. Wie die Gothen ihr Verbum für *tanzen* plinsjan den Slaven entlehnt hatten, so brachten sie selbst und ihre Nachfolger die nordischen Naturtänze auf italischen Boden: danzare, la danza, riddare Reihentänze aufführen, rigoletto Kreistanz sind deutschen Ursprungs. Und wie im Gothischen paida Leibrock und snaga Mantel wahrscheinlich fremd sind, so erklären sich auch ital. usatto der Stiefel, uosa die Kamasche aus ahd. hosa (welches selbst wieder aus dem Keltenlande eingewandert war, wie ital. bracche aus keltischem bracca, ital. saja, sajetta Sarsche aus saga, sagum u. s. w.), tovaglia Tafeltuch, Handtuch aus ahd. duahila (Linnenweberei frühzeitig im Norden, besonders in den nordwestlichen Grenzdistricten zwischen Germanen und Kelten zu Hause), feltro, franz. feutre, filtrer — aus ahd. filz (ein ächt osteuropäischer Stoff), federa Zwillich — aus ahd. fedara (mhd. vedere Stoff aus Flaumfedern, Pelzwerk) u. s. w. Die deutsche Sprache hat auch eine Menge Eigennamen der Personen und Familien in schöner Lautform in Italien zurückgelassen: Grimaldi (Grimwalt), Garibaldi (Speerkühn, schon langobardisch), Umberto (Hunpraht, Humperht, Hunbert u. s. w.), Aldobrandini (Altbrand), Gassendi (goth. gasinthja), Dante Allighieri (Adalgêr), Everardi (Eberhard), Baldovino (Baltwin), Guarniero (Wernhêr, Werner), Ardoino (Hartwin) und viele andere. — Dass nun mehrere Jahrhunderte nach der germanischen Ueberflutung auch das Erscheinen der Araber auf dem mittelländischen Meer, auf der Insel Sicilien und im südlichen Theile der Apenninen-Halbinsel selbst und die Entwickelung einer eigenthümlichen arabischen Kultur, wie den Schatz der Vorstellungen und Kenntnisse, so auch die Sprachen der romanischen und überhaupt der europäischen Völker bereicherte, dafür legt das Italienische, noch mehr natürlich das Spanische, unverwerfliches Zeugniss ab. Wüssten wir nicht im Voraus, welches die glänzenden Seiten arabischen Geistes und Lebens waren und wie in den Emporien der Araber der Handelsverkehr, indem er den nähern und fernern Orient aufschloss, zugleich sich selbst zuerst seine feste Form und Organisation gab, — wir würden es aus den südromanischen Sprachen errathen: algebra, cifra, franz. chiffre, zero, arsenale, darsena, almirante, almiraglio (Admiral), dogana, franz. douane, tara, tariffa, zecca, zecchino, magazzino, garbino (Südwestwind), scirocco (Südost), feluca, tamarindo, gelsomino, franz. jasmin, zafferano (Saffran), articiocco, carcioffo, limone, giulebbe (Julep), sorbetto, robbo (Obsthonig), tazza, giara (Gefäss mit zwei Henkeln), alcohol, alcali, alchimia, alcova, almanacco, talismano, carato, ribeba (Cither, Geige), tamburo, tamburino, liuto, franz. luth (die Laute), taballo, ataballo, timballo (maurische Pauke), gazzella, materasso, franz. matelas, nacchera, franz. nâcre (Perlmutter), carmesino, carminio, giubba, franz. jupe, jupon (davon das deutsche Schaube, von diesem das slavische schuba Pelzrock), ricamo (Stickerei), ricamare, franz. recamer (sticken) u. s. w. — Die Bereicherung aus diesen und andern fremden Quellen ist an sich zwar hoch anzuschlagen, sie steigt aber noch durch die mannichfache Art, wie die jugendlich schöpferischen Sprachen mit diesem Gute wucherten, und durch den Anreiz zur Produktion aus eigenem Stoffe, den sie dadurch erhielten. So gab z. B. das griechische χαλᾶν (laxare) auf lateinischem Boden chalare, daraus in späterer Zeit calare mit der Bedeutung demittere, descendere, diminui, davon wieder in allen romanischen Sprachen das schöne Substantiv la cala, franz. la cale in mannichfacher Anwendung: fundus navis, sinus maris, locus ubi facile navem appellas u. s. w. Goth. biraubon, ahd. roubon, raub u. s. w., ein ächtes Wort des heroischen Alters wandernder Hirtenvölker, vielleicht schon in den Stationen der Legionäre recipirt, wurde neben ital. rubare, franz. dérober u. s. w. die Quelle des bequemen, vielgebrauchten Substantivs la roba = merces, supellex, vestis, pannus. Das griechische τόρνος Dreheisen, Zirkel, Meissel, wanderte, wie so viel andere Handwerksnamen, in Italien ein und wurde lateinisch tornus, tornare, drechseln; die romanischen Sprachen entwickelten dies Wort vielfältig: intorno, franz. autour, um, herum, ritornare zurückkehren, wiederherstellen, franz. le tour (in zahlreichen Phrasen), torneo, franz. tournoi (das Turnier) u. s. w. Auch das deutsche Turnen ist (entsetzlich, aber wahr!) wälscher Herkunft. Griechisch κόλαφος, Faustschlag, Ohrfeige, ging auch ins Lateinische über — wie drastische Wörter leicht von Volk zu Volk wandern — und erweiterte sich romanisch zu dem in unzähligen Sinnesverschlingungen verwendeten colpo, colpire, franz. coup, couper; neufranzösisch hat das hässliche beaucoup sogar das schöne alte multum ganz verdrängt.

Neuen Wortstoff schuf 3) die Verwandlung von Eigennamen in Appellativa, besonders geographischer Namen im Mittelalter, wirklicher und fabelhafter, und persönlicher Nomina propria in einer über viele Jahrhunderte sich erstreckenden Bildungsgeschichte. Z. B. campana die Glocke von der Landschaft Campanien; campagna das Feld, das Land, von eben derselben; baldacchino Thronhimmel von Baldacco (Bagdad); damasco, Damast, damaschino, damascirt, von Damascus; marrocchino, cordovano, Leder von Marocco und Cordova, daher franz. cordonnier der Schuhmacher; fustagno, franz. futaine Barchent von Fostat oder Fossat (= Cairo); scalogno, franz. échalotte Zwiebel aus Ascalon; mussolino, mussolo Nesseltuch aus Mossul; senopia Röthel, franz. sinople grüne Farbe im Wappen, beide von Sinope; bugia Wachslicht, franz. bougie von Bugie in Algerien; renso feiner Flachs von der Stadt Rheims; arazzo gewirkte Tapete von Arras; pavese, palvese grosser Schild, franz. pavois, vermuthlich von Pavia; pistola die Pistole wahrscheinlich von Pistoja; schiavo der Sklave bekanntlich nach dem Volksnamen der Slaven, wie franz. bougre von Bulgarus und cravate Halsbinde von Croate; galoscia, franz. galoche von gallicus (gallischer Schuh), wie span. galgo das Windspiel von canis gallicus; indaco Indigo von indicum (indisches Blau); assassino, franz. assassin nach der bekannten Mördersecte im Orient; lazzarone in Neapel, lazzeretto das Lazareth, franz. ladre aussätzig u. s. w. von der biblischen Person Lazarus; marionette bewegliche Puppe, marotte Narrheit, Steckenpferd, beide von Marie, Marion; Pantalone, franz. pantalon Beinkleid, nach der italienischen komischen Maske, diese vom h. Pantaleon; espiègle muthwillig von Till Eulenspiegel; spanisch fucar reicher Mann von Fugger in Augsburg; rodomonte Grosssprecher bekannt aus Ariosto u. s. w. Hierher rechnen wir auch die vielen hübschen Thiernamen nach menschlichen Eigennamen (ein ganz volksmässiger Zug): parrochetto, franz. perroquet — kleiner Peter; martinet Hausschwalbe — kleiner Martin; paolino Haselhuhn — kleiner Paul; sansonnet Staar — kleiner Simson; span. marica Elster — Mariechen; monna Aeffin — zusammengezogen aus madonna; franz. rénard der Fuchs aus Reginhard u. s. w.

Eine besonders merkwürdige Art neuer Wörter entsteht endlich 4) aus Interjectionen, durch unmittelbare Lautmalerei, aus Ammen- und Kinderwörtern, durch lallende Reduplication u. s. w., also aus sprachlich noch ungeformtem Stoff. Je gebildeter eine Sprache, um so mehr werden die Spuren dieses Hergangs in ihr ausgelöscht sein; je geringer der Sprachsinn bei einem Menschen, desto häufiger lässt ihn die articulirte Rede im Stich und er hilft sich mit Empfindungslauten, den Stimmen der Thiere, die noch gar nicht reden können, nicht unähnlich. Im Volksliede und bei Dichtern, die im Sinne des armen, groben Volkes singen, stösst man bei jedem Schritt auf dies rohe Ausdrucksmittel (z. B. bei Bürger mit seinem hu! hu! und hurre, hurre, hopp, hopp, hopp!), aber auch die übervolle Brust des wahren Dichters, der am Aussprechen seiner Wonne und Qual verzweifelt, erleichtert sich wohl durch ein ach oder wehe! In den romanischen Sprachen, die ja ein in den Schoss der Natur zurückgenommenes Latein sind, erwuchsen aus solchem volksmässigen Boden nicht wenige dem klassischen Latein unbekannte Wortstämme, die der bildende Sprachgeist bald den übrigen ebenbürtig machte. Zu letzterem Behuf ergriff er mitunter ein irgendwie anklingendes fremdes Wort, an dem nun, wie die Pflanze am Stabe, der Naturlaut emporrankte, Gestalt annahm und Sprossen und Zweige trieb. Z. B.: *but* — erschien dem Gefühl unmittelbar wie der Ausdruck für etwas Kurzes, Dickes, Abgestumpftes, Hervorgeschobenes; da nun der Anreiz durch das ahd. bôzzan, pôzzan schlagen (also goth. bautan, noch erhalten in unserem Wort Amboss) hinzukam, entfaltete sich aus jenem Ansatz eine vielfach verzweigte Wortfamilie: bozza die Beule, buzzo, buzzone der Bauch, der Dickwanst, buzzo das Nadelkissen, bozzo das Werkstück, abbozzare aus dem Groben arbeiten, buttare Knospen treiben, ausschlagen, botto der Stoss, bottone Knopf, Knospe, botta die Kröte u. s. w. Ganz nahe liegt der französische Stamm *bod*, woher bouder schmollen, das Maul aufwerfen, boudin Wurst, boudine Knöpfchen. — *pic*, unmittelbar den Laut des

Stechens, Tüpfelns nachahmend, davon picco Schnabel, Spitze (z. B. der Pic von Teneriffa), piccare stechen, piccolo klein (gleichsam ein Tüpfelchen), la picca der Spiess, picchio der Stoss oder Schlag, auch der Grünspecht, piccaro Bettler, Lump (wie deutsch der Spitzbube, der Spitzerl) u. s. w. Ein reich entwickelter Stamm, bei welchem altkeltische Wörter und das lateinische picus der Specht mithalfen. — Andere elementare Wörter der Art sind z. B. badare den Mund aufsperren, baire erstaunen, baja Spass, bava Geifer, babbo Vater, babbaccio Tölpel, bambo kindisch, bambino, bambina, bimba Kind, Mädchen, bombare trinken, bombettare nippen, bombola Fläschchen, poppa Zitze, poppare saugen, ninnare einwiegen, nonno Grossvater, nonna Grossmutter, (wird zwar vom spätlateinischen nonnus der Mönch, Anrede der Ehrfurcht, gedeutet, hätte aber ohne die primitive Lautform seine jetzige Bedeutung nicht erhalten) u. s. w.

Nach all dem ist es mit dem romanischen Wortverlust und Wortersatz etwa gegangen, wie mit den europäischen Familiennamen. Täglich sterben Geschlechter aus und mit ihnen verschwinden ihre Namen; neue können nicht entstehen, da jeder Geborene doch aus einer schon vorhandenen Familie hervorgeht. So, sollte man denken, wird es in Deutschland nach einiger Zeit nur noch die beiden berühmten Familiennamen der Schulze und Müller geben. Aber der Ersatz kommt auf verschiedenen, wenn auch illegitimen Wegen. Fremde wandern ein, Juden lassen sich taufen, Geadelte nehmen die Benennung ihres Landgutes an, Bastarde erhalten Phantasienamen und werden Stammväter verzweigter Geschlechter. Aehnlich im Leben der Sprachen.

Doch nicht bloss für das Verlorene hat der romanische Sprachgenius sich durch Neubildung zu entschädigen gesucht, auch mit dem Erhaltenen wusste er durch hin und wieder greifendes Ideenspiel im Sinne der Verjüngung zu schalten. Das Lateinische war alt und welk, eine Sprache der Abstractionen, der Schatten geworden: es empfing in neuer Anwendung, wie ein perennirendes Kraut im Frühling, eine frische Farbe, kräftigeren Saft. Gelehrtes wurde populär umgedeutet, Raffinirtes einer verdorbenen Kultur wurde wieder einfältig, Abstraktes sinnlich und persönlich, Allgemeines zu Bestimmtem und Einzelnem verdichtet; umgekehrt wieder wurden die groben Namen für Gegenstände und Verrichtungen des Hauswesens und Bauerlebens zu denen allgemeiner Begriffe erweitert, die nun aber — im Vergleich mit den frühern — als neugewonnen eine bestimmtere Sphäre bezeichneten, eine lebendige Physiognomie an sich trugen. Einige Beispiele mögen dies belegen. Das abstrakte fatum Verhängniss (eigentlich der Schicksalsspruch, wie spanisch dicha, ital. detta, das Gesagte, die Bedeutung Glück hat) personificirte sich zu la fata, franz. la fée, die Fee; Orcus die Unterwelt zu einem Dämon oder Popanz: ital. orco, franz. ogre; das Musenwerk überhaupt erhält die Bedeutung musivische Arbeit: musaico, mosaico; das allgemeine machina wird zu dem besondern la macina der Mühlstein; moles Last, Masse zu molo der Hafendamm; symphonia zu sampogna, zampogna Schalmei; metallum zu medaglia Münze; species zu spezie Gewürz, speziale Apotheker; ars zu artigleria grobes Geschütz, wie ingenium zu ingegno, ingegnere der Ingenieur; gaudium zu gioja, giojello, franz. joyau, das Juwel; incensum das Angezündete zu incenso, franz. encens, Weihrauch; ministrare aufwarten, bedienen, zu minestra die Suppe; forma zu formaggio der Käse (das Geformte); recoctum und excoctum zu ricotta gelabte Milch und scotta Molken; minutus, minutia zu minugia, minugio Darm; opera spanisch zu huebra Morgen Landes, wie in derselben Sprache ordeñar melken aus ordinare entstand (nach Diez); vivenda franz. zu viande Fleisch; temperare zu franz. tremper einweichen; pacare befriedigen zu pagare, franz. payer, zahlen; necare tödten zu annegare, franz. noyer, ertränken; vitulari fröhlich sein zu viola, violino (im entlehnten deutschen Fiedel und im mittellateinischen vitula wäre der Dental noch erhalten, aber wie erklärt sich, dass er auch im Walachischen fehlt, welches doch schon zur Kaiserzeit abgetrennt worden?) u. s. w. Derselbe Trieb machte aus dem abstrakten Substantiv tonsio Schur das concrete tosone, franz. toison, das Vliess; aus prehensio die Ergreifung ital. prigione, das Gefängniss, der Gefangene, franz. prison; aus datio das Geben ital. dazio die Steuer; aus potestas Macht podesta der Amtmann, Richter u. s. w. In umgekehrter Richtung d. h. durch Generalisirung verwandte der Bauerverstand das Verbum laniare zerfleischen zum ital. la lagna der Jammer, lagnarsi sich beklagen; ripa das Ufer zu arrivare, ankommen, eintreffen, begegnen, widerfahren; cincinnus die Locke zu cenno der Wink (vergl. deutsch Locke und locken); Boreas zu burrasca Sturmwetter; lancea Speer zu lancio Schwung, slanciare schwingen, franz. élancer, élan; ficatum Gänseleber, durch Mästung mit Feigen gross geworden, zu fegato, franz. foie Leber überhaupt (ein Wort der Köche, Züchter u. s. w., wie vielleicht troja die Sau aus porcus trojanus, ein in Weise des trojanischen Pferdes gefülltes Schwein, und budello Darm aus botellus Würstchen, wenn sich nicht etwa die Urbedeutung romanisch erhalten hat); capra Ziege zu capriccio, franz. caprice, wunderliche Laune u. s. w. Oft offenbart sich in diesen Sinnesübergängen die lebendige Phantasie, der Witz, die Grazie und Feinheit, die das Erbtheil der Völker sind, in deren Munde die romanischen Sprachen entstanden. Unter Vielem Einiges: incinta, franz. enceinte, schwanger d. h. ungegürtet, incincta; esca Zunder d. h. Speise, Lockspeise der Flamme, wie spanisch pabilo Docht, von pabulum, Nahrung des Feuers; gelosia das Fenstergitter, eigentlich die Eifersucht; il barba der Oheim von la barba der Bart; sparpigliare, franz. éparpiller, umherstreuen (gleichsam schmetterlingen, von parpaglione der Schmetterling); fiamma der Wimpel (er weht wie die Flamme oder hat eine Gestalt wie diese), franz. Oriflamme, die Goldflamme, die rothe Fahne von St. Denis; span. veleta die Wetterfahne von vigilia (sie wacht über den Wind), ital. veletta Schildwache (auch in der Form vedetta, franz. vedette); balaustrata das durchbrochene Geländer von balaustra Granatblüte (wegen Aehnlichkeit der Form); bordone der Pilgerstab von burdo das Maulthier, wie span. muleta Maulthier und Krückenstock (beide tragen, nach Diez); saliscendo Klinke (wörtlich: heb dich — senk dich); span. vaiven Schaukel (wörtlich: geh und komm); spigolistro der Kopfhänger, spigolistra Betschwester (wörtlich: Aehrenleser, Aehrenleserin); giumella zwei Hände voll (die beiden Hände als Zwillingsschwestern gedacht); maestrale, franz. mistral, Nordwestwind, als Meister der Winde, von magister; franz. coquelicot wilder Mohn d. h. Hahnenschrei, wegen des rothen

Kammes, wie ital. battisegola Kornblume (wörtlich: klopfe die Sichel d. h. es ist Zeit zur Ernte); franz. la mordache die Zange, eigentlich die Beissende, von mordax; franz. oeillet die Nelke, eigentlich Aeuglein, flambe, die Schwertlilie, eigentlich Flämmchen, und viele andere schöne Pflanzennamen; moschetto Muskete, eigentlich der Sperber, — beide auf ihre Beute stossend, wie auch sonst Waffen und Wurfgeschütze nach Jagdvögeln und Schlangen benannt wurden u. s. w.

Dem lexicalischen Reichthum — der natürlich schwer zu demonstriren ist, so dass grade in diesem Punkt die patriotische Rhetorik für und wider bequemes Spiel gehabt hat — steht in den romanischen Sprachen eine ausserordentliche Derivationsfülle und ein Ueberfluss an lebendigen Bildungsmitteln gegenüber. Dem gemeinen Urtheil freilich pflegen nur die vielen Diminutiv- und Augmentativendungen und höchstens die zum Ausdruck des Schmeichlerischen oder Verhassten dienenden im Gedächtniss zu sein. Verkleinerungs- und Schmeichelformen sind populär — und auch hierin verläugnet die italienische Sprache allerdings ihren Ursprung nicht; aber sie dienten, da sie einmal in so grosser Fülle vorhanden waren, nun auch wieder zu Ableitungsmitteln überhaupt und zugleich zur Mehrung des sinnlichen Wortkörpers, also zu Begriff und Schall. Der Gewandtheit und Geistesgegenwart, mit der der romanische Genius sich, so zu sagen, im Augenblicke des Redens neue Ableitungen schuf oder die alten neu anwandte, einige auch entlehnte, haben wir Deutsche in unzähligen Fällen nichts entgegenzusetzen, als schwerfällige Zusammensetzungen.

Aber eben, dass den romanischen Sprachen die Compositionsfähigkeit abgeht, die dem Deutschen in so hohem Grade innewohnt, ist ein Vorwurf, der oft genug zu hören ist und in der That nicht unbegründet scheint. Wer die ganze poetische Macht glücklicher Composita empfinden und ermessen will, der lese von diesem Gesichtspunkt aus Göthes Jugendschriften, seine Oden, die Aufsätze aus der Frankfurter Zeit, Prometheus, auch die ächten Theile des Faust. Wie spiegeln da die freigebig angewandten Substantiv- und Partikelzusammensetzungen in einem Wort des Dichters gemischte Empfindung, das Helldunkel seiner Stimmung, concrete Naturvorgänge, in denen verschiedene Merkmale gleichzeitig der Anschauung sich darstellen! Um wie viel phantasievoller sind Ausdrücke wie: vom Gewölb herabwehende Schauer, der heraufschwimmende Dämmerschein der weggeschiedenen Sonne, die Zärtlichkeit, die des Meeres laue Welle an meinen Busen angeschmiegt, die Flügel nach Raub ausheben, der Schwinge Sennkraft abschneiden, der Abendsonne Schein auf weichem Moos die Brust entgegenheben, das Herz erschwillt im Sturm u. s. w. als die abstrakten französischen: passer, monter, descendre, partir, sortir, franchir, rendre, ôter, baisser, hausser u. s. w.! Indess die Composition ist ein Sprachmittel, das seine zwei Seiten hat. Sie ist vag und dunkel, formlos und schwer; sie war in einer Kindheitsperiode der Sprache allmächtig und bildete den Mutterschoss für die sich entwickelnde Derivation; in einer spätern Periode überwuchert sie oft als ein schlaffes Princip die immer mehr erstarrende Ableitung. An letzterem Uebel leidet die heutige deutsche Schriftsprache. Wir haben fast keine lebendigen Derivationssilben mehr; am regsamsten sind noch die fremden, entlehnten, wie ei, iren, ist, aner u. s. w. oder die, in denen die Composition noch halb fühlbar ist, wie heit, thum, schaft. Den romanischen Sprachen ist die Möglichkeit der Zusammensetzung nicht durchaus versagt, aber sie wird mit Mass verwendet und die deutschen Composita werden entweder durch ein einfaches Wort oder vermittelst einer Ableitung oder in zahlreichen Fällen durch einen Satz wiedergegeben. Wo, wie im Deutschen, die Composition überall zur Hand ist, da müssen nicht nur die Bildungsmittel und die Klarheit und Feinheit der Satzconstruction leiden, sondern der eigentliche Wortvorrath schrumpft zusammen oder es ist wenigstens bei dem täglichen Andrang neuer Dinge und Begriffe keine Nöthigung, ihn zu mehren. Man vergleiche lucciola mit dem hässlichen Johanniswürmchen (wofür noch mittelhochdeutsch das schöne glîme, gleime), subbio mit Weberbaum, guanto mit dem rohen Handschuh (schon ahd.; der Ausdruck war, wie Varnhagen v. Ense erzählt, Tagebücher I, S. 313, der Lady Morgan mit Recht anstössig), gengiva mit dem garstigen Zahnfleisch (wofür wir sonst ein treffliches Wort biler, Plur. bilern besassen), cimitero mit dem kirchlich-allegorischen Gottesacker oder dem nichtssagenden, sentimental umgedeuteten Friedhof oder dem seit Voltaires Zeiten, wo man die Todten nicht mehr um die Kirche begräbt, unpassend gewordenen Kirchhof (wir haben keine kurze, einfach geformte, menschlich-natürliche Bezeichnung eines Ortes, an den wir doch Alle gelangen), era und secolo mit Zeitrechnung und Jahrhundert (zwei üble Bildungen neuerer Zeit; unsere Alten sagten noch unbefangen: die christliche Aera und im zwölften Säculo), rogo, pira, franz. bûcher, mit Scheiterhaufe, ambra mit Bernstein (dies deutsche oder doch halbdeutsche

Produkt hat doch keinen individualen Namen finden können), pattino mit Schlittschuh (gleichfalls ein nordisches Vergnügen ohne rechte Benennung, Schlittschuh laufen = franz. patiner), momento mit Augenblick (von der sinnlichen Bedeutung noch nicht völlig befreit), palpebra mit Augenlid, faro mit Leuchtthurm, nonno, nonna, suocero, suocera mit Grossvater, Grossmutter, Schwiegervater, Schwiegermutter, aurora, alba mit Morgenröthe, Morgengrauen (für Abendroth fehlt auch den romanischen Sprachen ein einfaches Wort, eben so für Regenbogen; das unedle Sternschnuppe wird durch stella cadente, etoile filante gegeben), cavalletta, locusta, franz. sauterelle mit Heuschrecke, reattino, franz. roitelet, mit Zaunkönig, mostacchio mit Schnurrbart (wofür die mittelhochdeutsche Sprache das schönere gran, Plur. granen besass) und unzähliges Andere der Art.

Interessant ist es, die Lautlehre der alten und der neuen Sprache in ihrem gegenseitigen Verhältniss zu vergleichen. Bestätigt sich, kann man fragen, in der Geschichte des Lateinischen und seiner Nachkommen der aus der Geschichte der indogermanischen Sprachen überhaupt gewonnene Satz, dass überall im Laufe der Zeit eine Senkung und Abschwächung der Laute, nicht umgekehrt eine Stärkung erfolgt? Man könnte im Voraus, das Urtheil abschneidend, sagen: Und wenn auch – vielleicht rührt die Weichheit und der Wohllaut, die gerühmte Singbarkeit des Italienischen grade von den gesunkenen Lauten her, die die Organe zu geringerer Anstrengung nöthigen und daher als Fluss und Lösung erscheinen? Freilich kann auch bei dieser Humanisirung der Artikulation eine Grenze erreicht werden, wo sie zum Uebel, zur widerlichen Verweichlichung wird — wie eine Frucht erst hart und herbe, dann reif und milde, endlich mürbe bis zur Fäulniss ist. Nun kehren allerdings viele Bequemlichkeits-Erscheinungen, an die wir in der Sprachgeschichte gewöhnt sind, auch auf romanischem Gebiete wieder: Assimilation aneinanderstossender Laute verschiedener Organe: rotto (ruptus), atto (actus oder aptus), donna (domina), porre (ponere), freddo (frigidus), Maddalena (Magdalena), bibbia (biblia), domma (dogma), detta (debita); umgekehrt auch Dissimilation, um lästiger Wiederholung auszuweichen: Bologna (Bononia), veleno (venenum), albero (arbor, arboris), pellegrino (peregrinus); Verwandlung der kräftigen Tenuis in die lässigere Media: padre, madre, lago, lagrima, luogo, auch povero (pauper), Savoja (Sapaudia), Tivoli (Tibur); Vocalisirung des *l* in *i* nach Mutis: fiore, più, chiave; Sibilirung der Kehl- und Gaumenlaute, ge, gi, ce, ci, auch der Dentalen vor *i* und folgendem Vocal: mezzo (medius), giorno (diurnus), palazzo (palatium), nozze (nuptiae); Herabstimmung des Vocalismus, z. B. der ächten *i* und *u* zu unreinen *e* und *o*: fede (fĭdes), degno (dignus), moglie (mŭlier), dolce (dulcis und manches Andere der Art. Doch auch hier beobachtet das Italienische euphonisches Mass; die Sibilirung hat das ganze Consonantensquelett nicht so durchweicht, wie z. B. in den slavischen Sprachen, in denen die meisten Consonanten entweder palatal gequetscht oder mouillirt, d. h. durch einen nachschlagenden i-Laut im Innersten angegriffen sind; ganze Reihen von Buchstaben bleiben nach bestimmten Lautgesetzen unangetastet, ja es kommt vor, dass im Drange nach Ausdruck der Lautkörper dem Lateinischen gegenüber gestärkt wird: man sagt tromba statt tuba, brusco für ruscum (Diez: „mit verstärktem Anlaut"), gracimolo für racemus, ignudo für nudus, smerlo für merula, spiaggia für plaga*), frombo, fromba, frombolare von rhombus, fionda (= flunda), franz. fronde, von funda u. s. w. Eben dahin gehört die „Begünstigung des *a* in erster unbetonter Silbe" (Diez), die im Italienischen, besonders aber im Französischen häufig ist und ein besonders merkwürdiger Beweis jugendlicher Lautstärkung ist: salvaggio (silvaticus), danaro (denarius), ganascio (gena), maraviglia (mirabilia) u. s. w. Auch abgesehen davon hat das Italienische reiche, volle Vocale bewahrt und contrastirt darin mit dem Deutschen und seinen vielen dünnen *e* und dem Englischen, dessen Vocale fast sämmtlich gebrochen sind und eine unbestimmte, aus zwei oder drei Farben gemischte Nuance zeigen. Im Allgemeinen lässt sich vom Italienischen weder behaupten, dass es weich, noch dass es hart sei. Zwar kann ein Wort nicht anders schliessen, als mit einem Vocal, aber im Satze, im Zusammenhang der Rede fallen doch auch die Endvocale ab. Hört man die Italiener unter einander heftig streiten oder die tragischen Personen auf dem Theater gegen einander leidenschaftlich toben, da vernimmt man so viel schneidende Töne, dass man fragen möchte: ist das die sanfte Sprache des Landes, wo das *si* ertönt? Man vergesse auch nicht, dass die italienische Schriftsprache eigentlich nirgends gesprochen wird — also ähnlich dem Hochdeutschen und in noch höherem Masse als dieses — und dass viele

*) Woraus sich zu ergeben scheint, dass in Doppelformen mit und ohne anlautendes *s*, wie im ahd. smëlzan, ags. miltan, goth. snaivs, lat. nix, die Form mit *s* nicht nothwendig die ursprüngliche zu sein braucht.

Mundarten rauhere Lautformen besitzen, als das gedruckte oder bei öffentlichen Gelegenheiten gebräuchliche Wort. Vergleicht man wieder Italienisch und Deutsch, so unterscheiden sich beide im Klange, wie italienischer und deutscher Himmel. Das Italienische hat keinen Laut oder keine Lautcomposition, die ein deutscher Mund nicht leicht nachsprechen könnte: es ist hier alles einfach, klar, gesund, auf wenige Linien reducirt; keine Spur einer Erinnerung an die ganz undenkbaren schnalzenden, schnappenden, würgenden, niessenden Laute der Sprachen im Kaukasus oder in Afrika oder an die „Kopftöne" des Sanskrit u. s. w. Umgekehrt kann ein italienisches Organ sich nur schwer in manche deutsche Lautverhältnisse finden, besonders in Consonantenhäufungen, in die Kehlaspiraten (z. B. „noch nicht" oder Eigennamen wie Buchhändler Schwetschke, Herr von Pfretzschner, Professor von Zezschwitz) u. s. w.*) Hört man einen Italiener deutsch reden, so macht die Aussprache bei aller Unvollkommenheit keinen unangenehmen Eindruck: spricht er die deutsche Sprache gut, was heut zu Tage gar nicht so selten in Italien ist, so steigert sich diese Empfindung zur Lust: man hört die eigene Sprache gleichsam in gemilderter Klangform. Deutsch aber aus slavischem Munde, auch wenn es durchaus

*) A. W. Schlegel in seinem an geistvollen Bemerkungen reichen und noch immer lesenswerthen Aufsatz: der Wettstreit der Sprachen (1798) behauptet ironisch, die ausdruckvollsten Wörter seien diejenigen, die das, was sie besagen, auch selbst hervorbringen: Pfropf stopfe wirklich den Mund zu und Kopfschmerz verursache das damit bezeichnete Leiden. (Man könnte hinzusetzen: bei stampfst zittert der Boden und bei Angstschweiss brechen auf der Stirn die Tropfen aus.)

richtig und fliessend ist, hat einen Zug von Wildheit und gleichzeitig von Enervation.

Schon im Obigen ist beiläufig auf die parallele Entwickelung, durch welche die romanischen und die neugermanischen Sprachen sich aus ihrem Alterthum hervorbildeten, aufmerksam gemacht worden. Man könnte fragen, ob das Neugriechische denselben Gang genommen und ob es näher oder weiter zum Altgriechischen steht, als die neulateinischen Sprachen zu ihrer gemeinsamen Mutter? Die Frage ist oft aufgeworfen und von hellenischen Patrioten und europäischen Enthusiasten zu Gunsten des Griechischen entschieden worden. Das heisst, man glaubt, dass der Abstand zwischen einem Vortrag in der heutigen griechischen Deputirtenkammer und einer Rede des Perikles oder Demosthenes nur gering ist, so gering, dass das Muster der letztern die hin und wieder abgeirrte heutige Sprache wieder regelrecht machen könne — während der Italiener einen unverbesserlichen Jargon spricht. Auch Heyse (System der Sprachwissenschaft, Berlin 1856) behauptet, das Neugriechische sei keine secundäre Sprache, wie die romanischen, da es keine Katastrophe erlebt habe und nicht nach einem neuen Princip umgestaltet worden sei. Allein welches soll die Katastrophe sein, die über das Lateinische hereinbrach? Das Christenthum? Durch dieses ist auch das Griechische hindurchgegangen. Der Fall des weströmischen Reiches? Das in Byzanz geschriebene Griechisch steht gewiss mit dem Latein als kirchlicher, politischer und wissenschaftlicher Schriftsprache des Mittelalters auf gleicher Stufe. Die Herrschaft der germanischen Völker? Der Einfluss des Deutschen auf die romanischen Sprachen war nicht grösser, als der des

Slavischen, Albanesischen, auch wohl des Italienischen auf die griechische Sprache. Heyse meint, da das Neugriechische dem Altgriechischen immer ähnlicher zu werden strebe und die Schriftsprache sich zusehends den alten hellenischen Formen nähere, so könne das heutige Griechisch nur ein corrumpirtes Altgriechisch, nicht eine eigene Sprache sein. Allein auch die romanischen Sprachen haben Perioden gehabt, wo sie mit vollen Händen aus dem Latein schöpften, z. B. in Frankreich zur Zeit Ronsards oder in Italien bei Auftreten der Literatur und des Humanismus, und die neue athenische Schriftsprache, ein Sprach-homunculus, ohne natürliche Geburt entstanden, beweist nur, dass ein Idiom, wenn es nicht durch eine reiche Literatur unabänderlich fixirt ist, sich Alles gefallen lässt. Die Schreiber, noch von keinem öffentlichen Sprachgewissen beaufsichtigt, wollten vor Allem den Schein der Identität mit den berühmten Vorfahren herstellen und es kam ihnen nicht darauf an, ihrer Sprache auf alle Weise Gewalt anzuthun. Auch darf man den gegenwärtigen Lautbestand nicht in der Schrift finden wollen, die der altgriechischen nahe steht, aber die lebende Sprache nicht darstellt: die völlige Aufgabe der Quantität und die Vocalzerrüttung — ein grosser Theil der Vocale und Diphthonge sind zu dem spitzen *i* verengt — stellen das neugriechische Lautsystem in weitere Entfernung zu dem altgriechischen, als die ist, die das italienische von dem lateinischen trennt. Auch unter den Consonanten sind *b* und *d* ganz verloren gegangen, wie unter den grammatischen Formen der Dativ, der Infinitiv, der grösste Theil der Participien u. s. w. Dass die heutigen Griechen die Sprache ihrer Voreltern ohne grosse Anstrengung erlernen, wie von anderer Seite ihnen nachgerühmt wird, wäre noch genauer zu constatiren: ob hier die Vermittelung wirklich leichter ist, als sie der Latein lernende Italiener in seiner Sprache findet? Man bedenke, dass es hier gar nicht allein auf die fremde Sprache als solche ankommt, sondern auf das ganze in ihr niedergelegte System von Ideen und Sitten. Bis zu den alten Römern und ihrer Sprache reicht immer noch ein Band, ein fühlbarer Zusammenhang: die Römer waren selbst schon halb modern; aber wie sollte ein Neugrieche, der zur einen Hälfte ein spätes Geschöpf der abendländischen Civilisation ist, zur andern als Fötus im Schoss der orientalischen Kirche ruht, von hundert Häuten umhüllt, — wie sollte er unmittelbar, d. h. ohne lange Lehrjahre der Bildung, ohne künstliche Schulmanipulationen, ohne die Ausdauer, die den Nationen im Osten grade gar nicht gegeben ist, zu Aeschylus und Plato gelangen können? Dem Horaz und seiner Sinnesart kann ein heutiger Europäer ohne Weiteres nachempfinden: zu Pindars religiösem Bewusstsein gelangt ein Neugrieche nicht ohne lange Weihen und Prüfungen. Dazu kommt, dass die adelige Herkunft der Romäer, d. h. ihr directer genealogischer Zusammenhang mit den alten Hellenen noch sehr gegründeten Zweifeln unterliegt. Ich weiss, dass es Leute giebt, die bei der blossen Erwähnung dieses Punktes in Wuth gerathen: aber ich frage, ob es nicht Thatsache ist, dass Volksstämme ihre Sprache aufgegeben und eine fremde angenommen haben; dass noch heute die albanesische Bevölkerung sich massenweise gräcisirt; dass ganz Griechenland, selbst die Inseln nicht ausgenommen, voll slavischer geographischer Namen ist, während in Italien germanisch benannte Berge, Thäler,

Flüsse, Städte sich nicht finden; dass die Volkstrachten in Griechenland orientalisch und slavisch sind und dies Element auch in Gebräuchen und im Volksaberglauben durchbricht, so dass der Mythenvergleicher sich hüten muss, etwas für urgriechisch zu halten, was vielleicht an sich eben so alt, aber in Griechenland erst mit den Slaven und Albanesen eingewandert ist u. s. w.?*) — Die neugriechbische Sprache zum allgemeinen Völkermedium für die beginnende neue Weltepoche vorschlagen, wie von Paris aus geschehen ist (Baron d'Eichthal, de l'usage pratique de la langue grecque, Paris 1865), heisst wohl die

*) Dies gilt auch von den Sitten und Sagen, die Bernhard Schmidt in seinen schönen Büchern („das Volksleben der Neugriechen und das hellenische Alterthum" und „Griechische Märchen, Sagen und Volkslieder") behandelt hat. Eine kritische Sichtung thäte hier eben so Noth, als sie schwierig wäre. Die Slaven, eine unhistorische Race, die nur einmal von einem geschichtlichen Schicksal betroffen worden ist, wir meinen die Annahme des Christenthums, bilden für den Kulturhistoriker eine reiche, bisher noch so gut wie unberührte Fundgrube von Alterthümern. Selbst in den Gegenden um Moskau, also im Herzen Russlands, so wie in Kleinrussland kann der aufmerksame, mit der Sprache bekannte Beobachter tausendmal an Homer und das bei Homer geschilderte Leben erinnert werden. Andrerseits wandert wiederum nichts so leicht von Volk zu Volk, als Märchen, Sprüche, Räthsel, abergläubische Vorstellungen jeder Art. So ist hier Vorsicht in jeder Beziehung geboten. — Wenn ein berühmter Spachforscher, Fr. Miklosich, verhältnissmässig wenig „slavische Elemente im Neugriechischen" gefunden hat, so möchten wir dazu bemerken, erstens dass in der Sprache der heutigen Franzosen, die doch unzweifelhaft romanisirte Kelten sind, noch viel weniger keltische Elemente nachzuweisen sind, zweitens dass das Neugriechische, wie es sich uns in Drucksachen und Wörterbüchern bietet, kein wirkliches Neugriechisch, sondern eine gereinigte, zugerichtete Kunstsprache ist.

Richtung des Kulturweges der Menschheit gröblich verkennen. Soll es künftig ein solches Medium geben, so wird kein verkümmertes und unreifes Winkelidiom, wie das Neugriechische, zu so hoher Bestimmung ausersehen sein. Drei Weltsprachen nehmen jetzt den grössten Raum auf Erden ein: die romanische, ihre Zweige als eins gerechnet, in Europa (über 80 Millionen), in Mittel- und Südamerika, auf den Philippinen u. s. w.; die slavische vom obersten Ende des adriatischen Golfes bis zum stillen Ocean; die germanisch-englische, stark mit Romanischem versetzt, in Nordamerika, Ostindien, Australien u. s. w. Von diesen ist die slavische, die sich den ungünstigsten, menschlicher Entwicklung am wenigsten förderlichen Theil des Erdbodens zum Schauplatz erwählt hat, zu wenig verarbeitet, d. h. sie trägt nicht unmittelbar die Resultate einer reichen Geistesgeschichte in sich und an sich, so dass ihre Verbreitung und Annahme durch sich selbst bildend wirkte, und steht noch jetzt auf der antiken, nicht auf der modernen Stufe; die englische erhält durch die Abwerfung aller Grammatik und den aus der Mischung zweier Sprachquellen hervorgegangenen neutralen Charakter einen Weltberuf; die romanischen schmeicheln sich durch ihr humanes, gereinigtes, leicht übertragbares Lautsystem (das kein englisches *th* und *dh*, kein doppeltes *r*, keinen schwierigen Vocalismus, keine absonderliche Orthographie u. s. w. besitzt) und die Einfachheit und Logik ihrer Technik, die einen allgemeinen Typus an sich trägt, ohne durch den Rest von Flexionen und Idiotismen allzuschwer gedrückt zu werden, in Ohr und Geist der Völker. Als Julius Fröbel aus dem energischen, kurz angebundenen Volke der Vereinigten Staaten nach Nordmexico zu spanisch redenden Menschen kam, da fielen ihm die grandiosen, musikalisch klingenden Eigennamen der Männer aus dem Volke auf: statt Jack, Dick oder Bill hörte er z. B. Don José Jesús de la Luz Miramontes, und rief: welcher hohle Wortschwall in einem Namen! (Aus Amerika, 2, 268). Dies war vom Standpunkt der Kulturarbeit gesprochen, der es auf das Zweckmässige ankommt und die allen unnützen Aufwand verschmäht; anders aber urtheilte im Hinblick auf schöne Einheit der Menschennatur und ihre Darstellung in der Sprache Lord Byron, in der herrlichen Stanze (Beppo, 44):

I love the language, that soft bastard Latin,
Which melts like kisses in a female mouth,
And sounds as if it should be writ on satin,
With syllables that breathe of the sweet south,
And gentle liquids gliding all so pat in,
That not a single accent seems uncouth,
Like our harsh, northern, whistling, grunting guttural,
Which we 're obliged to hiss, and spit, and sputter all.

Wer mag dies süsse Halblatein nicht lieben,
Es schmilzt wie von des Weibes Mund ein Kuss,
So weich, als wärs auf Seidenstoff geschrieben,
Aus jeder Silbe klingt des Südens Gruss,
Die Laute gleiten all in mildem Fluss,
Da ist nichts nordisch roh, gequetscht, gerieben,
Wie in der Sprache, die wir gurgelnd ächzen
Und speiend zischen, grunzen oder krächzen.

Zwölftes Kapitel.

Einige Rathschläge, die nicht im Bädeker stehen.

Wie leicht ist es geworden, Italien zu besuchen! Als Goethe sich frühmorgens aus Karlsbad gestohlen hatte, gelangte er in neununddreissig Stunden nach Regensburg und freute sich der „unglaublichen Schnelle", mit der er sich nach Süden fortbewegt hatte. Und wer jetzt in München, Morgens nach dem Kaffee, seine Fahrkarte löst, der steht am Nachmittag des folgenden Tages am Walle des Servius Tullius, nachdem er zwei Gebirge, die Alpen und die Apenninen, überstiegen und über Etsch und Po und Tiber gesetzt — den Kranichen und Schwalben gleich, ja diesen noch vorauseilend. Nur zweiundfünfzig Stunden trennen das ketzerische Berlin von dem heiligen Rom und wem die diocletianische Glaubensverfolgung unerträglich geworden, der kann am 1. April, dem Geburtstage des modernen Attila, in den Wagen steigen und schon am 3. April dem Abend-Messopfer in Maria Maggiore oder in St. Peter beiwohnen, Weihrauchduft athmen und seine Knie dem Allerheiligsten beugen. Dem lustigen Wiener, wenn er erst seinen Semmering hinter sich hat, blitzt gegen Abend das adriatische Meer entgegen und jenseits winkt die

Wunderstadt Venedig, wo die Leute nicht in Fiakern fahren, wie in der Ringstrasse und dem Graben, sondern — sollte mans glauben? — in schwarzen Schiffchen, Gondeln genannt, hin- und herschwimmen und unmittelbar an den Eingangsstufen eines säulen- und bogengeschmückten Palastes anlanden. Auch der wanderlustige Engländer im Westen findet am Mont Cenis die Mauer von Eis, die die italische Halbinsel von dem rauhen Norden scheidet, durch ein schwarzes Felsenthor durchbrochen und ein gleiches bohrt sich jetzt der Schweizer durch den St. Gotthard, um von Mailand die Seide zu holen, sie zu Stoffen und Bändern zu verarbeiten und dann in alle Welttheile zu versenden.

Da nun Italien so nahe gerückt ist, wie sollte es nicht das allgemeine Reiseziel geworden sein! Wer auch nur vier oder sechs Wochen frei hat und die steifen Glieder wieder gelenkig machen will, wer ein Sümmchen erspart hat und sich dafür in der weiten Welt umthun und auch einmal fremde Gesichter sehen will, der macht einen Ausflug nach Neapel und ist am richtigen Tage wieder daheim bei den lieben Seinigen und Abends am Stammtische. Der Jünger der Themis, wenn er sich ein Jahr lang über Aktenheften und in der dumpfen Gerichtsstube nach Luft und Licht gesehnt, der Schulmann, der arme Pegasus im Joche, den der Mechanismus des Stundenschlags Tag für Tag gequält, beide sitzen schon am Vorabend der beginnenden Gerichts- und Schulferien im Eisenbahncoupé, auf der Fahrt nach den Alpen und jenseits der Alpen begriffen. Und die Braut und der Bräutigam, wenn der Tag ihrer Verbindung naht und sie sitzen Abends beisammen, in den Reisebüchern der Eltern blätternd und sich berathend, wohin nach der

Hochzeit die Reise gehen soll — sie beschliessen wenigstens bis Florenz, wenn nicht gar bis Rom vorzudringen, der Wonne des ersten Glückes in dem Zauber- und Phantasielande recht inne zu werden und eins in dem andern zu geniessen. Denn später kommt das Amt und die Prosa des Lebens und es kommen die Kinder, die die Mutter nicht verlassen kann, und mit der freien Bewegung, ja auch mit der Lust dazu, ist es vorbei.

Sollte ich nun allen diesen und auch den Anderen, behaglichen Eheleuten, die sich etwas zu Gute thun können, Rittergutsbesitzern im Moment, wo keine dringende Arbeit vorliegt, Kaufleuten in der Zwischenzeit, wo der Handel ruht, Rentiers, die die lange Weile plagt, u. s. w., Rathschläge mit auf den Weg geben, so wäre der erste gleich sonderbar genug — er lautete: Geht nicht über die Alpen, nicht ans mittelländische Meer, nicht ins Citronenland! Es ist nicht so schön, wie Ihr denkt, Ihr werdet nicht finden, was Ihr suchet! Bleibet im deutschen Vaterlande, es eignet sich einzig, Euer Herz zu vergnügen und Euch im Herbste froh und verjüngt wieder zurück in die Heimat, unter das Winterdach Eures Hauses zu entsenden. Wer Natur sucht, der wandere z. B. nordwärts nach der Insel Rügen oder an irgend einen Punkt der Ost- oder Nordseeküste. Dort dehnt sich vor seinem Blick die weite See, das Bild der Unendlichkeit; er wohnt bei treuherzigen, wettergebräunten Heringsfischern, tummelt sich im wehenden oder fliessenden Element, wirft sich den Wellen entgegen, zerreisst die ihn umschlingenden Algen und Tange, übt die Glieder und stärkt die Nerven — ein Genuss, den Italien nicht bieten kann. Denn der Italiener kennt und liebt das Baden in freier Natur nicht, es ist ihm zu roh und soll er ein Bad nehmen, so muss es die Kunst ihm hergerichtet haben: er verlangt, wie seine Vorfahren im Alterthum, eine marmorne Wanne, Erwärmungs- und Abkühlungsräume, Blumen- und Heckenwege, die dahin führen, und sollen Felsen die Scenerie bilden, so seien sie an die Wand gemalt oder am Eingang der Muschelgrotte künstlich aufgethürmt. Wem aber aus irgend einem Grunde das Meer nicht zusagt, der richte seine Fahrt in eins der deutschen Waldgebirge, nach Thüringen oder in den Schwarzwald. Wie anmuthig ist Schimmer und Einsamkeit tiefer Buchenwaldung! Von den Wipfeln herab umspinnt den Wanderer ein goldenes Netz, mächtige uralte Bäume erzählen wie Patriarchen von vergangenen Tagen, rings in der feuchten Pflanzenwelt steigen die kreisenden Säfte auf und nieder, geheimnissvolle Vogelstimmen scheinen uns zu necken, zu ermuntern, zu warnen! Wie herzerfrischend ist auch der Fichtenwald, wenn Harz und Wurzeln Gesundheit athmen, an ihnen vorüber die Wasser wirbelnd abwärts stürzen, aus der Tiefe die schroffe Felswand aufsteigt, unter und über ihr schwarz starrender Wald, über dem Walde ein schwebender Geier! Dem Deutschen ist es Bedürfniss, wie er als Jüngling geturnt hat, so auch als Mann die Muskeln zu regen und die Sehnen zu spannen, Kegel zu schieben, zu heben und zu werfen, zu steigen und zu reiten, vor Allem aber zu Fusse zu wandern, meilenweit, bis zur Ermüdung. Wo aber liesse sich diese Lust schöner befriedigen, als auf den genannten, immer abwechselnden Berg- und Waldwegen? Ueberall winken da an passenden Punkten Wirthshäuser zu willkommener Ruhe, manche schon prächtig und in modernem Stil auferbaut, andere noch erwünscht bescheiden und reinlich, mit weiss überzogenen Betten und nahrhafter Kost. Und was die Hauptsache ist — nirgends fehlt das kühle, schäumende Lebenselixir, das deutsche Bier, das Morgens genossen für den weitern Weg stärkt, Mittags fröhlich macht, Abends bald alle Spuren der Anstrengung tilgt und wo und wann es auch sei, die Empfindung für Welt und Natur erhöht und belebt. In Italien geht Niemand zu Fuss und wer es dennoch unternimmt, wird verachtet oder verlacht: was hätte es auch für einen Zweck, auf staubiger Landstrasse, an einförmigen Kulturen und den ewigen Bäumen und Bäumchen vorüber, Schritte zu machen und sich in Schweiss zu setzen? Auch erhabene Punkte besteigt Niemand, es müsste denn sein, dass oben eine Kapelle mit einem wunderthätigen Bilde stünde, dessen Gnadenwirkung den Betenden für die verhasste Anstrengung entschädigte. Auch ländliche Schenken giebt es keine, denn Alles drängt sich dort in Städten zusammen und wo sich etwa eine findet, da führt der Herr Wirth nur sauren Wein, ein Nachtlager kann er nicht bieten und der Wanderer richte es nur ja so ein, dass er vor Einbruch der Dunkelheit eine grössere Ortschaft und damit ein Obdach erreiche. Da ist keine Fussreise möglich, da ladet keine freundliche Stube, kein Kukuksruf der alten Wanduhr, kein rothwangiges Kellnermädchen mit weisser Schürze zu kürzerer oder längerer Einkehr ein. Rothe Wangen giebt es überhaupt nicht jenseits der Alpen und eben so wenig Milch und milchige Haut. — Ist es nun herrlich im Thüringer Walde, im Harz, am Rhein, im Schwarzwalde frei zu schweifen und Sorgen und Geschäft zu vergessen, — wie wird uns erst in den schweizerischen und baierischen und österreichischen Alpen!

Was es in Deutschland an schönen Einzelheiten giebt, das ist dort nicht bloss nahe gerückt und zusammengefasst, sondern auch gesteigert und vollendet. Die Schweiz, sagt Börne, ist ein Grosswaarenlager von Naturschönheit, und dasselbe gilt gewiss auch von Tirol, von Salzburg und dem ganzen Hochgebirge, das uns von Italien trennt. Hier wandert es sich noch ganz anders, als auf und an den mässigen Höhen des Riesengebirges oder Odenwaldes. Mit eisenbeschlagenen Schuhen, mit dem Alpenstock und blauen Schleier noch vor der Sonne aufbrechen, dann, drei Stunden später, nach kurzem Halt und einiger Stärkung auf- und immer aufsteigen, bis die Luft immer leichter und dünner wird, tausend Gefahren bestehen — den glatten Abhang, den wankenden Schnee, den Sturm und das Gewitter, die zusammenbrechenden Knie, das klopfende Herz, Erstarrung der Glieder, Blindheit der Augen — dann endlich, nach einem letzten lebensgefährlichen Klettern, todmüde den Gipfel erreichen und nun dastehen, im reinen Licht, im Glanze der Gletscher und Firnen, im ewigen Schweigen, wie ausserhalb des Lebens und über die Welt hinausgehoben — welches Siegesgefühl, welch erhabene Herrlichkeit, zu unauslöschlicher Erinnerung! Thor, wer aus der Frische dieser Berge herabsteigt zu den schwülen Ebenen Italiens, im Wahne dort etwas ganz Besonderes oder etwas von gleichem Werthe zu finden! Dass es auf der ganzen italischen Halbinsel keine Natur noch Landschaft gebe, dafür haben ihre Bewohner seit Jahrhunderten gesorgt. Sie wohnten schon in Städten, als es in Deutschland nur noch Urwälder gab, ja in der frühesten Vorzeit, da wo ihre Geschichte für uns beginnt, haben sie längst hinter Mauern sich geborgen, die Hügel abgeschrofft und auf der Höhe ihre Burgen gegründet. Kein Wunder, dass dem Deutschen das Stadtleben nicht zur andern Natur geworden ist, dass er gern durch das hohle Thor ins Freie flüchtet, den Fuchs jagt, über den Strom schwimmt, auf frischem Heu schläft, an der fetten Milch in der Hütte des Sennen sich labt; kein Wunder auch, dass dem Italiener die Wildniss widerwärtig, das Element feindlich, das von selbst Gewordene und Entsprossene entweder unverständlich und gleichgültig oder ein Vorwurf ist. Auch duldet er es nicht, wo er es trifft: kann er es nicht verwenden, umgestalten, so zerstört er es lieber. Bäume in Kultur, z. B. berupfte Maulbeerbäume oder hohle Oliven, sind ihm lieb, aber ein frei gewachsener Baum irgendwo, der den Ziegen zufällig entgangen ist, scheint ihm ein Fund, ein roher Stoff, ein vergessenes Ueberbleibsel, das er sich zu Nutze, eine Ungebühr, die er wieder gut macht: er fällt ihn oder schält ihn oder hackt ihm wenigstens die Aeste ab. Begegnet er einer Quelle in den Bergen, die ungebunden über Felstrümmer forteilt, so macht ihn der Anblick unwillig: die Quelle ist vernachlässigt, weil sie nicht in Marmor gefasst ist — natürlich mit der Inschrift dessen, der das Werk besorgt hat — oder nicht in dünne Strahlen zerlegt zur Bewässerung der Maispflanzung oder des Artischockengartens dient. Feldblumen, von der freien Natur hervorgebracht, verachtet er: dem Verfasser ist es begegnet, dass als er einst mit einem Strausse prachtvoller Frühlingsblumen in der Hand, die er auf einem Spatziergange an Gräben und Hecken gepflückt, in eine Schenke am Thor trat und sie triumphirend den versammelten Gästen vorwies, diese die Stirn runzelten und einmüthig ausriefen: werft sie weg, es sind fiori cattivi — dem Italiener gilt nur die vom Gärtner künstlich gezogene, veredelte, vielleicht aus fernen Landen hieher versetzte Blume; fehlt ihm diese, so nimmt er auch mit einer bestäubten, aus Kattun gefertigten vorlieb, die ihm immer noch mehr gefällt, als die wilde. Eben so wenig als die Blumen haben in seinen Augen die Vögel im Himmel oder auf den Zweigen ein Recht auf Dasein: er schiesst sie ohne Erbarmen weg oder fängt sie in Netzen oder Fallstricken ab, sie mögen so schön singen wie sie wollen, rupft und brät sie, sie mögen auf der Schüssel nicht grösser erscheinen als Nüsse, und verzehrt sie behaglich mit knirschenden Zähnen. Bedenken ein Thier zu tödten hat er nur, wenn es in den Kreis des Kulturlebens d. h. des individuellen Eigenthums eingetreten ist, z. B. das Huhn oder den Kapaun auf dem Hofe, das Schaf, die Sau innerhalb des Zaunes. Er liebt unter allen Vögeln am meisten den Papagei und das spröde Mädchen freut sich kindlich, wenn ihr der Anbeter einen schenkt; auf die wirbelnde Lerche in der Campagna am Sonntag Nachmittag aber hört sie verdriesslich und sieht das Vögelchen erst zärtlich an, wenn ein Schrotkorn ihm das Leben genommen hat. Macht man dem Italiener Vorwürfe, dass er sich an der Landschaft, an der Harmonie des grossen Ganzen so schmählich versündigt, so schaut er den Redenden erstaunt an und hält ihn wohl für ein wenig übergeschnappt — wie etwa ein deutscher Bergmann thun würde, wenn irgend ein Phantast ihm sagte: Wisst Ihr nicht, dass die Tiefen der Erde heilig sind, dass zu der Harmonie ihrer innern Struktur auch die Metalladern gehören, von denen sie durchzogen ist: und nun wühlt ihr den Boden auf, sprengt ihn mit Pulver, raubt ihm sein Gold und Erz und entstellt und plündert ihn gewissenlos. Ganz ähnlich war das Erstaunen der Römer, als das deutsche Reich die Serpentara, den kleinen Eichenhain bei Olevano, der abgehauen und zu Bahnschwellen benutzt werden sollte, ankaufte und so den Künstlern ihre Freude, der einzigen Gegend ihren schönsten Schmuck erhielt — ganz unbegreiflich erschien ihnen diese tramontane Narrheit.

Da nun der Italiener seit lange keine Natur in seinem Lande duldet, so ist keinem deutschen Naturfreunde ein Besuch der Halbinsel zu empfehlen — es sei denn, dass er bei der Rückkehr aus dem verbrannten Süden die kristallenen Ströme und grünen Matten der Schweiz und Tirols und überhaupt die deutsche Heimath doppelt geniessen, doppelt schätzen wolle. Und damit man nicht glaube, dass wir übertreiben, so berufen wir uns hier auf einen geistreichen und fruchtbaren Schriftsteller, Heinrich Noé, der in mehr als einem Buche Italien und die deutschen Grenzlande in Contrast gestellt hat (Dalmatien und seine Inselwelt, nebst Wanderungen durch die Schwarzen Berge, Wien, Pest, Leipzig 1870; Bilder aus Süd-Tirol und von den Ufern des Gardasees, München 1871; Italienisches Seebuch, Naturansichten und Lebensbilder von den Alpenseen und Meeresküsten Italiens, Stuttgart 1874 u. s. w.) Herr Noé ist nicht bloss Deutscher, sondern auch Romantiker vom Scheitel bis zur Sohle. Er liebt das kalte Bad, den Wald, das Wandern, den Trunk aus frischen Bergwassern, die dünne Bergluft in den höchsten Regionen; kein Wetter, keine Jahreszeit ficht ihn an, er jauchzt dem Sturm entgegen, willkommen ist ihm der Kampf mit den Elementen. Er ist auch in Italien zu Fuss gegangen, von Ancona nach Loretto und den Po hinauf bis nach Parma; er hat, wie die Brüder Stolberg in den Schweizer

Seen, so im See von Nemi ein Bad genommen, obgleich nach unserem Gefühl die süss schwärmerische Umgebung des Spiegels der Diana den ungestümen Drang mehr beschwichtigt als weckt. Er ist auch Patriot, in dem Sinne, wie einst Klopstock und die Hainbündler und dann später Arndt und Jahn es waren; er hasst und verhöhnt die Wälschen, die sich der österreichischen Herrschaft widersetzten, und nimmt der Wiener Regierung sehr übel, dass sie mit dem neuen Königreich gute Nachbarschaft hält. Alles Moderne ist ihm als prosaisch widerwärtig: Wegen, die schon von vielen Touristen betreten worden, Aussichtspunkten und Merkwürdigkeiten, die in Ruf stehen, wendet er verächtlich den Rücken; gegen Hotels und Kellner, gegen den armen rothen Bädeker hegt er den tiefsten Abscheu. Auf eine Dorfsage aber, einen Aberglauben, ein Ammenmärchen stürzt er begierig, wie der Habicht auf die Taube, und verarbeitet sie wandernd zu schönen Novellen und auch die correkte Sprache ist ihm geläufig; er sagt: Maienblüte, ein einsames Kirchlein, im grünen Tann, am Langensee (ja nicht: am Lago Maggiore) u. s. w. Für das Mittelalter hat er eine natürliche Vorliebe und preist z. B. mit warmer Sympathie die Büsser und heiligen Anachoreten jener Jahrhunderte, deren ideale Anschauung der Dinge unserer „in Schacher und blödem Zeug verkommenen Zeit" unbegreiflich ist, „die aber dennoch das Wesen der Welt besser erkannten, als unsere Nützlichkeitsmänner mit allem dem Wissenskram, den ihnen der Zeitgeist an die Hand giebt."

Wie urtheilt nun ein so denkender Kopf über Italien? Nicht anders, als wir oben. Herr Noé wird nicht müde, die italienische Natur der falschen Glorie zu entkleiden, mit der sie von Leuten ohne Urtheil, die nur nachsprechen, was sie von Andern gehört, umgeben worden. Sie ist nicht frei, darum langweilig und wieder langweilig; der Italiener, ohne Herz für sie, hat sie nach Kräften geschändet, geplündert, zerschunden; er kennt nur Gärten, in diesen nur steife Geometrie und eitlen, einförmigen Prunk. Darum er auch keine Lyrik hat, „denn, sagt unser Gewährsmann, die Grundbedingung lyrischer Begabung, die Fähigkeit seelenvoller Naturbetrachtung, fehlt ihm durchweg", wie auch, setzen wir hinzu, den alten Griechen und Römern. Wie kein Dichter, ist der Italiener auch kein Förster: „Wälsche werden keine Förster", sagt der Verfasser mit Nachdruck und fährt fort: „Käme es auf sie an, so wären alle Förster überhaupt unnütz, denn es gäbe längst keinen Wald mehr. An tausend Beispielen lässt sich ersehen, dass dieses Volk gradezu einen Hass hegt gegen alles freiwillige, vom Menschen unabhängige Wachsthum und in mehr als einem Blatte, welches sich ein aufgeklärtes dünkt, las ich, dass der Mensch durch seine Arbeit die Erde von Disteln und Dornen gereinigt, die Luft zum Athmen geeignet und das Land anmuthig gemacht habe. Unter anmuthig wird hier dasjenige verstanden, welches Früchte trägt, die für Geld verhandelt werden können. Wahrlich, sie haben es anmuthig gemacht, so manches ihrer Thäler, dessen Hänge einst von Waldriesen bedeckt waren! Jetzt findet die Ziege kaum mehr einen Halm, der Regen schwemmt ihnen den verwitterten Berg in ihre Schmutzhöhlen hinab, Dürre versengt, Ueberschwemmnng entführt ihnen die seichten Felder!" Ueber die Umgegend Roms, die bei Vielen in Ruf steht, äussert sich Herr Noé nicht; wir lassen statt seiner, um auch dieser das Urtheil zu sprechen, eine berühmte Schrifstellerin das Wort nehmen, George Sand. In ihrem Roman La Daniella, der in Rom und Frascati spielt, sagt sie über die Campagna etwa Folgendes: „Hässlich, doppelt und dreifach hässlich und stockdumm ist die römische Steppe (laid, trois fois laid et stupide est le steppe de Rome)! Sie hat gar kein Verhältniss, sie ist zu gross für den umgebenden Rand der Berge, zu viel Himmel, nirgends eine Zusammenfassung, ein befriedigtes Bild. Da ziehe ich Coopers Prairien vor, über die der Hauch vollkommener Einsamkeit weht und das Gemüth des Betrachters ergreift. Die römische Campagna dagegen ist mit störendem Detail übersäet, mit geringfügigen Trümmern, mittelalterlichen Thürmen, die an sich vielleicht recht gross, doch sich in dieser Weite verlieren, mit Strohhütten, in denen vielleicht eine Heerde Platz hat, die aber in der Entfernung für das Auge zu klein werden, um einer Menschenwohnung zu gleichen, kurz mit Einzelheiten, die bald zu schwarz, bald zu weiss erscheinen, je nach der Tageszeit und dem Licht, immer aber dem Ganzen in unerträglicher Weise das Ansehen geben, als sei dort eben ein Heerlager abgebrochen worden" u. s. w. Solchen Eindruck machte die latinische Ebene auf die zarte, empfindliche Seele der französischen Dichterin, und sie setzt hinzu: „O ihr schönen grünbepflanzten Gefilde Frankreichs! Niemand spricht von euch, weil ihr nicht mit Pest und Tod und Raub und Dichterthränen gezeichnet seid!"

Ist nun im Punkte freier Natur von Italien nicht viel Rühmens zu machen, so wird sich vielleicht Mancher darüber leicht trösten, dem es mehr auf angenehmen Lebensgenuss ankommt. Wem wäre die Stimmung unbekannt, wo wir was Guts in Ruhe schmausen mögen? Ist nicht Italien das Land des milden Klimas, in dem es sich so behaglich athmet, das Land der Früchte und des Weines, der Maccaroni und Salami, des Parmesankäses und der Kaffeehäuser? — Ach, was die Baumfrüchte betrifft, — so nehme nur von ihnen Abschied, wer von Tirol weiter nach Süden geht. Was an Gasttafeln in Italien zum Dessert aufgetischt wird, ist hart und sauer, und was im Sommer und Herbst auf Märkten und Plätzen feil geboten wird, fast immer unreif. Die Obsthändlerin, knauserig und nur auf den nächsten Gewinn bedacht, wie die Italiener sind, fürchtet, die Früchte könnten ihr verderben, ehe sie verkauft worden, und füllt darum ihre Körbe nur mit unreifen und zu frühe vom Baum gebrochenen, die ohne Schaden acht Tage lang ausliegen können. Auch mag der Italiener überhaupt nur hartes Obst, dass sich gehörig schneiden und mit den Zähnen zermalmen lässt: ein Pfirsich, der im Munde schmilzt, gilt für verdorben. Eben so sind seine Maccaroni, so fein das dazu verwandte Weizenmehl sein mag, für unsern Geschmack nicht zart genug: maccheroni verdi verlangt der Neapolitaner d. h. solche, bei denen es Arbeit für die Zähne giebt; so wie sie weich sind, hat der Koch den richtigen Moment versäumt. Ganz so steht es mit dem Gemüse, das doch unter diesem Himmel besonders köstlich sein müsste: es ist durchgängig zu wenig auf dem Feuer gewesen und also strohern, ja manches wird am liebsten ganz und gar roh gegessen z. B. die Artischocke und die schreckliche Fenchelwurzel, die ein beliebtes Dessert bildet. Und nun gar die Suppen, das Fleisch! Erstere, von Natur wässerig, werden mit zerriebenem Käse bestreut und sollen dadurch Geschmack gewinnen; oder sie sind mit allerhand gewürzhaften Kräutern gefüllt, die das Gemisch der Zunge fremdartig und widerlich machen. Fleisch aber giebt es im Süden überhaupt nicht, und wer etwa aus England kommt oder aus Hamburg und jetzt auch aus Berlin, der verzichte lieber darauf, das ihm gereichte gekochte oder gebratene Stück auch nur anzuschneiden, er wird sich den Aerger ersparen, es wieder wegschicken zu müssen. Die Ochsen, die geschlachtet werden, haben ihr Leben bei tüchtiger Arbeit verbracht, den Wagen und den Pflug gezogen und sich selten recht satt gegessen; kein Wunder, dass ihre sehnigen Muskeln, wenn sie aus der Küche auf den Tisch kommen, dem Messer und den Zähnen den hartnäckigsten Widerstand leisten. Der Italiener, sonderbar genug, zieht das zähe Rindfleisch dem saftigen vor. Als im Herbst eines der letzten Jahre der concorso agrario in Portici bei Neapel abgehalten wurde, erregte einiges englische Hornvieh, das die Königliche Höhere Ackerbauschule des genannten Ortes ausgestellt hatte, allgemeines Staunen, aber eben so allgemein war das Urtheil: das ist nichts für uns. „Fleisch von so gemästeten Ochsen, sagt der Bericht der Sachverständigen darüber, würde unserer Gesundheit, unserer Kraft (al nostro vigore) nicht zuträglich sein. Denn wenn der Nordländer eines reichlichen Masses verbrennbarer Substanz bedarf, um die Wärme, die er in grösserer Menge verbraucht, entsprechend zu ersetzen, so eignet sich für uns Bewohner des Südens ein musculöses, mageres Fleisch mehr, wie es nur von Arbeitsthieren gewonnen wird. Nur solche Nahrung wirkt auf unsern durch das Klima verweichlichten Organismus stählend und erhaltend." Dasselbe muss wohl auch vom Geflügel gelten, denn obgleich jede gefangene oder geschossene Wachtel oder Drossel verzehrt wird, sie mag fett sein oder nicht, so wird doch den Haushühnern, Puten und Tauben, die für die Tafel bestimmt sind, nur spärliches Futter oder gar keines gestreut, denn es kostet ja Geld, und so häufig sie in Italien auf der Tafel erscheinen, so dürre ist das geringe Fleisch, das ihnen an den Knochen sitzt. Was kann ein deutscher Gaumen überhaupt von einer Küche erwarten, der die Butter und die Milch fehlt und die nur mit Oel, Knoblauch und Tomaten operirt? Er versuche nur in Oel auf der Pfanne gebratenes Gemüse, sogenannte frittura, oder in Oel geschmortes Fleisch, in Oel gebackene Fische oder Kuchen! Wenn ihn der Geruch nicht schon von ferne warnt, so wird ihm der erste Bissen verhängnissvoll werden — und er greift schnell nach der vor ihm stehenden Karaffe mit Wein, um durch einen tüchtigen Schluck den Mund zu reinigen. Aber auch dabei thut er gut, Wasser zur Hälfte zuzugiessen, denn auch der Wein, er mag roth oder weiss sein, ist sauer und von verdächtigem Nebengeschmack. Der Wein wächst in Italien überall, wird von allen Volksklassen genossen und steht nicht hoch im Preise, nur schade — er ist nicht trinkbar. Wer längere Zeit an einem Orte sich aufhält, fleissig herumspürt und hie und da kostet, oder unter den Ansässigen erfahrene Freunde besitzt, deren Rath er folgen kann, der findet wohl eine Schenke, und oft eine sehr unscheinbare und schmutzige, in der grade ein guter, wenigstens erträglicher Wein fliesst: aber ist nach wenigen Tagen das Fass ausgelaufen und das zweite, geringere angestochen, dann gilt es eine neue Höhle der Art zu entdecken und nicht immer wird die Bemühung vom Glück gekrönt. Der Wein könnte, wie allgemein behauptet wird, in diesem Lande von vorzüglicher Beschaffenheit sein, wenn nicht der Bauer so unwissend und unreinlich wäre, wenn es ihm bei der Halbpacht nicht vor Allem drauf ankäme, recht viel zu erzeugen, und endlich wenn nicht auch hier das Fälschen zur verbreiteten Sitte geworden wäre. Wie der Wein ist auch der Kaffee in Italien ein allgemeines Volksgetränk und es giebt kein so verfallenes und entlegenes Räubernest, wo er nicht verschenkt würde. Aber welch ein Kaffee! Ein bitterer, geruchloser, tintenschwarzer Trank, der Niemand beleben kann und der nur den Vorwand hergiebt, einige Stunden im Müssiggang hinzubringen. Der Verfasser hat oft in sehnsüchtiger Erinnerung an Wien, wenn er Abends in einem italienischen Kaffeehause sass, die Worte Mephistos an sich wahr gemacht:

Und doch hat Jemand einen braunen Saft
In jener Nacht nicht ausgetrunken.

'An Rahm zum Kaffee ist natürlich nicht zu denken — wo sollte jene bis auf den Namen unbekannte Flüssigkeit wohl herkommen? Die Franzosen haben in neuerer Zeit die etwas barbarische Sitte aufgebracht, Cognac zum Kaffee zu giessen und dadurch den morgenländischen Nectar in eine Art englischen Grog zu verwandeln, und damit mag man sich in verzweifelten Fällen helfen, wenn das Landstädtchen, in dem man sich grade befindet, nicht gar zu klein ist und der Cognac nicht allzudeutlich nach Tannensprossen oder Wacholderbeeren schmeckt. Wer aber zu seiner Tasse eine Cigarre zu rauchen wünscht, der wird bald daran erinnert, dass er sich im Lande der cointeressirten Regie befindet und dass er mit Kastanienblättern, in Tabaksbrühe getaucht, bedient wird — glücklich, wer gar nicht raucht! In den Hauptstädten freilich sind an einigen officiellen Centralstellen auch wirkliche, eingeführte Cigarren zu höheren Preisen zu haben und so giebt es denn in feineren Wirthschaften z. B. in Rom oder Florenz auch wirkliches, lockeres, schmackhaftes Brod, — denn was der Italiener unter diesem Namen zur täglichen Nahrung braucht, ist eine feste, dichte, geschmacklose Masse, die mit Wiener Gebäck nichts gemein hat. In den beiden genannten und den übrigen Hauptstädten Italiens mag der Reisende denn auch in den Gasthöfen erster Klasse sich europäisch fühlen und z. B. nach einer Tour im Innern des Landes und der damit verbundenen Entsagung bei einem französischen Restaurant sich wieder einmal gütlich thun — aber braucht man über die Alpen zu reisen, um Gasthöfe aufzusuchen, die man daheim eben so gut oder noch besser hat, oder an erlesenen Tischen, die von Eingewanderten für Einwanderer gehalten werden, sich in Italien künstlich ausserhalb Italiens zu versetzen? Ein Land ohne Brod und Fleisch, ohne Milch, Bier, Wein und Kaffee, wird mit Recht von Jedem gemieden, der auf den Namen eines guten Deutschen Anspruch macht, zumal wenn ihm zu Hause eine sorgsame, wirthliche Frau zur Seite steht. Auch das Klima kann keinen Ersatz dafür gewähren. Allerdings, dieser Punkt darf nicht unterschätzt werden: wo der Himmel milde ist, da ist es auch die Sitte; die Menschen sind heiterer, feuriger, mehr nach aussen gewandt, und pflegen nicht ungesellig in sich zu brüten. Dass nun ein Land, das sich nach dem Meridian weit nach Süden erstreckt und von den Alpen und den illyrischen Bergzügen gegen Nord und Nordost geschützt ist, wärmer sein muss als Deutschland, erhellt von selbst dennoch aber schiebt sich der Phantasie an nordischen Winterabenden auch in dieser Hinsicht ein falsches Bild unter. Denn so gross ist der Abstand nicht, oder wo er wirklich fühlbar wird, da heisst es: wie jeder Stand hat auch jedes Klima seine Plagen. Man versuche nur im Winter eine Rundreise durch die etrurischen Städte oder durch das Albaner- und Sabinergebirge bei Rom oder sonst wo in Italien zu machen! Die Tage sind kurz, die Abende lang und langweilig; zum Nachtquartier für den erfrorenen Gast öffnen sich wahre Eishöhlen, deren Temperatur der in den Grotten der Grindelwaldgletscher wenig nachgiebt; ist ein Kamin vorhanden und raucht nicht, dann mag er davor sitzen und das prasselnde Feuer schüren und unaufhörlich dafür sorgen, dass es nicht ausgehe, was wenigstens die langen Stunden verkürzen hilft, denn an Schreiben und Lesen an dem wackeligen Tische und vor der düstern antiken Oellampe ist nicht zu denken. Wie glücklich pflegt der Rückkehrende zu sein, wenn er nach solchen Wochen des Leidens wieder in der Hauptstadt anlangt und hier in seiner Miethwohnung, falls er die nöthigen Mittel dazu hat, wenigstens Teppiche, einen kleinen Ofen und eine oder die andere Zeitung sich schaffen kann. Die mitgebrachten Frostbeulen an den Fingern werden ihm freilich noch lange eine angenehme Erinnerung an das Gesehene und Erlebte bleiben. Aber auch in der grössern Stadt entgeht man dem Winter nicht: Morgens hängen Eiszapfen von den Zweigen entlaubter oder immergrüner Bäume, das Becken um den Springbrunnen bildet einen harten Krystallspiegel, der sich um die Mittagszeit trübt und in Schaum auflöst, zu Hause ist ein langer pelzgefütterter Schlafrock oder ein

Plaid um die Knie, wollene Handschuhe zum Schreiben und warmes Schuhwerk willkommen. Schlägt dann die schneidende Tramontana in Scirocco um, dann erheben sich zuerst graubraune Staubwolken häuserhoch und jagen über die Ebene, durch die Strassen und Plätze; bald stürzt der Regen in unendlichen Güssen herab und verwandelt die abschüssigen Gassen in reissende Bergströme; dem Wanderer, der sich dennoch hinauswagt, zerbricht unter den Stössen des Windes der Regenschirm in der Hand und er murmelt dann wohl bitter-unmuthig: „Ein sanfter Wind vom blauen Himmel weht!" Mit einem Wort, der Winter in Italien ist nicht so wonnig, wie man sich wohl einbildet, und eignet sich gar wohl für Verweichlichte zur Abhärtung. Die Brust- und Nervenkranken aber, die der nordischen Kälte zu entgehen nach San Remo oder Pisa oder Neapel oder Acireale pilgern, dürfen nicht vergessen, dass ihnen an schönen Tagen nur die Mittagsstunden zum Genusse der freien Luft gestattet sind; sowie die Sonne sich neigt, müssen sie unter Dach und überhaupt kann ihres Bleibens nur da sein, wo durch Engländer in die italienische Hauswirthschaft etwas moderne Civilisation — mit den entsprechenden Preisen — gebracht ist. Wer aber kann, sollte lieber noch weiter gehn, in die Länder, wo der Winter so milde ist, dass sich die Zimmer auch ohne besondere Vorrichtung warm erhalten; der italienische Winter, wie auch der griechische und spanische, ist doch nur etwas Halbes. Da nun der Sommer wegen der Hitze sich von selbst verbietet, so bleiben die Frühlings- und Herbstmonate zu kurzem Besuch und zu mancher — Enttäuschung. Denn so frühe, als man erwartet, belauben sich die Bäume auch nicht in Italien und selbst im April, ja in manchen Jahren im Mai, sind die Ulmen und Kastanien in Ariccia und Genzano, die Pappeln und Reben von Neapel noch von grauem und winterlichem Aussehen. Die Uebergangszeit ist lang und wechselnd, der Winter weicht nicht ohne wiederholte Rückzugskämpfe, Regentage sind häufig, bis plötzlich die Hitze da ist und nun drei Monat lang ein unveränderlicher sengender Himmel Land und Meer überspannt. Der Herbst erstreckt sich weiter, als bei uns, und noch der October ist in Rom ein schöner Monat, wo Fröhlichkeit vor allen Thoren herrscht, aber nun werden die Nächte immer länger, immer kälter, es gilt in die Heimath zurückzukehren, durch das schauerige Florenz, über die in Schnee vergrabenen Apeninnen und Alpen: die warme Kleidung ist daheim geblieben, der Kontrast ist gross und dadurch oft in wenig Tagen die Frucht der Reise, die Gesundheit, die heitere Stimmung dahin.

Aber ist nicht Italien das Land der schönen Kunst, der Marmorhäuser und Bilder, der Kirchen, Museen und Galerien? Wandelten die Alten nicht auf diesem geweihten Boden und haben sie uns nicht so viele Spuren ihres Daseins, Kunstwerke und Bauwerke, ideale Muster, hinterlassen? Empfängt uns nicht gleich beim Eintritt in Italien, am Gardasee, die Halbinsel Sirmio, die der Dichter Catullus besungen hat, dann auf der Weiterreise bei Florenz das uralte Fiesole mit seinen cyclopischen Mauern, dann in Rom das Colosseum, bei Neapel das wieder aufgegrabene Pompeji und weiter die Tempel von Pästum, von Segesta und Agrigent? Freilich wohl, antworten wir, erlauben uns aber die Gegenfrage: was gilt uns Kunst und Alterthum, uns Kindern dieses eisernen Jahrhunderts und allgemeinen Stimmrechts, die wir über alle Kindermärchen hinaus sind und uns mit Glück bemühen, die Fesseln der Scholastik, genannt Latein und Griechisch, endlich abzustreifen? Was können uns die Alten noch sein, diese religiösen Träumer, die im Nebel wandelten, die nicht einmal die Wärme und den Druck der Luft zu messen verstanden, auf die Steinkohlen im Boden unter ihren Füssen nicht achteten und sich mit vier angeblichen Elementen, Feuer, Luft, Wasser und Erde, begnügten? Und was den Catullus am Ufer des Gardasees betrifft, hat nicht am Ende der schon genannte Hr. Heinrich Noé Recht, wenn er vor den Resten der Villa desselben unmuthig die Achseln zuckt und dazu spricht: „In diesem Poeten, dessen Verse mit denen des Tibullus und Propertius meist gleichzeitig eingetrichtert werden, finde ich keinen neuen Gedanken" — ? Gewiss hat Heinrich Heine viel mehr neue Gedanken, eine viel gelöstere Zunge, viel mehr treffende Einfälle und witzige Bilder, und ist zugleich Herr über die schmelzenden Gefühle, die er für gut findet, mit einfliessen zu lassen — als alle jene Alten zusammen genommen. Wobei es für einen Dichter, der vor bald zweitausend Jahren lebte, offenbar viel leichter sein musste, neu zu sein, als für einen von uns, der doch schon so viel Gedanken vorfindet. Aehnlich wie mit der Poesie, geht es uns auch mit der Architektur der Alten. Jene gepriesenen Bauwerke können uns nicht mehr gefallen, da sie Zwecken dienen, denen wir längst entwachsen sind: wir lassen keine Fechter mehr in Amphitheatern einander todtstechen und bringen keine Widder- oder Stieropfer mehr vor den Stufen von Säulentempeln. Statt der erstern bauen wir taghell erleuchtete Opernhäuser, wie die beiden glänzenden Wunderwerke unserer Tage, die grosse

Oper von Paris und die von Wien, — statt der letztern weitgespannte, bloss aus Glas und Eisen bestehende Bahnhof-Hallen. Und wollen wir uns der antiken Formen bedienen, so hat uns auch diese die Wissenschaft längst zu Gebote gestellt: freundliche Säulenhallen laden uns in die Walhalla bei Regensburg und in das von Schinkel errichtete Museum zu Berlin, ja der Verfasser erinnert sich, dass er einst im Bade Kissingen auf einem nahen Hügel einen kleinen, ideal geformten griechischen Tempel fand, bestimmt zu einem nicht zu nennenden, aber den Curgästen Morgens beim Trinken und Wandeln dringend willkommenen Zwecke. Und unsere Bauten stehen neu und ganz da, in gewählter Umgebung: in Italien sind die antiken Tempel nicht bloss spärlich gesäet, sondern sie sind auch gebrochen und verstümmelt, von trauriger Oede umgeben, oft zur Hälfte und mehr ein Trümmerhaufe, verwittert, meistens nur durch Architekten mit dem Massstabe im Geiste wiederherzustellen. Auch Pompeji, nach dessen Anblick so Viele sich sehnen, erscheint mehr kurios, als ansprechend, klein in allen Verhältnissen, wie ein Kinderspielzeug. Wer nun weiter an Bildern Gefallen findet, der kann allerdings in Italien seine Leidenschaft befriedigen. Die Masse derselben, sowohl aus der Zeit vor Rafael, als aus der nach ihm, ist so gross, dass auch der Schaulustigste bald übersättigt sein wird. Uebrigens ist im Laufe der letzten Jahrhunderte so viel davon über die Alpen gewandert, dass auch die Galerien von Wien und Paris, Dresden und München, London, Berlin und Petersburg sich mit jeder italienischen an Reichthum messen können. Um aber aufrichtig zu reden und das Kind beim Namen zn nennen: neuere Bilder von französischen, belgischen und deutschen

Meistern, Kunstausstellungen mit den Arbeiten der letzten Jahre — ziehen jeden grade Denkenden lebhafter an, als die alten verschollenen Schaustücke der Museen. Jene behandeln nicht immer und ewig die widerwärtigen Märtyrerlegenden; sie bringen uns grosse Momente der neuesten Weltgeschichte oder heitere und ernste Scenen unseres eigenen Lebens vor die Augen: besonders meisterhaft geben sie die Landschaft wieder, für die die Italiener kein Herz hatten, Ansichten von Bergthälern mit Gletschern, durch die wir selbst gewandert sind, oder vom Seestrande bei Ostende, an dem wir selbst gebadet haben. Dazu kommt, dass sie nicht geplatzt und gesprungen, nachgedunkelt und übermalt und zweifelhaften Ursprungs sind, sondern uns in frischen Farben entgegenglänzen — daher auch die Banquiers, die Herren Barone v. Cohn, v. Levi, oder wie sie sonst heissen, in diesem Falle das Geld nicht achten und mit ihnen gern ihre Wände schmücken. Und wie mit den Bildern auf Leinwand, steht es auch mit den Marmorfiguren: die neuen schimmern unbefleckt, mit spiegelndem Korn, in anmuthigen, fliessenden Linien; jene antiken sind verwittert, gelblich, grau, bald ohne Kopf, bald ohne Arme oder Beine; sie stellen irgend einen Gott dar, über dessen Namen die Archäologen streiten, an den wir aber in keinem Falle mehr glauben; an die marmornen badenden Mädchen der Neuern aber glauben wir Alle, Jung und Alt, Jud und Christ, mit allen Sinnen und von ganzem Herzen. Narren, die sich ein Ansehen geben wollen, umwandeln freilich mit scheinbarem Staunen den Torso des Herkules im Vatikan, das blosse Mittelstück eines männlichen Leibes, von allen Seiten und treten vor und treten zurück — der Kluge aber lacht sie aus. Wie oft hat der Verfasser in Italien eine unglückliche Familie in Erfüllung einer traurigen und gebieterischen Pflicht die Galerien durchmustern, von einem alten Madonnen- oder Heiligenbilde zum andern, einem alten carrarischen oder parischen Bruchstück zum andern wanken sehen, mit andächtig-langweiligem Blick und ganz zerrüttetem Kopf — bis endlich der letzte Saal erreicht war und die Stunde des Frühstücks und damit der Befreiung schlug. Dann, wenn er gleich drauf dieselbe Familie im Café-Restaurant traf, Messer und Gabel in der Hand, vor der Flasche Bordeaux oder dem Seidel Wiener Bier, bei der bistecca oder dem stuffato — wie leuchten jetzt die Augen, wie liegt Behagen auf den Gesichtern, eine Stunde menschenwürdigen Daseins nach bitterer Arbeit! Ach aber, heut Nachmittag muss noch diese und jene Kirche gesehen werden: mit stiller Entsagung greift Alles nach den rothen oder schwarzen Büchern, um einige Stunden lang im Halbdunkel erloschene Fresken, halb abgeblätterte Wandmalereien hoch an den Wänden oder gar noch höher in der Kuppel, Altarbilder in düstern Kapellen zu sehen oder vielmehr nicht zu sehen und beim Ausgang alles kümmerlich Geschaute gleich wieder zu vergessen, es müsste denn eins der entsetzlichen Mosaikbilder aus der christlichen Urzeit sein, von deren starren, fratzenhaften Zügen man freilich den ganzen Rest des Tages und bis in die Träume der Nacht hinein verfolgt wird. Viel bequemer nicht nur, sondern auch förderlicher finden wir es, für einen kleinen Theil des Geldes, das eine Reise ins Land der Kunst kostet, sich einige Prachtwerke mit Abbildungen italienischer Bauten, Figuren und Ornamente zu kaufen und dann Abends gemüthlich, ohne Drehung des Halses und Schwindeln des Kopfes, Blatt nach Blatt um den

Familientisch herumzureichen und dazu den erklärenden Text mit den schönen grossblumigen Redensarten, die bisweilen an Schiller erinnern, vorzulesen. Das ist eine angenehme Unterhaltung, zu der es keiner Heuchelei und keiner Kreuzigung des Fleisches bedarf.

Nach allem Obigen also wäre unser erster Rathschlag an Alle, die es angeht, der, die Reise nach Italien lieber zu unterlassen. Er richtet sich besonders an die, die zu wenig Zeit auf die Reise zu verwenden haben, die zu alt geworden sind und deren natürliche Anlage, Bildungsstufe und gewählter Lebensberuf sie nach ganz andern Richtungen hinweist, als in jenes südliche Land.

Wer zu wenig Zeit hat d. h. nur einen Ausflug von einigen Wochen machen kann und will, der läuft Gefahr, nur ein falsches Bild heimzubringen und dieses dann für immer mit sich herumzutragen. Er wird entweder, um nicht für bäurisch zu gelten, Alles beschönigen und zum Besten deuten und sich selbst betrügen, oder, wenn er falsche Scham nicht kennt, die kahlen Berge, die herzlose Landschaft, die Lumpen und Bettler, die Faulheit und den Schmutz, die allgemeine Unredlichkeit, endlich das Blendwerk der Museen und Kirchen bei dem richtigen Namen nennen und mit einem derben Wort nicht zurückhalten — wobei er noch, je nach Umständen, den Vortheil hat, als überlegener kritischer Kopf zu erscheinen. In beiden Fällen ist die Reise vergeblich gewesen. Ein Jahr für Italien, das ist das Mass, unter welches wir nicht herabgehen können. Wer kein Jahr frei hat, der bleibe in Deutschland, das ja des Bereisens so werth ist, oder mache einen Ausflug nach Paris, wo es ja so viel zu bewundern giebt. Um Italien, diesem höchst mannichfaltigen Lande, einiger Massen gerecht zu werden, sind alle vier Jahreszeiten nöthig, Karneval und Weinlese, Allerseelen und Ostern, Theater und Fastenpredigt, Saat und Ernte, Blumen und Früchte — eben so alle Regionen, Land und Meer, Ebene und Gebirge, der Norden und der Süden, nicht bloss die Eisenbahn, sondern auch die Chaussée, und nicht bloss diese, sondern auch der steinige Reitweg und die ländliche Schenke und der Umgang mit dem Volke wie mit den Gebildeten. Und nicht bloss mannichfach ist das Objekt, sondern so eigen geartet, dass die ersten Blicke des Herantretenden ohne Genüge von ihm abgleiten, so spröde und in sich beschlossen, dass es sich nur einer langsamen Uebung und Selbsterziehung zögernd ergiebt. Auch in dieses Mysterium dringt der Jünger nicht anders, als von Stufe zu Stufe und nach längeren Weihen.

Und eben darum darf der nordische Fremdling nicht zu alt sein, wenn Italien zu einem wesentlichen Moment seiner Bildung werden soll. Hat sein Inneres schon Gestalt gewonnen und sein Verhältniss zur Welt sich befestigt, dann wird er das Ungewohnte, das ihm hier entgegentritt, als abzuwehrende, unwillkommene Störung, vielleicht gar als ungereimt, als recht- und vernunftlos empfinden. Nur wer noch in den Jahren steht, wo uns ein allmächtiges Verlangen nach Erfüllung mit fremdem Stoffe beherrscht, der dann zum Aufbau der werdenden Individualität verwandt wird, — nur ein solcher wird als Wiedergeborener heimkehren, der diese neue Welt erst geahnt, dann gesehen, dann in sein eigenes Gefühl aufgenommen hat. Auch allzu grosse Jugend ist natürlich ausgeschlossen: das Knabenalter, die ersten Jünglingsjahre in Italien verbringen heisst Italiener werden und das können wir nicht wünschen. Da fehlt der Gegensatz, von beiden Hälften die eine. Erst wenn die deutsche Erziehung in ihrem Ernst vollendet worden, dann komme zu der ringenden Unruhe des Gemüthes hier die stille Anschauung gediegener klassischer Gestalten dort. So wird es sich empfehlen, nach vollendeten Universitätsjahren, wenn etwa ein Drittel des Lebens verflossen ist, durch eine Reise nach Italien die erworbene Bildung zu krönen. Diese Reise wird dann für den werdenden Mann oft folgenreicher, als Alles, was er bisher im heimischen Leben um sich her gehört odes aus Büchern gelernt hat. Dass auch ein älterer Mann, ja ein Greis, wenn er in jungen Jahren Italien gesehen, dahin wiederkehren darf, versteht sich von selbst. Dazu aufzumuntern ist überflüssig, denn dies Zauberland zieht Jeden in unerklärlicher Weise immer wieder zu sich zurück. Wie Mancher hat die Monate seiner ersten Reise fast unter immerwährender Entrüstung verbracht — und siehe da, nach einem Jahr oder zwei sehen wir ihn wieder über die Alpen steigen und sich freiwillig denselben Uebeln unterwerfen. Es geht ihm wie dem Russen in Deutschland. Auch dieser fühlt sich in Deutschland beengt: er sieht alle Naturdinge gemessen und gezählt, der Wald ist von graden Linien durchzogen, forstmässig behandelt, kein Thier darf geschossen, kein Ast gebrochen, kein Stamm geschält, kein Feuer angemacht werden; überall Zäune, Gräben, Warnungstafeln, verbotene Eingänge; Alles ist schon betreten und benutzt und gehört schon Jemand an — und freudig begrüsst er bei der Rückkehr den vaterländischen Boden, wo es noch Wildniss giebt, wo sich frei schweifen, Beeren lesen, Pilze sammeln lässt und Niemand sich drum kümmert, wo und ob eine Trappe, ein Hase oder eine Schnepfe geschossen wird. Und dazu das deutsche Essen, die deutschen Suppen, der nach Wiesenkräutern schmeckende Thee, die weinerliche Gemüthlichkeit, die Kärglichkeit und Sparsamkeit, die Kleinheit und Kleinlichkeit des Lebens und der Menschen! Da ist in Russland Alles gross, weit, bequem, verschwenderisch, leicht und leichtsinnig, jung! Und derselbe Russe, der mit Recht und mit Unrecht so denkt und urtheilt, im nächsten Frühling bringt ihn der von Osten kommende Eisenbahnzug wieder nach Deutschland, in das Land der Enge und Dürftigkeit, in das Land ohne Natur! Es mag wohl in beiden Fällen der geheime Reiz nicht bloss des milderen Klimas und der nach diesem sich bestimmenden Sitten, sondern auch der längeren Geschichte und älteren Kultur sein.

Ferner aber reise Keiner, er stehe in welchem Alter er wolle, nach Italien, der nicht einen Zug idealer Schwärmerei in sich verspürt. Praktische Naturen, deren Philosophie grober Empirismus ist, werden überall mehr lernen und geniessen, als in den Ländern am Mittelmeer. Ein durch berechneten Mechanismus geschaffener Nutzen leuchtet ihnen bald ein, die in ein Kunstwerk ergossene Seele spricht nicht zu ihnen und lässt sich bloss verständig nicht fassen — was giebt es aber in Italien sonst, als beseelte Form? Wem die Gabe der Phantasie nicht zu Theil geworden ist und wer nicht durch klassischen Unterricht von früh auf gelernt hat, sie an der Einfalt und Strenge antiker Dichtung und Sprache zu zügeln und zugleich zu vertiefen, dem kann ein Boden nichts bieten, wo Alles verlangt, als Bild gesehen zu werden. Die Meister und Jünger des herrschenden Realismus möge daher ein günstiges Geschick davor bewahren, nach Italien verschlagen zu werden. Wir sagen dies nicht aus Hochmuth, sondern aus Bescheidenheit: wir überlassen ihnen ja die Güter der Erde und spielen selbst nur mit Schatten. Vielleicht ist auch der Enthusiasmus für Italien überhaupt etwas veraltet, nicht weil wir das Land jetzt näher kennen gelernt haben — denn in Folge der Eisenbahnen hat es sich nur noch mehr verschlossen —, sondern weil in diesem demokratischen Jahrhundert die weihevolle Stimmung, die unsere Väter über die Noth der Gegenwart erhob, zergangen und von der gemeinen Ansicht der Dinge verdrängt ist.

Nachdem wir so im Obigen Menschen und Kategorien aus- und eingeschlossen, begleiten wir jetzt unsern jungen Doctor auf seiner ersten Wanderung durch Italien. Halte dich, möchten wir ihm sagen, an Goethes Verfahren, der aus Italien von sich berichtet: Ich mache grosse, grosse Augen. Urtheile nicht, sondern sammele; verallgemeinere nicht, sondern behalte das Einzelne bei Dir, es wird später seine Stelle und den Zusammenhang finden, in den es gehört. Du magst wohl Briefe nach Hause schreiben, doch bitte die Deinigen, sie wohl zu hüten und heimlich zu halten; Du magst auch ein Tagebuch führen, da trage Abends Deine Klagen, Deine bösen Erfahrungen, Deine kategorischen Aussprüche, Deine kindischen Entzückungen ein — aber lasse Niemand hineinblicken, noch viel weniger gieb es in den Druck, denn Alles, was drin steht, ist unreif und voreilig, und wenn Du diese ersten Blätter später wieder vornimmst, wirst Du selbst über Deine Thorheit staunen oder lachen. Die schönste Natur, z. B. gleich Anfangs am Gardasee, war stumm für Dich, die Dich jetzt innig ergreift — und vor irgend einem romantischen Punkt standest Du entzückt — er erinnerte Dich an Deutschland —, an dem

Du jetzt kalt vorübergehst. Je besser vorbereitet Du kamst, durch Bücher und Erkundigung, desto kürzer diese Lehrzeit, aber keine Vorbereitung hebt über die Stufen hinweg, die nur an der Hand unmittelbarer Gegenwart überschritten werden. Die Unterweisung der Künstler, die schon länger mit südlicher Natur umgegangen sind, die Wanderung mit Malern hilft sehr, barbarischer Ansichten sich zu entledigen. So lange Du die frischen Wiesen des Nordens noch vermissest, so lange Du beklagst, dass die Felsengebirge, die den Gesichtskreis begränzen, so dürr und kahl sind — hast Du die Schwelle, die hinüberführt, noch nicht betreten, denn sonst würdest Du Dir sagen müssen: wässeriges, oberflächliches Grün würde dies braune, im Sonnenton glühende Naturbild nur entstellen und um die Kämme und Schluchten der nackten Felsen würde dieser Dunstschleier nicht zittern, dieser Farbenschimmer nicht spielen, wenn sie mit Wald und Busch bedeckt und ihre reinen Linien dadurch getrübt wären. Auch gothische Architektur wirst Du in diese mediterrane Landschaft, wenn Du sie begriffen, nicht hineinstellen wollen und reizende Schweizer Häuschen, zierliche Holzbauten mit rothen Dächern, grünen Läden und weissen Gardinen in ihr als unerträgliche Dissonanz empfinden. Auch das Verlangen nach freier, nicht umgewandelter Natur wird Dir allmählig als eine ungebildete Forderung erscheinen; Gärten, Villen, Pflanzungen, starre, dunkelschwarze Bäume, weisse Ochsen und graue Esel, Wege, Pfade und Hecken, Verrichtungen sich mühender oder müssiger Menschen, gradwinkelige Wände, mit einfachem Verhältniss tragender Kraft und ruhender Last — Alles zusammen wird sich Dir, wenn Du Geduld hast, als eine zweite veredelte Natur offenbaren, als Natur und Kunst, Natur und Kultur, Beides in Eins verschmolzen und wieder zu unmittelbarem, absichts- und bewusstlosem Dasein, d. h. zu Natur geworden.

Zu sicherer Erfassung dieser gegen den Ankömmling so zurückhaltenden, dem Auge sich so wenig aufdringenden Landschaft wird es sich empfehlen, der natürlichen Lage der Halbinsel zu folgen d. h. mit Oberitalien zu beginnen, dann zum Apennin aufzusteigen und das kunst- und geschichtreiche Toskana zu durchwandern, dann nach kürzerem Verweilen in Rom bis Girgenti und Syrakus vorzudringen, um endlich auf der Rückkehr durch einen bleibenden Aufenthalt in der ewigen Stadt, die jetzt auch die Landeshauptstadt ist, das Werk zu beschliessen und die Erziehung zu vollenden. Erst wenn Du in Rom und dessen näherer und fernerer Umgebung das Erhabenste empfindest, von Allem, was Du in Italien gesehen, dann bist Du gereift und als Wissender beglaubigt. Es könnte verlockend scheinen, den umgekehrten Weg einzuschlagen d. h. ohne Vermittelung in den tiefen Süden zu dringen, z. B. mit dem Dampfboot nach Palermo oder Neapel oder Corfu, und so sich mit einem Male in den vollen Glanz eines jenseitigen Himmelsstriches zu versetzen. Wer Italien schon kennt, mag dergleichen unternehmen, für den Anfänger aber, fürchten wir, wäre dies nicht zweckmässig, gleichsam nicht der organische Gang. Denn wenn er nun in Neapel einen trüben, windigen Tag träfe oder gleich beim Landen und bei den ersten Schritten von allen Menschen, an die er sich wendete, betrogen und verrathen würde — wo bliebe dann das erwartete Paradies? und wäre nicht, je heisser die Sehnsucht gewesen, das

Gefühl der Täuschung um so bitterer, der Ekel an diesem Volke der Gaukler und Schufte um so tiefer?

Denn noch viel schwerer, als in die Plastik der Landschaft findet sich der deutsche Neuling in Sitte und Sinnesart des Italieners. Da gilt die obige Regel in doppeltem Masse, die Regel, nicht abzusprechen, einzelne Erfahrungen nicht zu generalisiren, fürs Erste nur zu sammeln und zu verzeichnen, vor Allem aber den mitgebrachten moralisch-politischen Massstab für eine Weile ganz aus der Hand zu legen. Betrachte, möchten wir unserem eifrigen jungen Deutschen auch hier zurufen, betrachte das italienische Leben, wie ein Naturprodukt, dessen Beschaffenheit Du erkunden willst, vorläufig ganz ohne Rücksicht auf Bös oder Gut, Zweckmässig oder Verkehrt, Edel oder Gemein. Lerne vor Allem in italienischer Sprache Dich ausdrücken und was man Dir sagt, erst halb errathen, dann ganz verstehen. Kehre gleich Anfangs lieber in italienischen Wirthshäusern ein, als in europäischen Hotels mit französisch und englisch redenden Kellnern, es herrscht in den ersteren im Grunde mehr Ehrlichkeit und Du wirst dort die ersten Anstösse rascher überwinden lernen. Wenn du etwas kaufen willst, sei es Obst auf dem Markt oder ein Paar Handschuhe im Laden, oder wenn Du einen Wagen, ein Boot miethen willst, versuche es allein und ohne Hülfe zu thun: erleidest du dabei eine kleine Schlappe, so war ja doch nur Deine Einfalt dran schuld und Du wirst in Zukunft klüger sein. Ja, das lange Hin- und Herreden, die leidenschaftlichen Versicherungen und Geberden, das Feilschen und Markten macht Dir zuletzt Vergnügen: es kommt dabei so viel Verstand und rhetorische Kunst, auch Witz und Laune zu Tage, dass Du diesen unterhaltenden Verkehr nicht mit dem steifen und kalten nordischer Respectabilitäten, die Dich mit gediegener Würde übervortheilen, vertauschen möchtest. Je mehr Du Dich der Sprache dieser Menschen bemächtigst, desto liebenswürdiger und kindlicher werden sie Dir erscheinen. Sei vor Allem nicht schwer, sondern lieber leichtsinnig und lasse Dich durch nichts aus der Heiterkeit bringen. Mit ihnen scherzen ist eine Freude, denn sie gehen nie über das Mass hinaus, und unverwüstlich ist ihre Lust an Scherz und Neckerei. Durch Wehmuth, wenn Du einer Aussicht gegenüberstehst, machst Du Dich lächerlich, durch deutsche Grobheit oder Gradheit gehässig, durch Höflichkeit auch gegen den Geringen gewinnst Du sein Herz, den Gehalt in Dir merken sie Dir bald ab. Denn bei aller Unwissenheit ist ihr Urtheil sicher, in der bettelhaftesten Armuth das Erbtheil menschlichen Adels nicht ganz verloren. Kannst Du ihnen was vorsingen, kannst Du ihr Haus abzeichnen oder ihr Porträt malen, dann bist Du ihr Mann. Wenn Du Wein kommen lässt und ladest sie freundlich ein, mit Dir einen Schluck zu trinken, so wird dies dankbar angenommen: nur darf die Freigebigkeit gewisse Grenzen nicht überschreiten, denn alles Uebermässige macht sie stutzen und sie werden misstrauisch oder sehen Dich für einen Tropf an. Weiter nach Süden, mehr gegen das Fussende des italienischen Stiefels, wenn sie wie unartige Kinder mit Händen und Füssen zappeln, wenn sie jede Nichtigkeit mit übertriebener Leidenschaft behandeln und ihr Gesicht von einer Miene zur andern, von der Wuth zum Lachen blitzschnell überspringt, dann sprich nicht alsogleich: sie sind doch Alle Histrionen, hohle Masken, ohne Haltung, ohne Selbstachtung! Miss sie nicht an Deiner heimischen Moral, die doch grossen Theils nur conventioneller Natur ist, und erwäge, ob nicht die alten Griechen, auch in ihrer besten Zeit, ähnlich gesticulirt, ebenso nichtsthuerisch am Meeresstrande oder auf den Eingangsstufen der Halle gelegen, eben so kindisch nach jedem blitzenden und farbigen Ding gegriffen und auch den Nächsten getäuscht und überredet und ein wenig gelogen und getrogen haben! Dies Gesindel, das sich so elend vor Dir wegwirft, ist doch wieder, wie viele Fälle beweisen, jeder Aufopferung und edlen Regung fähig und kann sich auch stolz aufrichten, wenn die Umstände es so fügen. Bedenke, dass wenn wir Deutsche an uns halten und empfindsam sind, diese Süditaliener unter der Herrschaft der Phantasie stehen, der seltsamen Tochter Jovis, an deren Launen und Thorheiten der Gott seine Freude hat. Siehe, wie sie genügsam sind und durch Einbildung ersetzen, was .an der Wirklichkeit fehlt, wie ihr Gefühl leicht erregt wird und sie dann mitleidig und hülfreich sind! Ein ander Mal musst Du es freilich ansehen, wie sie ihre Thiere empörend grausam behandeln, und ihre Geschichte lehrt Dich, dass sie immer Giftmischer gewesen sind, hier wie in Venedig und Rom, und Messerstiche im Dunkeln fast zu ihrer Lebensordnung gehört haben, sonst wie jetzt. Welche Rohheit, welche Schlangennatur verbirgt sich in diesen Menschen, rufst Du vielleicht mit Abscheu aus und hast nicht Unrecht. Aber auch hier erinnere Dich der Alten, die auch den Dolch häufig im Gewande versteckt hielten, und ihn nicht immer in so idealer Absicht zückten, wie Harmodius und Aristogiton. Du wirst später finden, dass im heutigen Rom, wo die coltellate im Streite und die Ueberfälle auf den einsamen Wanderer nicht selten sind, doch die Bevölkerung nur geringe Neigung zum Diebstahl zeigt, der doch aus niedrigern Motiven hervorgeht, als die genannten mehr energischen Laster. Und wenn in einem der verfallenen Bergnester der Umgebung Roms der junge Wirthssohn, aus dessen Augen ein stechendes unheimliches Feuer blitzt, und seine Mutter, das habsüchtige, abergläubische Weib, bei einem Unfall, einer Krankheit, die Dich unter ihrem Dache befällt, mit rührender Sorge Dich pflegen, Deinen Wünschen zuvorkommen, bei Dir wachen, Dich betten, Deine Wunde reinigen und verbinden — und Du sie von Deinem Lager aus kommen und gehen siehst, in edlen Bewegungen, ja in königlicher Haltung, und sie zu Dir in feinen, zartgefühlten, oft sinnreichen Worten reden, sie die Leute aus dem Volk, des Lesens unkundig — dann sagst Du Dir wohl: wie wunderbar zusammengesetzt ist des Menschen Seele, wie schwer zu ergründen die Psyche eines Volkes und wie leichtsinnig ist der, der für dies vielverschlungene Räthsel die Formel schnell bei der Hand hat. Die wahre Formel auch für die Italiener des Südens hat schon Prometheus gefunden:

> Ihr seid nicht ausgeartet, meine Kinder,
> Seid arbeitsam und faul,
> Und grausam, mild,
> Freigebig, geizig,
> Gleichet all euren Schicksalsbrüdern,
> Gleichet den Thieren und den Göttern.

Nicht ausgeartet — vielmehr ein verwilderter Garten, mit üppigem Erdreich und seit alter Zeit tief bestelltem Boden, mit manchen schönen Blumen und Bäumen und daneben mit dornigem Gestrüpp und wucherndem Unkraut, durchkrochen von giftigen Spinnen und Schlangen

— den es zu lichten und zu reinigen, auch wohl neu zu bepflanzen gilt, ein mühsames, langes Werk!

Wie mit Natur und Menschen halte es, junger Freund, auch mit der Kunst in Italien; auch auf diesem Gebiet schickt sich für Dich zunächst die Stille, das Misstrauen. Du wirst Dich Anfangs von Vielem, das Dir hergebrachter Weise als bedeutungsvoll vorgewiesen wird, unwillig abwenden, vor manchem Anderen dagegen bewundernd stille stehen: das Erstere werden die unreifen Produkte der werdenden Kunst, das Andere die Werke der späteren Manieristen sein. Dann, nach längerer Uebung und bei sich häufendem Stoffe, wird das Verhältniss sich umkehren, die letzteren werden Dir als blosse Technik ohne Gehalt zuwider, die erstern als hoffnungsvolle Knospen lieb und anziehend werden. Damit nun wäre zwar eine höhere Stufe des Urtheils, aber noch nicht derjenige höchste Standpunkt erreicht, von dem aus der Blick mit allseitiger Uebersicht und gleichmässig stiller Erwägung das Ganze der modernen Kunst umfasst. Es giebt keinen wundersameren Organismus, als die mit immanenter Nothwendigkeit sich entwickelnde, Trieb nach Trieb ansetzende, von schüchternen Anfängen bis zu strahlender Pracht aufsteigende, von da eben so allmählig sich senkende italienische Malerei. Sie gleicht in ihrem Verlaufe den menschlichen Lebensaltern oder den Zeiten des Jahres vom ersten Frühling bis zum Herbst und Winter oder der von demselben Boden getragenen altrömischen Geschichte. Denn auch in der letzteren vollzieht sich in der Hervorbildung eines politischen Momentes nach dem anderen, vom Königthum durch die aristokratische, mühsam sich demokratisirende Republik bis zu dem auf allgemeiner Gleichheit ruhenden Kaiserthum und in gleichem Schritte damit, von einer Eroberung zur andern, von Land zu Land und Volk zu Volk, in der unaufhaltsamen, immer wachsenden Erweiterung der kleinen Stadtgemeinde zur Welt und Menschheit — es vollzieht sich darin, sagen wir, eine innere Dialektik, wie sie in solcher Grösse und Strenge nirgends erschienen ist und niemals wieder erscheinen kann. Ein noch gleichartigeres Gegenbild aber gewährt vielleicht die Geschichte der altgriechischen Poesie. Denn auch dort folgt nach einem inneren Gesetze des Wachsthums eine Dichtungsform auf die andere: jede Landschaft und Mundart tritt zur bestimmten Zeit mit der ihr eigenen Art und Gestalt auf, von der jonischen Epik, der melischen und chorischen Lyrik der Aeoler und Dorer bis zum zusammenfassenden attischen Drama und weiter der alexandrinischen Didaktik; und eben so organisch laufen von den drei Hauptgattungen der Poesie die der Prosa aus, erst die historische, dann die philosophische und die rednerische. Auch in der italienischen Kunst bringen die einzelnen Mittelpunkte und Richtungen wechselsweise zu gelegener Zeit ihren Beitrag, hier die Sinnlichkeit der Form, dort die innige Beseelung, dort die Schärfe der Zeichnung oder den Glanz der Farben oder den Reichthum der Erfindung, bis endlich in Michelangelo und Rafael das höchste Kunstwunder sich begiebt und der Gipfel erreicht ist. Gleich drauf beginnt, erst in leisen Symptomen sich ankündigend, dann in immer rascherem Verfolge, der Process der Ausartung. Hatte die Jugend der Kunst in der unbewussten Sehnsucht bestanden, aus den Banden des Handwerks und der Satzung zur Natur und, was damit eins ist, zur Antike vorzudringen, so diente nun die gewonnene Freiheit und

Fertigkeit zum blossen Spiel und zum Selbstgenuss darin: die Technik ist bewundernswerth, aber sie sagt nichts; alle Mittel dramatischer Leidenschaft werden aufgeboten, alle Effekte versucht; der Künstler langt der Wirkung wegen nach immer Neuem und Seltsamem; je schwülstiger er ist, um so mehr Bewunderung findet er bei den Zeitgenossen und nur diejenige Kunst gefällt, die über ihre Grenzen hinausschweift, die Architektur, die malerisch ist, die Skulptur, die in die Lüfte verflattert — bis von den Nazarenern wieder in natürlichem Gegenschlag der unreife Stil des Mittelalters zum absoluten Muster erhoben wird. Indem nun dem lernbegierigen Jünger bei seinem Aufenthalt in Italien die Denkmäler aller dieser Epochen in Kirchen und Palästen, in Galerien und Museen reichgedrängt und buntgemischt entgegentreten, sammele und schaue er nur unermüdet weiter, präge sich ein, bereichere sein Gedächtniss, übe seinen Blick; allmählig wird die Fülle des Stoffes sich theilen, in Gruppen sondern; das Gleichartige wird zusammentreten, feinere Unterschiede werden sich aufthun, und je selbstloser er von Anfang an gewesen war, desto eher wird er Herr werden über die bunte Menge. Wenn er dann so Bescheid weiss und sich als werdenden Sachkenner fühlt, dann wird ihm diese Kunstwelt erst die rechte Freude gewähren. Dann verachtet er nichts, sonden fühlt es in seinem Zusammenhang. In den spätesten Erzeugnissen der gesunkenen Kunst weiss er noch die Erbschaft lange gesammelten Reichthums, in den Verzerrungen einseitiger Manier das Gesetz sich fordernder Gegensätze zu finden, und grade die frühen Meister, deren Sinn und Hand noch gebunden war, werden ihn theils durch Naivetät rühren, theils durch Vergleichung mit noch älteren Vorfahren als geniale Ueberwinder zur Bewunderung stimmen. Der Kunstsinn, der geübte äussere Sinn ist unter den Früchten, die ihm die Reise gebracht haben wird, nicht die geringste. Auch für die Heimath ist ihm das Auge geöffnet: er sieht in seiner Umgebung, in Natur und Landschaft, im Treiben der Menschen Gruppen und Bilder, Linien der Bewegung. Denn wie sehr muss auch hierin die natürliche Anlage geweckt und gebildet werden und wie stumpf pflegen wir mitten durch die Dinge der Welt unsern Weg zu verfolgen! Dem, der aus Italien kommt, fügt sich Alles zu einander und kein Augenblick flüchtiger Beleuchtung oder glücklicher Anordnung geht ihm verloren. Er wandelt umher wie mit einem zweiten Gesicht begabt. Bedenkt man, wie sehr der deutsche Geist auf das Wesen und wie wenig auf die Erscheinung gerichtet ist, so möchte man jedem Deutschen, der dessen werth ist, zu seiner Bildung wünschen, dass er gezwungen würde, eine Weile in der Atmosphäre antiken, romanischen, südlichen Lebens zu athmen. Dort ist noch Schönheit und Idealität, um die freche Realistik zu mildern, der wir uns neuerdings ergeben zu haben scheinen. Denn nicht bloss Ergänzung des uns Fehlenden soll uns Italien bringen, sondern vor Allem Sicherung unseres Besitzes, Abwendung drohenden Verlustes. Wir sind das Volk Schillers und Göthes, deren Bild wir in vielen unserer Städte aufgestellt haben, das Volk der grossen Denker, die uns die Erkenntniss der Einheit von Idee und Wirklichkeit errungen haben. Wir haben das Glück gehabt, dass unsere Klassik gegen das Ende des achtzehnten, des Jahrhunderts der Aufklärung fiel, dass ihr Rousseau und Voltaire vorgearbeitet hatten und dass sie keinen Kampf mit den Dämonen der Finsterniss zu bestehen hatte. So wurde ideale Humanität ihr Inhalt, beruhigte Schönheit ihre Form. Die Franzosen haben in ihren Klassikern nur Muster der Rede, das Vorbild zierlichen, treffenden Ausdrucks. Sie lernen sie auswendig, um sich in Eleganz und Präcision der Sprache zu üben, und wenn sie einen Satz aus Boileau oder Racine citiren, so geschieht es, weil dort für einen sich oft aufdrängenden Gedanken die fertige Formel geprägt ist. Jene Dichter lebten in der erstickenden Luft des 17. Jahrhunderts und so weht aus ihren Werken kein Hauch der Freiheit die Nachkommen an. Daher sich die Franzosen bis auf den heutigen Tag mit der Wohlanständigkeit begnügen und, wenn sie sich auf moralische Autoritäten berufen wollen, immer wieder auf die Aussprüche der Kirche und die ungesunden dualistischen Lehren der Kirchenväter gewiesen sind. Die Italiener haben in ihrem Dante den gewaltigen Schöpfer ihrer Sprache, aber es ist zu lange her, dass er lebte und dichtete. Er war der Denker des Mittelalters und der Scholastik — interessant für das Studium, aber kein Erzieher der Nation, kein leitender Stern auf ungewissem Wege. Wenn die Italiener, obgleich ihre Literatur bloss an süssen Klängen, auch an Rhetorik reich ist[1], doch die schöne Einheit der Menschennatur bewahrt haben, so ist dies Ueberlieferung ihrer Ahnen, aus der Zeit, wo ihre wahren Dichter, Vergil und Horaz und Ovid, Catullus und Tibullus, lebten. Der grosse Shakespeare hat den Nebel des Pharisäismus nicht verscheucht, der so schwer auf den britischen Inseln liegt; das macht, er hat den Kampf der objectiven Mächte, der Entschlüsse und Thaten bewunderungswürdig treu dargestellt, aber das innerste Herz nicht gelöst. Das that nur Goethe, der Dichter des bewegten, zarten und tiefen Seelenlebens. Goethe war es auch, der mit dem hellenischen Alterthum einen innigen Verkehr unterhielt und von unwiderstehlicher Sehnsucht getrieben, nach Italien pilgerte. Goethe und Italien gehören für uns untrennbar zusammen und nur wer das klassische Land betreten hat, wird auch den Dichter ganz verstehen. Wenn ein Kaufmann, der ein verständiger, ruhig und klar denkender Kopf wäre, nachdem er Jahre lang tüchtig gearbeitet, mich fragte, wohin er zur Erholung und um des Erworbenen auch einmal froh zu werden, reisen sollte, so würde ich ihm antworten: nur nicht nach Italien; und wenn derselbe mich fragte, welche Lectüre er für die Sommerwochen auf sein Landhaus mitnehmen solle, so würde ich ihm erwiedern: nur nicht Iphigenie und auch nicht Wilhelm Meister. Denn, um es zu wiederholen, für wen das Eine nicht ist, für den ist auch der Andere nicht, und umgekehrt. Dass aber denen, die an der idealen Stimmung unserer Klassik noch Theil haben, diese von der Zeitströmung nicht fortgerissen werde und der Dichter nicht verloren gehe, dazu dient nicht am wenigsten ein Aufenthalt in dem Lande, in das zu gelangen dem grossen Winckelmann das Opfer seiner Religion nicht zu kostbar war.

Wann aber, so könnte man noch fragen, ist der Moment der Rückkehr, woran erkenne ich, dass es Zeit ist, mich ins Vaterland zurückzuwenden? An zwei Symptomen, ist die Antwort, die sich freilich gegenseitig auszuschliessen scheinen. Erstens, wenn Du Dich so an den Süden und das südliche Leben gewöhnt hast, dass Dir bei dem Gedanken des Abschiedes das Herz fast brechen möchte; zweitens, wenn Dich Nichts darin mehr besonders anzieht und aufregt, sondern Alles so scheint, als könnte und müsste es nicht anders sein. Ist dieser Zeitpunkt gekommen, dann wird der Drang nach Thätigkeit, nach Mittheilung Dich von selbst zurück über die Alpen treiben. Trittst Du dann unter deine Landsleute, unter Verwandte und Freunde, wie lächelst Du über ihre Fragen und wie sehr hütest Du Dich kurz abzusprechen und ohne Weiteres Ja oder Nein zu sagen! Nicht wahr, sagt Dir ein Nachbar, der sogar bis Neapel gekommen ist und auf diese Stadt nebst Umgegend im vorigen Herbst fünf Tage verwandt hat, — es zog ihn besonders Pompeji dahin, eine aufgegrabene Stadt, die uns vor Augen stellt, wie die Menschen vor bald zweitausend Jahren lebten, und nebenbei auch der Vesuv, der aus einer Oeffnung auf seinem Gipfel Feuer speit und Asche und Steine hinausschleudert — nicht wahr, unerträglich sind doch trotz Allem die in Oel schwimmenden Artischockenstengel, das ölige Umido, die mit Oel auf der Pfanne gebratenen Stücke Gehirn — bei dem blossen Gedanken fasst mich der Schauder! Freilich wohl, erwiederst Du, man muss sich daran gewöhnen und gute Butter mag wohl besser sein; es fehlt dort für Rindvieh die saftige Weide und schon die Alten kannten die Butter kaum dem Namen nach und schmalzten ihre Zwiebeln und ihr Backwerk mit Oel; auch gestand mir ein Neapolitaner, der sich Studirens halber ein Jahr in Leipzig und Berlin aufgehalten hatte, es habe ihm in Deutschland Vieles gefallen, schwer aber sei es ihm geworden, so lange Zeit ohne Oel leben und immer nur Butter und wieder Butter essen zu müssen. So sprichst Du und bittest den chef de cuisine, bei dem Du Dein Diner bestellst, er möge Deinen Fisch nicht anders als in Oel braten lassen; Mr. Constant oder Benoît aber winkt Dir zu, giebt seinem Untergebenen mit der weissen

Zipfelmütze die nöthigen Befehle und denkt im Stillen: der da hat Bildung, der ist nicht comme ces autres lourds Allemands! — Sind Sie endlich wieder da, sagt Dir eine Dame, und gar in Sicilien gewesen? Wie, und die Ohren sind Ihnen nicht abgeschnitten worden? Haben Sie es denn gewagt, allein in der römischen Campagna oder auch innerhalb der Mauern in den Vignen der wüsten Stadt umherzuirren? Meinem Bruder sind Abends bei der Heimkehr Geld und Uhr abgenommen, in Neapel aber am hellen lichten Tage die batistenen Taschentücher — Ach, meine Gnädige, erwiederst Du mit verstelltem Schrecken, es ist ein böses Land, es sieht da ungefähr aus, wie bei uns zur Zeit des dreissigjährigen Krieges! Aber ich habe mich in Acht genommen, auch müssen es mir die Räuber angesehen haben, dass der Fang wohl nicht so reich gewesen wäre. Die Italiener haben jetzt eine freie Verfassung, da darf kein Individuum angerührt werden, und tritt einmal der Glücksfall ein und man packt einen Uebelthäter, so sind der Umschweife so viele, ehe er vor die Geschworenen kommt, und diese sprechen ihn frei, sei es wegen der Menschen- und Grundrechte, sei es aus Furcht oder Erbarmen. Da verstanden es die Franzosen besser: diese kamen zwar als Apostel der Freiheit ins Land, aber noch lebhafter, als ihre revolutionäre Begeisterung, war ihr Sinn für Ordnung und mechanische Construction: fand sich, dass eine Strasse nicht sicher war, da wurde unbeugsam und blutig an die Ausrottung des Uebels gegangen, und siehe da, in einem halben Jahre war das Volskergebirge, ja das ganze Abruzzenland so friedlich und still, wie irgend ein Departement in Frankreich, dem Musterlande des ordre und der prompte justice. Die

Italiener sind dazu zu nachsichtig, gönnen Jedem seine Art in dieser von der einen Sonne beschienenen mannigfachen Welt und haben einen natürlichen Abscheu vor der Guillotine, überhaupt vor der Todesstrafe. Und sind nicht auch die Räuber, wenn sie auch nicht so schön sprechen und nicht immer so edel handeln, wie Karl Moor, doch oft schöngewachsene Exemplare unserer Gattung, das Entzücken der Maler und der — Frauen? — Sie sind ein Schalk, sagt die Dame und macht mit dem Fächer eine Bewegung, als wenn sie Dir einen kleinen Schlag geben wollte, und ein dabeistehender kranker Dichter fügt hinzu: O die Räuber würde ich nicht fürchten, wenn ich einmal dem nordischen Winter entgehen könnte! Wir leben doch den grössten Theil des Jahres nur im Kerker! — Sie haben Recht, entgegnest Du, und ich wünsche Ihnen recht bald die Gelegenheit dazu. Nur vergessen Sie die warmen Kleider nicht, sie sind dort fast nöthiger, als hier bei uns. Im Winter sind die Tage kurz und wenn die Sonne untergegangen ist, kann sie auch nicht wärmen. Auch vor einem tüchtigen hesperischen Rheumatismus hüten Sie sich, der dann in den Bädern des lieben Vaterlandes curirt werden muss. — Aber der Frühling, wirft Jener Dir ein, der bei uns nur eine täuschende Jahreszeit ist, tritt dort doch früher ein, im Februar und März blühen ja wohl die Mandel- und Aprikosenbäume — Doch möcht ich nicht rathen, unterbrichst Du ihn, im April ins Albanergebirge, an den Fuss des Monte Cavo sich zn wagen, denn da liegen nur noch die welken Blätter des Kastaniengestrüppes vom vorigen Herbst und ein empfindlich kalter Hauch kommt von Norden aus dem Sabinergebirge herüber. — Und dann, setzt Jener kleinlaut hinzu, folgt gleich der glühende Sommer, wo die Pflanzen verdorren, die Muskeln erschlaffen, der Schlaf das Lager flieht, jede Arbeit doppelt schwer fällt und das Fieber durch die Luft schleicht. — Und doch, sagst Du drauf, möcht ich die drei Sommermonate in Rom schon ertragen und poetischer leben, als in irgend einer Pension über dem Vierwaldstättersee. — Wie, selbst in Rom, das Jeder in der heissen Zeit flieht, selbst der Einheimische? — Ja, grade in Rom. Sind nicht die Abende, die lauen Nächte köstlich? Durch ihr tiefes Dunkel geht ein leises Flüstern und jeder Athemzug bringt unbekannte Blumendüfte. Oder es steht der Mond am Himmel und übergiesst die Flächen der Paläste und die Plätze, z. B. die piazza del popolo, hell wie mit Milch. Um die Mittagszeit liege ich schlummernd oder wachend in halbverfinsterter Kammer auf dem Sopha, frühmorgens wandere ich hinaus zur Acqua Acetosa, Abends sitze ich mit guten Freunden bei der Flasche Frascati, in irgend einem weiten, hohen, steinernen Saale, dessen Boden mit Wasser besprengt ist, alle Gäste haben die Röcke ausgezogen, was auch die Damen nicht übelnehmen, durch die offenen Fenster haucht uns unmerklich die Nachtluft an, in Nähe und Ferne plätschern die Springbrunnen, alle Fremden sind fort, wenig Wagen fahren, das ewige Rom ist, wie es sein muss, still und gewaltig und besänftigt wie mit einem lindernden Zaubertrank das unruhige, zwischen Wunsch und Entsagung hin und her geworfene Herz.

Und so, wie über die eben besprochenen Nebenpunkte, urtheilst Du massvoll über wichtigere Dinge, das Geistesleben, die Literatur, die Kunst, die politischen Hoffnungen und Befürchtungen, die Anlagen und Charakterzüge der Italiener und Italiens. Der unreife Halbkenner fasst ein Moment ins Auge und löst es durch Abstraction aus dem Verbande aller übrigen; aber die Wirklichkeit ist, wie überall, so auch hier ein Ganzes von unzähligen, sich scheinbar ausschliessenden Bestimmungen, von denen aber keine ohne die andere ist und sein kann. Das Gesammturtheil über ein Land und Volk ist schwierig, aber es muss möglich sein und wird dann eine bald hellere, bald trübere Farbe tragen. Wir glauben, dass der Eindruck, den der begabte junge Mann nach längerem Aufenthalt aus Italien heimbringt, ein überwiegend günstiger sein wird und dass er, wenn er sich auch nicht auf immer in dem Lande niederlassen mag, doch nie aufhören wird, sich in diese formenreichere Welt zurückzusehnen. Wem aber zu solcher Erweiterung und Entäusserung seines Selbst die Zeit und die Erziehung und die angeborene Richtung und Anlage fehlt, der bleibe fern, zu seinem eigenen Besten fern — wie wir gleich Anfangs gerathen haben und wie wir diesen Rath hier mit voller Ueberzeugung wiederholen.

Erstes Nachwort vom September 1866.

Der geheime Wunsch, der den Verfasser dieses Buches in seinen Darstellungen und der Wahl und dem Auftrag der Farben leitete, Deutschland mit dem missachteten, angefeindeten, im besten Falle ignorirten Italien in Bundesgenossenschaft treten zu sehen, dieser Wunsch ist im Jahre 1866 in überraschender Weise in Erfüllung gegangen. Und zwar von einer Seite, von der es am wenigsten zu erwarten war. Nicht die Sympathie des Volkes hat dazu gedrängt — dieses war in unfruchtbarer Selbstgenügsamkeit befangen und sie sorgten eifrig dafür, es darin zu erhalten, — auch nicht die politische Einsicht der national-liberalen Partei — diese blickte nicht so weit oder vielmehr allzu weit und scheute sich vor jedem Anfassen, als die Hände befleckend —; Entschluss und That kam vielmehr aus der feudalen Diplomatie eines legitimistischen Hofes, desselben Hofes, der sich vor noch nicht langer Zeit gesträubt hatte, das Königreich Italien in seinem Bestande auch nur anzuerkennen, und als er nicht länger umhin konnte, diesen Schritt zu thun, denselben mit altväterischen, unlustigen moralischen Ermahnungen begleitete. In der That, Graf Bismarck hat den schwierigsten, den wahrhaften Meistererfolg zu allererst in seiner nächsten Nähe errungen, und den italienischen Vertrag zu Stande zu bringen, vom ersten mit Staunen aufgenommenen Gedanken bis zur letzten wirklichen Unterzeichnung, hat sicher nicht weniger Energie und Genialität gekostet, als die Stiftungsurkunde eines neuen Deutschlands mit Ausschluss des Kaisers von Oesterreich abzufassen und durchzusetzen. Der letztgenannte Plan war wenigstens durch die Tradition gegeben: mit der Idee der Annäherung an Italien aber stand Graf Bismarck völlig einsam in Deutschland da. Noch vor Kurzem hatte der preussische Adel den Exkönig von Neapel feierlich auf den Schild der Ordnung und des Rechts erhoben; dass die Minciolinie und das Festungsviereck zum Schutze Deutschlands nothwendig sei, diese Doctrin des Jahres 1848 war bei den Epigonen der Paulskirche noch nicht gänzlich erschüttert; die Eröffnungen des italienischen Nationalvereins wurden noch 1859 von dem deutschen Glaubens- und Namensgenossen spröde zurückgewiesen; den Feldzug desselben Jahres schilderte das Werk des preussischen Generalstabes mit unverkennbarer Parteinahme für Oesterreich. Graf Bismarck sah schärfer als sie Alle. Was das Königreich Italien zum Todfeinde Oesterreichs machte, war dasselbe, was Preussen erstrebte und was Deutschland nur durch Preussen zu erringen hoffen durfte. Es war ein natürliches Bündniss, hervorgegangen aus derselben Stellung gegen dieselben Mächte der Vergangenheit; schon die Existenz desselben war ein ungeheurer Fortschritt für ganz Europa, der darauf folgende Sieg ein Freiheitsgewinn von unberechenbarem Gewicht. Denn man bedenke nur, wer besiegt worden ist und was bei einem entgegengesetzten Ausgang geschehen wäre. Schon der Krieg von 1859 war als ein Kreuzzug der Legitimität gedacht und unternommen: es sollte nicht bloss der liberale Störenfried Piemont niedergeworfen werden, damit fortan von den Alpen bis zum Aetna kein Laut rege werde und kein Lichtstrahl sich durchschleiche: die Absichten und Hoffnungen flogen höher: in Paris selbst sollte eingerückt und dort die eigentliche Quelle des Bösen verstopft werden. Aber bei Solferino wurde durch Durchbruch des Centrums — wie bei Königgrätz umgekehrt durch Ueberflügelung — der streitbaren Contrerevolution die Waffe aus der Hand geschlagen. Die Lombardei musste abgetreten werden, aber es geschah mit dem schweigenden Vorbehalt, sie bei nächster Gelegenheit wiederzuholen. Seitdem lächelte Oesterreich nach allen Seiten, stand aber hinter den Wällen Veronas und Mantuas auf der Lauer, um wenn aus Paris die Nachricht käme, dass zwei Augen sich geschlossen hätten und die sehnsüchtig erwartete Krisis in der einen oder der andern Gestalt ausgebrochen sei, drei Tage später auf Mailand sich zu werfen und das sogenannte Königreich Italien, dieses teuflische Gaukelspiel, vom Erdboden zu bannen. Indess, noch lebte der Hüter an der Seine und ein anderer Gegenstand der Begierde und der Rache trat allmählig von einer andern Seite immer näher und drängte jene erste Leidenschaft in den Hintergrund. Dem Römischen Kaiser gehörte ja nicht bloss von Rechtswegen das Land Italien: Deutschland war die eigentliche Sphäre seiner Macht und Glorie. Das Unglück der Zeiten — verkörpert in der französischen Revolution und ihrem Sohn, dem gewaltthätigen Corsen — hatte das Römische Reich aus der Reihe der Lebendigen gestrichen; an seine Stelle war der deutsche Bund, d. h. eine von einigen dreissig souverän gewordenen Familien des hohen Adels beherrschte oligarchische Republik getreten. Die Letztern, ihrer Schwäche sich bewusst und nur auf Erhaltung ihres Besitzes sinnend, lehnten sich gern an den mächtigen Kaiser, dessen Vorfahren einst an der Spitze der Christenheit gestanden und über sie Alle eine gnädige, mehr symbolische als reelle Herrschaft geübt hatten. Er leitete sie nach seinen Winken, spendete ihnen aus dem Borne seiner conservativen Dogmatik, nahm ihre nachgebornen Prinzen in seine Dienste auf und vergnügte sich an solchem Nachklang alter Oberherrlichkeit, ohne vorläufig mehr zu verlangen. Denn beide Theile hegten einen gemeinsamen Hass und die gleiche angstvolle Besorgniss. Im Nordosten Deutschlands, auf einem dem Ganzen urspünglich fremden Boden, in eben so excentrischer Lage wie die Piemonts in Italien, war aus einem bescheidenen Reichsstande das Königreich Preussen erwachsen und drohte sichtlich, immer weiter zu greifen und ihrer Aller Erbe zu werden. Es war ein junger Staat, auf der Kulturbasis der modernen Welt aufgebaut, kräftig geordnet, verständig verwaltet, auch wohl übermüthig seine Bestimmung fühlend. Sie wussten ihm zwar nachzusagen, er sei hinter ihnen weit zurückgeblieben, und wiesen auf seine Rohheit, auf das Junkerthum, den Militärdespotismus, auf die herrschende Legitimität und Pietisterei, den Scheinconstitutionalismus u. s. w. Allein ein Staat, dessen Aufgabe es war, in dieser feindlichen Welt sich durchzusetzen und eine erschlaffte Nation zu regeneriren, musste wohl mit hartem Sinn das Waffenhandwerk pflegen; das Junkerthum ist in diesem ganz und gar bürgerlich und prosaisch angelegten Volke selbst von ärmlichem und unadeligem Zuschnitt und lange nicht so einschmeichelnd und imponirend und folglich nicht so mächtig und gefährlich, als die Aristokratie im übrigen Deutschland und in Oesterreich, die still und unangefochten das Heft in Händen hält; Legitimismus und Orthodoxie sind in Preussen unwesentliche, vorübergehende Erscheinungen und constitutionelle Freiheit wäre in Berlin so natürlich, als es religiöser Patriarchalismus in Wien ist. Lange Jahre hielt die Spannung an, ohne offen auszubrechen. Als aber die Frage der Elbherzogthümer, bisher der Tummelplatz antiquarischer Deutschthümelei und mannichfacher, theils unreifer, theils selbstsüchtiger Agitation, zur Entscheidung reifte und plötzlich wie von einer unsichtbaren Hand auf den Boden realer Politik versetzt wurde, da erkannten die Interessenten der Theilung Deutschlands ihren Bestand als gefährdet und entschlossen sich, dem immer näher schreitenden Verhängniss gerade auf den Leib zu rücken. Es sollte Preussen ein für allemal ins Nichts zurückgeschleudert werden und für Deutschland von Neuem die Aera mittelalterlicher Staatsordnung beginnen. War hier die Macht errungen, dann konnte es nicht fehlen, dass auch Italien dem kaiserlichen Scepter verfiel. Aber der neue Staat siegte über den romantischen; Verstand, Wissenschaft und Thätigkeit erwiesen sich stärker, als die gemüthvolle Gefangenschaft des Geistes und leichtsinnig liebenswürdige Sinnlichkeit, die die Bande, in denen sie gefesselt liegt, und die Ränke, durch die sie gegängelt wird, nicht von ferne gewahr wird. Es war der Triumph zweier organischer Nationalstaaten und der sich an sie knüpfenden Kultur, des italienischen, der sich vollendete, und des deutschen, dessen Vollendung nur noch eine Sache der Zeit ist.

Zwar — wenn es richtig ist, was ein angesehenes Berliner Organ (die Nationalzeitung in Nr 353 dieses

Jahres) mit gerechtem Stolze behauptete: „dass der jedesmalige Gesammtwerth der Völker ganz vornehmlich im Kriege zur Erscheinung kommt,“ dann scheinen die Hoffnungen, die die Welt auf das neue Italien gesetzt hatte, sehr herabgestimmt werden zu müssen. Vor dem Glanze des preussischen Feldzuges erscheint das, was jenseit der Alpen geleistet wurde, kümmerlich und unzulänglich. Der Tag von Custozza hatte den Rückzug der Armee jenseits des Mincio zur Folge, der von Lissa die Bergung der Flotte in dem Hafen von Ancona, auf dessen Grund das Widderschiff, der „Versenker“ (Affondatore), bald nachher selbst versank. Die Rothhemden bemühten sich vergeblich, über die hohen Gebirgsstrassen ins Innere von Tyrol vorzudringen. So wäre es denn wahr, dass dies Volk in musikalischer Verweichlichung erschlafft und kriegerischer Anstrengung nicht mehr fähig ist? dass diese Sprache mit ihren Endvocalen und assimilirten Lauten zu weich und umständlich ist, um zu kurzen Kommandoworten zu dienen? dass eine tägliche Sitte, die sich statt der pünktlichen Zeitbestimmung moderner Uhren mit dem poetischen Stundenmass wie: *all' ore due di notte* begnügt, zu lässig ist, um sich im Kriege des rechten Moments und mit ihm des Erfolges zu versichern? — Dies Urtheil wäre vorschnell und ungerecht. An persönlicher Tapferkeit haben es die Liniensoldaten von Custozza nicht fehlen lassen; die Kavalleriegeschwader haben sich mit den österreichischen gemessen und sich ihnen sogar überlegen gezeigt. An dem Mangel heldenmüthiger Aufopferung lag es nicht, wenn die Seeschlacht von Lissa mindestens resultatlos blieb. Dass die Freiwilligen in der Giudicaria und auf den Pässen des Stelvio und

Tonale sich nicht geschont haben, beweist die grosse Anzahl Todte und Verwundete in ihren Reihen. Nicht der Kriegsuntüchtigkeit der Race also ist der Misserfolg zuzuschreiben, sondern vielmehr der unzulänglichen Organisation. Denn eine grosse Armee ist nicht in einem Tage zu schaffen, sie ist das Werk der Tradition, einer zusammenhängenden Kriegsgeschichte, eines längern militärischen Lebens. Piemont hatte bisher mit tapfern, aber verhältnissmässig kleinen Heerhaufen das Feld bezogen, die leicht zu übersehen und mit einer Hand zu lenken waren: in der Bewegungsmechanik der gewaltigen Truppenmassen eines grossen Landes war es ungeübt. Da wollte Nichts recht zusammengreifen, da schwebten die ungeheuren Maschinentheile nicht leicht und sicher einander zu und von einander ab, da traf die Gesammtkraft nicht auf dem einen wohlberechneten Punkte zusammen, wo sie die Entscheidung geben musste. In einem Zeitalter, wie das unsrige, dem der Eisenbahnen und Telegraphen, wo in wenig Tagen oder Stunden der Massenstoss gesammelter Streitkräfte das Schicksal der Reiche und Völker entscheidet, liegt die Gewähr des Sieges vor Allem in der organisatorischen Technik im Grossen. Bei Custozza stand nur eins der drei Armeekorps, die über den Mincio gegangen waren, der österreichischen Südarmee gegenüber; es hielt während des langen, erstickend heissen Tages den Kampf heldenmüthig aus, aber die beiden übrigen Korps waren fern, auf falscher Fährte oder der Bewegung nicht fähig. Gegen Abend endlich wurde das erschöpfte Korps von einem der beiden andern abgelöst, die Schlacht war nicht verloren (so urtheilte nach Berichten preussischer Agenten Graf Bismarck im Gespräch mit Herrn

Vilbort), dennoch aber die Scheu vor so umfassendem Kriegsspiel so gross, dass die ganze Armee über den Grenzfluss zurückging. Die lange Unthätigkeit seitdem — vom 25. Juni bis 4. Juli — war auch dem preussischen Minister ein Räthsel. War schon damals der piemontesischen Camarilla des italienischen Hauptquartiers die allergeheimste Kunde von der bevorstehenden Cession Venetiens zugekommen und wollte sie in Folge dessen gefährliche Wagnisse unterlassen; zumal der Sieg der preussischen Waffen und Benedeks Niederlage damals noch gar nicht ausgemacht war? Oder war die Langsamkeit auch hier nur das Symptom der mangelnden Organisation? — In der Seeschlacht von Lissa trat dasselbe Verhältniss zu Tage. Der Eifer des Einzelnen dem Feinde auf den Leib zu rücken, die rasche Leidenschaft im Schiessen, die Lust zu entern, die Gewandtheit im Wenden, wie sie im Galeerenkampf sich geltend machte, diese individuelle Fechtart genügt bei den Kolossen neuerer Schiffsbaukunst und ihrer ungeheuren Armatur nicht mehr. Ein Land, wie Italien, wo die grosse Industrie nicht entwickelt ist, wo die Hochöfen, die den Menschen an Feuer uud Eisen gewöhnen, die Hammer- und Hüttenwerke, die das Element bändigen lehren, noch fehlen, ein solches wird auch die ungeheuren Geschosse, die es selbst nicht gegossen und gebohrt hat, nicht mit der nöthigen kalten Aufmerksamkeit, ohne Voreiligkeit wie ohne Säumniss, anwenden und zurückhalten. Bei Lissa wurde zwar heldenmüthig gekämpft, aber nicht planmässig manövrirt, übereilt geschossen und der Vortheil der mächtigen Bewaffnung nur halb benutzt. Mit einem Wort, die Italiener haben noch nicht Zeit gehabt, sich auf den Fuss der Grossmacht gewohnheitsmässig einzurichten, denn was wollen fünf bis sechs Jahre gegen die Schwierigkeiten, die der Neubildung entgegenstanden, bedeuten? — Was die Garibaldiner betrifft, so hat wohl kein Kriegsverständiger erwartet, dass ihre Mitwirkung schwer in die Wagschale fallen würde. Ein Freischaarenzug ist schön im Wirthshaus, beim Glase Wein, pflegt aber beim ersten Zusammentreffen mit regulären Truppen wie eine Seifenblase zu zergehen. Die geringste Befestigung und Verschanzung hält den poetischen Siegeslauf auf; die mangelnde Verpflegung und Ambulanz hat bald Noth und Elend im Gefolge, lockert die Disciplin und kühlt die Begeisterung ab. Kaum haben die malerisch costümirten, liederreichen jungen Helden die natürliche erste Pulverscheu überwunden, da pflegt durch grosse Schlachten der Armeen in der Ebene der Krieg entschieden zu sein oder wenigstens auf einen andern Schauplatz sich zu wälzen. Wo waren dieses Jahr auch in Deutschland die Sänger, Turner, Schützen, deren Treiben uns in der Friedenszeit so angenehm beschäftigte? Der Sturmschritt der Ereignisse liess ihnen wohl kaum Zeit, die Feder an den Hut zu stecken und sich von der ersten Betäubung zu erholen. Auch Garibaldis Schaaren hatten kaum begonnen, das Klettern, richtige Schiessen u. s. w. zu lernen und die zwecklose Tollkühnheit abzulegen, da gebot ihnen der Waffenstillstand heimzuziehen und die mühsam erstrittenen Thäler und Engpässe zu verlassen. Kein Wunder, dass die Schnelligkeit der preussischen Waffenerfolge bei den Italienern statt Freude, vielmehr eine Art Bedauern erregte: der Krieg war geendigt, ehe sie sich noch in Positur gesetzt, und Venedig war geschenkt, nicht erarbeitet.

Freilich, wäre ihnen bei Custozza das Kriegsglück hold gewesen, so hätte Italien als anerkannte Grossmacht in der Reihe der übrigen Platz genommen. Aber vielleicht wäre diese Macht nur eine hohle gewesen, vielleicht hätte sie dazu verführt, statt mit bescheidenem Fleiss wesentliche, aber unscheinbare Aufgaben zu lösen, dem verderblichen Trugbilde der Vergrösserung und des Ruhmes nachzujagen. Wie der phantasirende Jüngling beim Eintritt in die Welt von dem stumpfen Widerstand der Dinge schmerzlich betroffen, aber eben dadurch heilsam erzogen wird, so wird auch die Niederlage im Felde das italienische Volk zu der nöthigen sittlichen und intellectuellen Selbstbesinnung führen. Es wird erkennen, wie leicht die rhetorische Phrase sich rundet, wie wenig es kostet, im Kaffeehause das Land und die Welt neu zu construiren oder irgend ein glorreiches Schattenspiel im Theater mit begeisterter Acclamation zu begrüssen, wie viel Ernst und Geduld aber erfordert wird, z. B. das häusliche Leben und den Unterricht zu heben, oder Fahrlässigkeit und Unterschleif im Beamtenstande auszurotten, oder dem Landbebauer Kapital und verbesserte Werkzeuge zu schaffen und ihm die abergläubischen Vorurtheile in Ausübung und Einrichtung seines Tagewerkes zu nehmen. Eine fortwährende Mahnung und Quelle der Selbsterkenntniss liegt auch in dem Zustande der Finanzen. Hier offenbart sich handgreiflich, wie viel Schäden das sociale Leben aus der alten Zeit in die neue mit herübergebracht hat. Da die ökonomische Gesetzgebung des Königreichs auf durchaus correkten Grundsätzen ruht, da der mässige Zolltarif, indem er den freien Handel begünstigt, zugleich der innern Production verstattet, sich gesund und naturgemäss zu entwickeln, da alle Binnenzölle, Zünfte, Monopole gefallen sind und Einheit und Einfacheit der Münze und das sich vollendende Eisenbahn- und Telegraphennetz den Verkehr und Austausch begünstigt, während unter der Herrschaft einer unbeschränkten Pressfreiheit kein Gebrechen und kein Missbrauch sich lange verborgen halten kann, — so wird es nur an der Nation selbst liegen, durch Fleiss und Unternehmungsgeist die Nationalmittel zu vermehren und so von innen heraus eine wirkliche Grossmacht zu werden. Hat Italien keine schwarzen Diamanten, wie England, so hat es dafür mehr Sonne, die in mancher Beziehung, wie einsichtige Engländer selbst geurtheilt haben, für jene unterirdischen Schätze Ersatz leistet. Das Meer ist überall nahe, von den Apenninen stürzen zahlreiche Wasser, geeignet Räder zu treiben und Maschinen zu bewegen. Das Heer auf das Nothdürftigste zu reduciren, ist eine dringende, von Allen anerkannte Nothwendigkeit. Die Finanzen fordern die Entwaffnung gebieterisch. Wäre dem nicht so, so könnte man von einem andern Gesichtspunkt aus die Verkürzung des Militärstandes nur bedauern. Die Armee war nicht bloss ein wirksames Bindemittel der verschiedenen in Local- und Provinzialgeist und oft in gegenseitiger Abneigung befangenen Landschaften, sie war auch eine wie auf das italienische Naturell berechnete Schule überhaupt. Diese straffe Pünktlichkeit, diese wortkarge Kürze und zusammengefasste Haltung, der Pedantismus der Reinlichkeits-, Montirungs- und Gehorsamsregeln, überhaupt der rauhe positive Geist, der von dem Soldatenhandwerk unzertrennlich ist, musste auf den spielenden, zwischen Leidenschaft und

Apathie hin und her schwankenden, in liebenswürdigem Gewährenlassen gegen sich und Andere nachsichtigen Süditaliener wie ein Stahlbad wirken. Auch die Civil-Administration konnte von der Armee her nur wohlthätige Einflüsse erfahren: die Technik beider ist verwandt: auch die Verwaltungsorgane bedürfen derselben Eigenschaften, die der Soldat im Dienste erwirbt, und grade dem italienischen Beamtenstande war unbeugsame Wachsamkeit und raschere expeditive Praxis zu wünschen. Mit der nahe rückenden römischen Frage wird sich übrigens eine neue Quelle politischer Schwierigkeiten öffnen. Sollte Rom nebst Umgegend an Italien fallen — etwa so, dass dem Papste ausser einem Jahrgehalte die leoninische Stadt auf dem rechten Tiberufer verbliebe —, so würde manche Million aufzuwenden sein, ehe der moderne Staat in der ewigen Stadt auch nur die ersten Anknüpfungspunkte fände. Die Centralorgane, in diese greisenhafte, entnervte Sphäre versetzt, würden ihrem Einfluss sich nicht entziehen können. Es ist durchaus nicht gleichgültig, wo eine Regierung ihren Sitz hat und an welchem Orte die berathenden Volksvertreter tagen. Je weiter der Mittelpunkt nach Süden rückt, desto mehr, sollte man meinen, muss von der moralischen Energie und der bürgerlichen Erwerbsamkeit des Nordens für das Ganze verloren gehen. Die übrigen Theile des Reiches müssten Jahrelang die Steuern aufbringen, die zur Umwandlung dieser ihren öden Hauptstadt und ihres unproductiven Gebietes erforderlich wären. Wie viel Arbeit, Kosten und Verwirrung würde allein die Herstellung der für den Hof und die Regierung in der verfallenen, kirchenreichen Stadt nöthigen Bauten, die

Schadloshaltung für die unzähligen Träger geistlicher Aemter, die Cultivirung und Bepflanzung der Campagna verursachen! Von diesen Schwierigkeiten erschreckt haben Manche in der That angerathen, auf die Ruinenstätte Rom und die umliegenden Raub- und Bettelnester lieber zu verzichten und den Priester dort, wie bisher seine Jubiläen feiern und seinen Syllabus herbeten zu lassen. Allein dies ist offenbar nicht möglich. Die Einheit Italiens ist nicht entstanden in der Abstraction von der Vorzeit, die nationalen Erinnerungen waren vielmehr ein mächtiger Hebel dazu. Alle andern Städte Italiens, so schön jede in ihrer Art auch sein mag, haben doch nur individuelle Bedeutung und locale Physiognomie: Rom allein ist die neutrale, umfassende Weltstadt, einzig dazu angethan, das Bündel zusammenzuhalten und dem Werke das Siegel der Dauer und zugleich der Grösse aufzudrücken. Er wird und muss also kommen, der Tag der Trauer, wo der stille elegische Zauberhauch, der die sieben Hügel und die von ihnen getragenen Säulen, Bogen und Giebel und das vor den Thoren sich ausbreitende einsame Gefilde umweht, dem gemeinen Lärm moderner Staatsverrichtungen weicht, wo befehlshaberische Civil- und Militäruniformen, grade Linien, Gesundheits- und Reinlichkeitspolizei, vielleicht gar rauchende Schlote die reizenden Scenen des Volkslebens und die idealen Landschaftsbilder entheiligen. Schon jetzt hat sich die widerwärtige Eisenbahn nach Rom gewagt, Philosophie und Naturwissenschaft lassen sich nicht mehr zurückhalten. Die Bauten und Schöpfungen des Jahrtausends der Priesterherrschaft werden eine zweite Ruinenwelt bilden, neben der sich eine neue Zeit ansiedelt, und Rom wird wieder einmal zerstört werden, um einen dritten Lebensabschnitt zu beginnen und ein anderes Antlitz zu tragen!

Es ist der italienischen Revolution oft der Vorwurf gemacht worden, dass sie ihre Erfolge nur fremder Hülfe verdanke, und Uebelwollende haben sogar höhnisch behauptet, das Land habe nur den Herrn gewechselt und ein Joch mit dem andern, das österreichische mit dem französischen, vertauscht. Allein abgesehen von der Uebertreibung, die in den letzten Worten liegt, so ist der ganze Gesichtspunkt ein falscher. Die Nationen leben nicht als natürliche Feinde neben einander, sondern vielmehr in engster Solidarität des Wohles und Wehes. Wenn im Ringen nach dem Gute der Freiheit und Kultur die eine der andern die helfende Hand reicht, so kann das weder der letztern Schande bringen, noch für die erstere ohne wohlthätige Rückwirkung bleiben. Sollten einst die Interessen des Fortschritts oder der Selbsterhaltung die Isolirung fordern, so wird es wohl auch Italien verstehen, im gegebenen Momente die Welt durch Undankbarkeit in Erstaunen zu setzen. Im Uebrigen ging zwar nicht der erste Waffenstoss, der die Ketten sprengte, von Italien aus, wohl aber war die Errichtung und Vollendung der nationalen Einheit das eigene Werk der Italiener. Kaum gab der Abzug der feindlichen Truppen und der einheimischen Despoten dazu Raum, so stand das Volk einmüthig auf und decretirte seinen Anschluss. Nirgends ein Kampf der Unitaristen mit dem Particularismus, eine Partei des Alten oder ein Zwiespalt der Meinungen. Die Bande der Gewohnheit, die Motive persönlichen Vortheils oder der Anhänglichkeit an die gestürzten Fürstenhäuser waren wie nicht vorhanden, oder verschwanden fast spurlos in dem Strom des allgemeinen Gefühles. Die Lombardei, die Herzogthümer, die Romagna, Toskana unterwarfen sich ohne Widerspruch dem piemontesischen Statuto, obgleich die daran sich knüpfenden Gesetze zum Theil unvollkommner waren, als die bei den Annectirten seit lange geltenden. Die Hauptstädte jammerten nicht um den Verlust des Hofes und der Garnison und der damit verbundenen Nahrung und festlichen Unterhaltung. In der langen Zwischenzeit, die vom ersten Aufstand bis zur gesetzlichen Vereinigung verfloss, während welcher Neid und Groll des Auslandes und Intrigue und Verläumdung der Emigranten und Jesuiten ihr Möglichstes thaten, die Umwandlung heimlich zu stören und durch ganz Europa zu verrufen, trat auch nicht ein Symptom der Reue oder der Reibung hervor. Die Steuern stiegen, das Neue lastete oft schwer, die piemontesischen Commissäre verfehlten oft das Richtige, manches Unglück z. B. die Krankheit der Seidenraupen brach ein, dennoch ergaben die wiederholten Abstimmungen stets das gleiche, an Einstimmigkeit grenzende Resultat. In wie fern diese Vorgänge frivol und unsittlich wären, und warum die Annexion in diesem Sinne ein romanischer, d. h. also ein dem germanischen Gefühl widerstrebender und mit der Würde des Germanen unvereinbarer Begriff sein sollte (wie Herr Prof. Gneist auf der Tribüne des preussischen Abgeordnetenhauses behauptete), vermögen wir nicht einzusehen. Vielmehr, wenn so Vieles in Preussen und Deutschland den Italienern als Vorbild entgegengehalten werden kann, zur Beschämung und zur Nacheiferung — z. B. die Reinlichkeit und Ordnung in den Häusern des norddeutschen Bürgerthums, — so kann umgekehrt Italien mit Stolz auf die Art hinweisen, wie die politische Einheit dort, und wie sie in Deutschland sich vollzogen hat. Jahrelang ist vom Schwarzwald bis zur Nord- und Ostsee das Lied von des Deutschen Vaterland gesungen worden, aber es war offenbar nicht ernst gemeint. So lange das einige Deutschland in den Wolken schwebte, waren Alle dafür begeistert; so wie es begann, sich auf die Erde herabzulassen, sträubten sich Gewohnheit, Eigennutz und Localgeist gegen die unwillkommene Veränderung. Niemals hat sich der Adel von Toskana mir thränenreichen Adressen nach Turin gewandt und unter Anrufung des heiligen Gefühles der Treue um Erhaltung des Grossherzogs oder wenigstens des Erbprinzen gefleht; dem abgezogenen Herzog von Modena hat Niemand mitleidig nachgeseufzt und seine Tyrannei, da er fehlte, schnell vergessen, auch Blumen bereit gehalten, sein etwa rückkehrendes Heer zu bekränzen; Niemand in der Romagna oder in Parma hat vor dem Anschluss kleinliche Vorbehalte wegen Belassung des Gerichtswesens oder der Gemeindeordnung u. s. w. gemacht und niemals ist es der Stimmung der Gemüther gegenüber nöthig geworden, den Rechtstitel der Eroberung geltend zu machen. Deutschland bis zur Mainlinie steht etwa wie Italien vor dem Garibaldizug nach Sicilien und Neapel. Wie nach einer oft ausgesprochenen Behauptung erst bei Terracina der eigentliche Süden beginnt und wie derjenige, der diese Grenze nicht überschritten hat, das wahre Hesperien noch gar nicht kennt, so ist auch das ächtere, schönere Deutschland, das Land des Weines, der Berge und Thäler, der freundlichen Sitte und naiven Sprache erst im sogenannten „Reiche" zu finden. Nun haben zwar Neapolitaner und Piemontesen, diese so verschiedenen Naturen, öfter im Stillen und auch öffentlich gegen einander gemurrt, niemals aber ist es den erstern eingefallen, die durch Garibaldi improvisirte Annexion etwa an der Stimmurne nicht zu ratificiren oder später auf Abfall zu sinnen. Es ist klar, das von der Bevölkerung Süddeutschlands ein Gleiches nicht zu erwarten ist. Was den Hanoveranern und Sachsen schwer wird, — die Absorption durch Preussen, — das ist den Schwaben und Baiern erst recht unmöglich. So behält Hr. v. Bismarck doch Recht, dass die Deutschen nur durch Blut und Eisen, d. h. auf dem Wege der Gewalt zu einigen sind? So ist in Deutschland der Drang nach Aufrichtung eines deutschen Staates und Erwerb eines Vaterlandes noch kein allbeherrschendes Gefühl, wie in Italien? Einen mächtigen Hebel freilich hat der kühne Minister anzulegen versäumt — oder an der Stelle, wo er stand, versäumen müssen, — das Königreich Preussen nicht bloss als Musterstaat der Verwaltung und Kriegsorganisation, sondern auch der politischen und idealen Gedankenfreiheit hinzustellen, und so das Werk der Waffen vorzubereiten und zu ergänzen. Auch darin war Graf Cavour, der ebenfalls ursprünglich der conservativen Partei angehörte, einsichtiger oder glücklicher und der piemontesische Hof, obgleich der allerlegitimsten Abkunft, jugendlicher. Das schlecht verhehlte absolutistische Regiment hat nur zur Folge gehabt, dass jetzt die europäischen Völker der Constituirung Deutschlands, wenn nicht feindselig, so doch mit sehr gemischter Empfindung zuschauen. Noch ist es auch darin nicht durchaus zu spät, oder vielmehr der Verwickelungen, Aufgaben und Gefahren sind noch so viele, dass die Leiter des Werkes willig oder unwillig auf diesen Weg werden gedrängt werden. Wie durch Zauber würden dann eine Menge Hindernisse fallen, die jetzt gewaltsam hinweggeräumt werden müssen und doch nächstens wieder sich aufrichten können. Das Bündniss mit Italien, das nach den Erklärungen beider Regierungen fortbestehen, ja noch inniger werden soll, kann den zögernden Entschlüssen in dieser Richtung nur zu Hülfe kommen. Wenn mit dem Banner der Nationalität die modernen Ideen selbst in die Thore des alten Rom herrschend eingezogen sein werden, wie sollte da Berlin, die Hauptstadt des protestantischen Deutschlands, die Erbin Wittenbergs, dem Geiste des Jahrhunderts nicht vollen, unbeschränkten Einlass gewähren? In der Münchener Neuen Pinakothek hängt ein Bild von Overbeck: zwei schöne Frauen, die sich die Hand reichen, vom Künstler Italia und Germania genannt; aber es ist in frommem romantischem Sinne gedacht, und kann darum nicht vorbedeutend sein und das Herz des Beschauers nicht ergreifen. Denn nicht zu träumerischer Versenkung in die Vergangenheit soll der Bund geschlossen sein, sondern zu gegenseitiger Ermunterung auf dem schwierigen Wege der Wiedergeburt, zu gemeinsamem Widerstande gegen die noch immer mächtige, auf Wiederherstellung und Auflehnung sinnende Reaction.

Zweites Nachwort. 1878.

In den Jahren 1860 und 1866 war viel geschehen, Grosses errungen, aber das Schwierigste stand noch aus. Noch fehlte dem nationalen Körper sein Herz, dem neuen Staate die Hauptstadt, die allein ihm Halt und Zusammenhang geben konnte und ohne die er wieder zerfallen musste. Aber Rom war so unerreichbar, wie etwa Gibraltar den Spaniern: ein mächtiger Kaiser hielt es besetzt und konnte es nicht hergeben, wenn er nicht seiner eigenen Herrschaft den Grund entziehen wollte. Sein erster Minister rief mit Nachdruck von der Rednerbühne: aus Rom gehen wir niemals heraus, niemals, niemals! und sein General scheute sich nicht, an den Leibern unbesonnener Jünglinge seine neuen Flinten und die Sicherheit ihres Schusses zu erproben. Und dies äussere Hinderniss, so unüberwindlich es schien, war noch nicht das grösste: in Rom selbst erwartete den Eroberer, selbst wenn er die Thore offen fand, eine innere, fast unlösliche Aufgabe. In dieser Stadt hatte einst die altrömische Weltmacht gethront, die hart verständig und universalistisch gesinnt, keine natürliche Mannichfaltigkeit, keine auf Stammes- und National-Eigenheit gegründete Staatenbildung zugestehen und anerkennen konnte. Und eben so wenig konnte es ihre Nachfolgerin, die Erbin ihres Geistes, die christliche Universalmonarchie. In der religiösen Phantasiewelt, durch die sie über die Menschen herrschte, war, wie alles reale Dasein, so auch die Besonderung der Sprache, der Abstammung, der Kulturstufe, der Unterschied des Klimas und Naturells ohne Geltung, oder vielmehr getilgt und gleichsam unsichtbar. Die Kirche kannte keine Völker, nur Christen und Heiden, Gläubige und Ketzer; wer nach einer irdischen Schöpfung, wie das Königreich Italien, strebte, gehörte zu den letzteren. Tief in den Gemüthern lag der Gegensatz und nichts schien ihn heben oder wenden zu können. Ja die Patrioten selbst, die in die Gottesstadt einbrechen wollten, empfanden im innersten Herzen eine Scheu vor dem Oberpriester und tasteten nur zitternd sein Eigenthum an. Da kam das Jahr 1870 und es geschah ein Mirakel, unerwarteter als irgend eines, dass je im Gebiete des heiligen Petrus sich hat zutragen können. Der Schirmherr rief seine Besatzung zurück, gerieth in Gefangenschaft, verlor sein Heer und seinen Kriegsruhm, stürzte vom Thron — ein Titanen-Schicksal, noch erschütternder, als das seines grossen Oheims, weil so jählings hereingebrochen; auf der östlichen Seite der heiligen Stadt aber, durch Porta Pia, zogen nach einigen Kanonenschüssen italienische Heerhaufen ein, stellten auf dem Kapitol und an der Engelsburg ihre Wachen auf, hefteten ihre Zeichen und Wappen an die Portale und verkündigten der Welt, die sieben Hügel seien jetzt, einem früheren Beschlusse gemäss, die Hauptstadt der Halbinsel. Seitdem waren über sieben Jahre verflossen und die beiden Todfeinde, der profane Staat und das transscendente Himmelreich, lebten mit einander und gingen an einander vorüber, zwar ohne Gruss und Freundschaft doch auch ohne Reibung und einander höflich ausweichend. Der Papst in seinem ungeheuren, prächtigen Palaste gebot nach wie vor über den Erdkreis, theils wirklich, theils dem Anspruch nach; seine Einkünfte flossen reichlicher als je und er konnte sich die Genugthuung gewähren, den ihm von seinen Landsleuten ausgesetzten Jahresgehalt zu verschmähen; dass er sich für einen Gefangenen ausgab, war eine erlaubte Kriegslist — erlaubt, weil so leicht zu durchschauen. Zwar wurden eine Anzahl Klöster eingezogen, aber deren waren doch wirklich zu viele gewesen, auch erhielten die Mönche ja einen Panisbrief, der sie vor dem Verhungern schützte, und den Meisten that es wohl, sich etwas zu lüften; die Jugenderziehung wurde den Jesuiten aus der Hand genommen, aber die geistlichen Seminare, aus denen die Kirche den Nachwuchs für ihre streitbare Mannschaft bezog, blieben; und auch Castell Gandolfo, die Cancellaria und der lateranische Palast nebst Museum waren vatikanisches Eigenthum, ein liebes Andenken an alte Zeiten. Hin und wieder machte der Hohepriester seinem Herzen Luft und erliess Verwünschungen und drohte mit Bannstrahlen; sie schreckten freilich Niemand mehr, so wenig als Mond- oder Sonnenfinsternisse; zum Trost aber gereichte dennoch, dass in der That bei allen Völkern der Glaube wärmer und allgemeiner war, als er vor hundert Jahren zur Zeit Clemens des XIV. Ganganelli und Voltaires und Friedrichs des Grossen gewesen. Was so sieben Jahre gedauert hatte, konnte es nicht auch siebzig Jahre dauern und was einstweilig bestand, im Laufe der Zeit von selbst zur festen Einrichtung und Befugniss werden? Aber der Augenblick konnte nicht ausbleiben, wo der Papst im Vatikan sein Auge auf immer schloss.

Musste dann nicht der Bruch sich offenbaren, wie sollte auch diese Krise überwunden werden? Aengstliche Zweifel bewegten im Stillen viele Herzen, die Staatsmänner, selbst die Throne waren besorgt. Die Wahl eines Papstes war ja keine locale Angelegenheit — wie liessen sich die Ansprüche der katholischen Völker und Mächte auswärts mit der Selbstherrlichkeit der italienischen Nation ausgleichen, die innerhalb ihres Gebietes keine Einmischung dulden konnte? Und siehe, im Jahr 1878 starb der greise Papst wirklich, der silberne Hammer schlug ihm auf die Stirn, das Conclave ward abgehalten, alte alte Symbolik vergangener Tage hervorgeholt, die Thüren vermauert, die Zettel nach Bedarf verbrannt, die Lichter angezündet, die Gesänge angestimmt, die altorientalischen, fliegenden Gewänder umgethan, die Adoration vollbracht, das grosse Gaudium angesagt — der neue heilige Vater war geboren, so leicht, wie nicht immer in den Jahrhunderten des starken, unangefochtenen Glaubens, und that bald drauf seine Erhebung in würdigen Zuschriften allen Fürsten, auch den ketzerischen, kund. So war auch dies Problem, über dem die klügsten Köpfe vor und nach Macchiavelli vergeblich gegrübelt hatten, an einem Tage gelöst. Italien konnte fröhlich weiter leben und wohlgemuth an die Arbeit gehen. Auch das letzte Blendwerk, das den Weg hatte sperren wollen, war vor dem Entschlossenen, der drauf zuging, in die Lüfte zerflossen.

Wer das Wunderbare der neuesten italienischen Geschichte ganz und lebhaft empfinden will, der versetze sich in Gedanken nur um ein ganzes oder halbes Menschenalter zurück, in die Zeit Metternichs und Radetzkys. Die Halbinsel, in eine Anzahl kleinerer und grösserer, despotisch regierter Staaten zertheilt, war durch kein anderes Band zusammengehalten, als die Sprache. Auch diese verknüpfte nur die wenigen Gebildeten, die überhaupt lasen: im Uebrigen sprach jede Landschaft ihre Mundart, die von den entfernter Wohnenden nicht verstanden wurde. Der Florentiner verachtete den Piemontesen oder Venetianer wegen seiner bäurischen Rede; er selbst wurde, wenn ihn ein kirchlicher Nothfall in die Stadt des Papstes verschlug, von den Römern ausgelacht, so wie er den Mund öffnete. Sie kannten sich Alle wenig untereinander, Reisen waren nicht Sitte; Keiner durfte seine Provinz, seine Stadt ohne Pass, ja ohne Erlaubniss der Polizei verlassen; mehrmals an einem Tage wechselte oft die Landesmünze und wurden die Koffer untersucht. Da es keinen Handel, kein Gewerbe gab, so war auch Erleichterung des Verkehrs kein Bedürfniss; gegen einen Zollverein, wenn überhaupt an einen solchen gedacht wurde, sträubte sich der Lokalegoismus. Da Italien seit dem Untergang des Alterthums immer in kleine Gebiete und kämpfende Herrschaften getheilt gewesen war, so erklärten politische Klüglinge den gegenwärtigen Zustand für begründet in Natur und Geschichte, ja im Interesse schöner Mannichfaltigkeit für wünschenswerth. Eine Umgestaltung schien schlechterdings unmöglich und chimärisch. Zwei der schönsten Provinzen, die Lombardei und Venetien, mit unüberwindlichen Festungen, waren im Besitz Oesterreichs, einer der grössten Militärmächte der Welt, durch neuerbaute Kunststrassen mit dem Herzen der Monarchie verbunden: wer konnte dran denken, sie den Krallen des doppelköpfigen Adlers zu entreissen? Misstrauisch, wachsam, übermächtig, erstickte Oesterreich auch in den Staaten seiner Vasallen jeden

Keim oder Versuch eines selbständigen Lebens, sowohl bei den Höfen als unter der Bevölkerung. In Rom sass der beschränkte Mönch, Gregor XVI., auf dem päpstlichen Stuhle und sandte den bigotten, von ihren Beichtvätern gelenkten Weibern der Wiener Hofburg und den entnervten Lüstlingen der Haus-, Hof- und Staatskanzelei seinen apostolischen Segen. Die Könige Neapels herschten nach der Maxime der drei f: festa, farina, forca d. h. die grossen Kinder dieses Landes wurden durch Spielzeug, Kuchen und die Ruthe artig gemacht. Am Turiner Hofe galten, wie in Wien, die Dogmen des sanfedistischen Obscurantismus, nur verbunden mit einer gewissen ungeschickten Ehrlichkeit und darum der Wiener geübten Staatskunst nicht gewachsen. Zwar fanden sich in der Halbinsel immer einzelne politische Schwärmer, die sich auch zu Verschwörungen zusammenthaten, aber gegen das allverbreitete Heer von Spionen und Denuncianten ihr Geheimniss nur selten bewahren konnten. Wurden sie gefangen, dann erwartete sie in den neapolitanischen Kerkern die Prügelstrafe, die Folter, in den Ländern der österreichischen Machtsphäre eine mehr langsame Tortur und, wenn diese ihr Werk gethan hatte und das Geständniss erpresst war, das ewige Grab in den Kasematten Tirols oder Mährens.

Nach den Zuckungen, die die Februarrevolution brachte, wurde die Lage Italiens nur noch hoffnungsloser. Der Gegensatz des kleinen Piemont gegen das gewaltige Oesterreich war von altem Datum und sprach sich schon am Anfang des Jahrhunderts in den von glühendem Hass erfüllten Schriften Joseph de Maistres aus. Es war kein Widerspruch der Grundsätze, der beide Staaten trennte, vielmehr nur territoriale Feindschaft, eine Frage der Macht, der Ehre, der Existenz. Karl Albert zog ins Feld, wurde bei Novara aufs Haupt geschlagen, legte die Krone nieder und starb, vom Gram verzehrt, in der Fremde; seinem Sohn und Nachfolger, Victor Emanuel, hinterliess er ein zertrümmertes Heer, ein erschöpftes kleines Land, eine verzweifelte politische Lage: nirgends in Europa erstand ein Helfer, ein Fürsprecher, regte sich auch nur ein Mitgefühl. Der junge König musste in Radetzkys Hauptquartier und den rohen Soldaten um Gnade bitten. Radetzky liess den Besiegten erst stundenlang im Vorzimmer warten, behandelte ihn dann mit ausgesuchter, geflissentlicher Hoffart und warf ihm das Wort entgegen: wenn er ihm nicht Alles nehme, so geschehe es nicht seinetwegen, sondern um anderer Verhältnisse willen. Bald drauf und die Oesterreicher sassen in der Festung Alessandria, der einzigen, die ihnen in Italien noch fehlte, dem Hort und Waffenplatz des tapfern, subalpinen Stammes und Ländchens. So begann die Regierung Victor Emanuels und so stand es mit Italien vor und nach dem Jahre 1848.

Und nun! Italien ein Ganzes vom Monte Rosa bis zum Vorgebirge Lilybaeum, mit der Hauptstadt Rom, mit einem König und einem Parlament! Die Oesterreicher, ihre tausend Kanonen und hunderttausend Bajonette zu den Grenzen hinausgetrieben, auf den Wällen Piacenzas, Veronas, Mantuas die nationale Fahne wehend! Die kleinen und grossen Fürsten, trotz hoher Schwägerschaft und schweizerischer Leibwache, aus ihren Schlössern verscheucht, ins ferne Ausland verwiesen, ohne Hoffnung wiederzukehren! Durch die ganze Halbinsel, von Nord nach Süd, vom adriatischen zum tyrrhenischen Meer, Eisenbahnen zu raschester Verbindung, nirgends Gepäckbesichtigung oder polizeiliche Ausweise, ein Zoll- und Handelsgesetz, eine Münze, eine Justiz, ein Heer und eine Flotte! Jeder kann drucken, was er will, er kann, wenn es ihm so gefällt, ohne Priester heirathen und auch zu Geburt und Tod ist weder Geläut noch Weihwasser mehr nöthig! Die Censur ist spurlos verschwunden, es wimmelt aller Orten von Zeitungen, darunter sogar republikanische und freimaurerische! Und um es zu wiederholen: es giebt einen König von Italien und seine Hauptstadt ist Rom! Er hat seinen Sitz auf dem Quirinal in dem Palaste, der von so viel Päpsten bewohnt worden, und die Basiliskenblicke, die der gegenüberliegende Vatikan über die Stadt weg ihm zusendet, schaden ihm nichts! Und derselbe König, den einst die kroatischen Generale im Lager von Novara nach Kräften demüthigten, er empfing im Jahr 1875 in seiner getreuen Stadt Venedig seinen Kaiserlichen Nachbaren, den Oesterreicher, und war huldvoll gegen dessen Civil- und Militärgefolge! Das Königreich Italien ist eine Schöpfung, so unglaublich, so plötzlich aufgestiegen, dass dem denkenden Betrachter das Wort fehlt, das Ereigniss zu benennen. Wenn ein Gefangener Jahre lang in einem tiefen, lichtlosen Gewölbe läge, an die Mauer geschmiedet, sich kaum der gefrässigen Ratten erwehrend, und bei jedem Knarren der schweren Kerkerthür den Henker mit dem rostigen Richtschwert in der Hand erwarten müsste — wenn vor diesem auf einmal die Wand sich breit spaltete, die Fesseln sich lösten, und er könnte frei in den Frühlingstag, ins Sonnenlicht hinaus und Wein und Früchte würden dem Verschmachteten entgegen getragen —

wahrlich, dies wäre ein kaum geringeres Feenwunder, als das traumgleiche Schicksal, das der Gott der Geschichte in wenig Jahren der italienischen Nation bereitet hat. Dass die Zeitgenossen diesen Vorgang nicht noch mehr angestaunt haben, liegt an der zerstreuenden und abstumpfenden Zeitungslectüre; denn wie der Nomade kein Gedächtniss hat, weil im Umherziehen der Eindruck jedes Tages den des vorhergehenden verwischt, so verliert auch der Zeitungsleser die Kraft und Gabe zusammenfassender Erinnerung. Am Abend des 20. September 1870 — da konnte der Genius Italiens wohl dankbewegt Iphigeniens schöne Worte wiederholen:

So steigst du denn, Erfüllung, schönste Tochter
Des grössten Vaters, endlich zu mir nieder!
Wie ungeheuer steht dein Bild vor mir!

Aber Iphigenie schliesst ihre Rede in bescheidener Besorgniss mit dem Aufblick zu den Göttern:

aber eure Hand
Bricht unreif nie die goldnen Himmelsfrüchte
Und wehe dem, der ungeduldig sie
Ertrotzend saure Speise sich zum Tod
Geniesst! o lasst das lang erwartete,
Noch kaum gedachte Glück nicht, wie den Schatten
Des abgeschiednen Freundes, eitel mir
Und dreifach schmerzlicher vorübergehn!

War das lange mit allen Kräften ersehnte Glück, nun da die Hände es zu halten schienen, nicht wirklich nur ein eitler, vorübergehender Schatten gewesen? Brachte die Erfüllung auch warmes Lebensblut, eine neue Jugend, fröhliches Wachsthum? War die unbegränzte Freiheit nicht eine unreife Himmelsfrucht, an der der Ungeduldige, der sie brach, sich nur Verderben oder Siechthum genoss? — So lange die Hauptstadt Rom noch fehlte, tröstete bei jedem Ungemach der Gedanke: das Werk ist noch unvollendet; seit dem Herbst 1870 gilt diese Beschwichtigung nicht mehr. Und fragt man jetzt herum, in den Städten und auf dem Lande, unter Menschen jeden Standes und Berufes, überall nur Klagen und Erbitterung. Hat die allgemein gewordene Muthlosigkeit ihren wahren Grund nicht in der Ueberfülle der Gaben, die in zu reichem Masse, in zu jähem Uebergang den darauf nicht Vorbereiteten überschütteten?

Als Preussen nach den langen zerstörenden napoleonischen Kriegen endlich im Jahre 1815 sich selbst wiederhergestellt hatte, da erwartete die Welt den Erlass einer preussischen liberalen Verfassung, die sogar feierlich versprochen war. Sie wurde von Jahr zu Jahr verschoben und blieb dann ganz aus, zum Leidwesen vieler patriotischen Männer, aber, wie wir jetzt einsehen, zum Glück der Nation. Denn politische Einsicht war damals noch weniger in der Masse, als jetzt, und das von 1815 bis 1840 im Stillen von praktischen Berufsmännern geschaffene Werk, das Werk der Einrichtung und Heilung, die Ansammlung von Kräften, die Mehrung des Vermögens, die Gewöhnung an Pflicht und Ordnung, die Unverbrüchlichkeit des Gesetzes, der Fleiss und der Gehorsam und die Selbstverleugnung — dieser ganze sichere Grund hätte in dem Lärm des öffentlichen Marktes, in dem schwankenden Parteikampf berathender Wahlkörper, unter den Augen einer in Alles dreinredenden Presse nicht gelegt werden können. Italien vollendete sich zu einer Zeit, wo der politische Rationalismus seine allgemeinen, von der englischen Freiheit abstrahirten und für alle Länder und Völker geltenden Forderungen zum öffentlichen Vorurtheil gemacht hatte. Die englische Verfassung, ein historisches Gebilde, irrationell wie Naturprodukte zu sein pflegen, konnte Vieles zulassen, abirrenden Kräften einen weiten Spielraum verstatten, da sie von der Gewohnheit der Menschen, unter denen sie erwachsen war, und von deren tiefgewurzelter conservativer, aristokratischer, monarchischer, nationaler Sinnesart immer wieder regulirt wurde. Unmittelbar liess sie sich wegen ihrer Inconsequenzen nicht ab- und nachbilden; sie wurde daher im Jahre 1814 von französischen logischen Köpfen auf einen abstracten Ausdruck gebracht, in dieser Gestalt unter dem Namen Charte urkundlich niedergeschrieben und besiegelt und den Franzosen aufgegeben, von nun an danach zu leben. Aber schon nach fünfzehn Jahren — quid leges sine moribus vanae proficiunt? — brach der neue Mechanismus zusammen; er wurde damals, in der Julirevolution, wieder aufgerichtet, einige Hebel herausgenommen, andere frisch eingelegt, auch das Gleichgewicht der Gewalten genauer abgewogen; in noch reinerer, rechnungsgemässer Form ging er in das Nachbarland Belgien über — dessen Verfassung seitdem bis auf das kleinste Wort als normale galt und allgemein zur Nacheiferung reizte. Es kam so weit, dass neugeborene, noch ganz unmündige Völker, die so eben erst von ihrer eigenen Existenz erfahren hatten, die Griechen, die Serben, die Rumänen, richtig nach diesem Schema ausgerüstet und dann auf den Weg des Lebens geschickt wurden. Der König oder Fürst, der ja auch zu einer Constitution gehört, kam aus dem Abendlande herbei; er verstand zwar die Sprache des Landes nicht, war auch anderer Religion, als dieses; doch sollte er der Doctrin gemäss ja nur Symbol, Personification sein, Standbild, am obersten Punkte des Gebäudes der Ansicht wegen aufgestellt; da ihm streng verboten war, auch nur ein Glied zu regen, so war dafür gesorgt, dass er der Freiheit nicht gefährlich werden konnte. Trotzdem fiel der arme König von Griechenland nach einiger Zeit dem freien Volke lästig und wurde aus dem Lande gejagt; der ihm folgende, aus einem andern Winkel des Auslandes bezogene, ist schon mehr als einmal im Falle gewesen, seine Kostbarkeiten einzupacken, und es hielt ihn nur eine fremde Macht, nicht sein eigener Wille oder seine Nation von der Abreise zurück. Zu Bukarest baute der Fürst Cusa, dem es sonst an dem nöthigen despotischen Willen nicht fehlte, zu sehr auf die Feigheit der Bojaren und die Stumpfheit des Volkes und hatte es versäumt, sich eine kleine Leibwache zu bilden: so kam es, dass einige Abenteurer ihn Nachts aus dem Bette holten und seine Absetzung verkündigten. Sein aus Deutschland gekommener Nachfolger war zu milde und zu gebildet, als dass er von dem Volke, dass sich nach den alten Römern nennt, hätte geachtet oder auch nur verstanden werden können; die Armee gehörte nicht ihm, sondern dem Ministerium oder dem Parlament, aus dem dieses hervorgegangen war; zu allen übrigen Fesseln band ihn noch sein Gewissen, ein in diesem Lande exotisches Ding. So musste er sich den Führern der jedesmal herrschenden Faction, so unlauter deren Zwecke und Mittel auch sein mochten, leidend unterwerfen und trug sich, wie sein College in Athen, oft mit dem Gedanken, freiwillig das Feld zu räumen. Schlimmer noch wirkt das moderne Staatsleben bei den Serben, insofern hier das politische Material noch roher ist, als in Rumänien. Von den sechs Regierungen, die das interessante Volk, dessen Hauptstadt Belgrad ist, in neuerer Zeit gehabt hat, haben drei durch Revolution, eine durch Krieg, eine durch Meuchelmord ihr Ende gefunden (s. die vortreffliche Schrift von H. Wardi, Serbien in seinen politischen Beziehungen, Leipzig 1877). Nun sind wir nicht Willens, Italien und sein Volksleben mit dem der genannten Halbbarbaren des Ostens auf die gleiche Linie zu stellen. Noch ist es hier nicht vorgekommen, wie in Athen und Belgrad, dass ein verhasstes Ministerium — verhasst, weil andere Gierige und deren Gefolge auch ins Amt kommen wollten — nicht bloss zum Rücktritt gezwungen, sondern hinterher von der siegenden Partei in den Kerker geworfen wurde; auch nicht, wie in Bukarest, dass der Präsident des Ministeriums, dem durch Abstimmung nicht beizukommen war, einfach durch einen Revolverschuss aus dem Wege geräumt wurde. Auch hat Italien keine politisirende Armee, wie Spanien, und trägt auch nicht Extreme in seinem Schoss, wie die Commune von Paris mit drauf folgenden Wallfahrten nach Lourdes. Dennoch hat auch hier — es hilft nichts, sich diese Wahrheit zu verhehlen — das parlamentarische Regiment nicht günstig gewirkt. Als es sich noch drum handelte, Italien zu schaffen und alle nationalen Gedanken auf dieses eine Ziel zu richten, da war die Turiner Rednerbühne und Presse mit der ihr innewohnenden polemischen und agitatorischen Kraft ein mächtiger Hebel, eine erwünschte Bundesgenossin. Seitdem aber hat der Constitutionalismus die politische Praxis mehr aufgehalten, als gefördert. Die Minister haben kaum Zeit, ernsthaft an des Landes Wohl zu denken und lange vorbereitete, weise überlegte

Entschliessungen in langsamer, ausdauernder Arbeit durchzuführen. Sie kämpfen dem souveränen Parlament gegenüber täglich um ihre Existenz; sie müssen die im Schosse der Versammlung angesponnenen Ränke vereiteln, die Ehrgeizigen ködern, die geheimen Feinde bewachen, gegen Launen und unvorhergesehene Zufälle sich gerüstet halten, vor Allem aber die Kunst bewähren, mit erhabenen Gemeinplätzen, sophistischen Feinheiten, überhaupt mit passenden und wohlklingenden Reden dem Ohr zu schmeicheln und die Herzen zu gewinnen. Auch spielen sich von Zeit zu Zeit auf der Bühne von Monte Citorio höchst dramatische Scenen ab, natürlich nur wenn es sich um Nieder- und Aufgang eines Ministeriums oder überhaupt um sogenannte hohe Politik handelt: dann drängt sich die Menge an den Ausgängen des Hauses, im Telegraphenamt herrscht geschäftige Bewegung, von allen Seiten sind die Abgeordneten mit der Eisenbahn herbeigeeilt, um dem Festspiel beizuwohnen — in gewöhnlichen Zeiten hält es schwer, sie zusammenzubringen und beschlussfähig zu machen.*) Die eigentlichen Geschäfte sind ja auch langweilig genug und auf Bildung und Erfahrung in politischer Technik wird bei der Parlamentswahl nicht gesehen. Bei grossen organischen Massregeln, z. B. der herzustellenden Einheit der Justiz und Verwaltung, hat es sich immer am besten bewährt, wenn der Minister die von berufenen Praktikern entworfene Einrichtung frischweg ins Leben rief und der Kammer

*) Es muss dies wohl in der Natur berathender Versammlungen liegen, denn schon die alten Deutschen zeigten sich in gleichem Falle säumig, Tac. Germ. 11: *illud ex libertate vitium, quod non simul nec ut jussi conveniunt, sed et alter et tertius dies cunctatione coeuntium absumitur.*

überliess, das bereits Bestehende hintennach gutzuheissen. Es sind ja meist Localgrössen, die sich im römischen Sitzungssaal versammeln, und ihre eigentliche Aufgabe ist, Jeder für seine Heimath Gesuche zu betreiben. Worin sie aber Alle Kenner sind, ist das Wort und dessen Gebrauch und Klang; für das Wort haben sie ein feines Urtheil, eine unmittelbare Empfindung; daher schon mehr als einmal eine schwierige Stimmung durch geschickte, taktvolle Rede und gefälligen Stil, z. B. in Thronreden, beschworen worden ist. Gutes Italienisch hat schon manchen Gegner entwaffnet. Wenn nur bei diesem Spiel nicht so viel Zeit, Kraft, Aufmerksamkeit, Leidenschaft verwendet würde, dass für die Regierung des Landes selbst wenig mehr übrig bleibt! Verwaltungsbeamte braucht Italien, nicht Ideal-Politiker, an denen es nur zu viele hat; es braucht eine gute Dienstpragmatik, eine scharfe finanzielle Controle, eine kernige, lieber willkührliche als schlaffe Polizei, eine auf die Sache losgehende, nicht in Formeln sich verstrickende Justiz. Aber wer in Italien arbeitet im Kleinen, statt mit grossen Ansichten? Wer hilft der Executive freiwillig, wenn sie bemüht ist, einen Verbrecher zu fangen, einen Unterschleif ans Licht zu ziehen? Wer erhitzt sich, wenn es gilt, wüstes Land urbar zu machen, Berge zu bewalden, einem Gewerbe aufzuhelfen, die Unordnung in den Behörden, die drin hergebrachte Fahrlässigkeit und Verschleppung sich nicht gefallen zu lassen, sondern unerbittlich zu verfolgen? Sie haben Alle nicht Zeit genug für so nichtige Dinge, sie lesen die Zeitungen, die mit so edlem Zorn für die Grundsätze der Völkerfreiheit und der Liebe zum Vaterlande eintreten, so eifersüchtig darüber wachen, dass der Gensdarm auf der Strasse nicht zu hastig zugreife, so unermüdlich dafür sorgen, das die Erbitterung über die Höhe der Steuern und über ungerechte Einschätzung ja nicht erlösche, sondern sich fort erhalte. Haben diese Federhelden einen ihnen dienlichen Vorfall ausfindig gemacht, dann ist auch im Parlament der Tribun gleich da, der donnernd und blitzend ein Unwetter erregt, und die Leser freuen sich der prächtigen Sentenzen und ballen die Faust gegen die Minister, die Blutsauger Italiens.

Ober- und Mittelitalien sind politisch reifer, als Italien südwärts von Rom, und den Ansprüchen, die die Freiheit macht, ziemlich gewachsen; auch hat dieser Theil der Halbinsel, der zugleich der wohlhabendere ist, seit dem Tode Cavours unter dem Namen der Consorteria die Herrschaft geführt. Die Consorteria — die etwa an der Stelle stand, die in Deutschland der Nationalliberalismus einnahm — hatte den Muth, das Volk mit Steuern zu überbürden, um den Anleihen auszuweichen, die für den Augenblick helfen konnten, aber nur um so sicherer dem Verderben entgegenführen mussten; sie hatte ferner den Muth, alle Kränkungen der Pfaffen ruhig hinzunehmen und ihrerseits durch die äusserste Schonung zu erwiedern, weil sie sich sagte, dass sie in dem Oberhaupt einer nach Millionen zählenden, über alle Welttheile verbreiteten Kirche, dem in Rom residirenden Papste italienischer Herkunft und Sprache, ein Element nationaler Macht besass, das sie nicht aus Händen geben durfte; sie unternahm noch ganz zuletzt, in tiefster Stille und fern vom Gewirre parlamentarischer Meinungen und Streitfragen, das kühne Werk, die einer mächtigen Gesellschaft angehörenden, über 2000 Kilometer langen oberitalischen Eisenbahnen, deren oberste Verwaltung in Wien sass und deren leitender Geist das Hotel Rothschild in Paris war, den Fängen eben dieser Gesellschaft zu entreissen und mittelst eines leidlichen Kaufbriefes in nationalen Besitz zu verwandeln. Und in dem Augenblick, wo dies gelungen war, in dem Augenblick vor Allem, wo endlich das Gleichgewicht der Einnahmen und Ausgaben erreicht schien und nun erst die eigentliche ökonomische Wiedergeburt, die allmählige Einziehung der Assignaten und die Entlastung des Volkes beginnen konnte, in dieser Stunde des Triumphes nach bitterer Sorge und langer Anstrengung, im März 1876 — brach auf Monte Citorio plötzlich eine Revolution aus, angestiftet durch Verschwörung der Parteihäupter, ins Werk gesetzt mit Beihülfe des Regionalismus d. h. der zusammenhaltenden, viel gescholtenen und verläugneten und doch nicht auszurottenden Landsmannschaft. Die Toskaner, bis dahin conservative Männer, an ihrer Spitze der Podestà von Florenz, Peruzzi, und der Baron Ricasoli, schlugen sich auf die linke Seite und überstimmten so ihre Gesinnungsgenossen im Ministerium. Was war ihr Motiv dabei? Vielleicht Eifersucht; vielleicht auch lange Weile, denn es war seit Jahren nichts Erschütterndes vorgefallen und das Ruder des Staates immer in denselben Händen — etwa wie Lamartine warnend ausgerufen hatte: *la France s'ennuie* und bald darauf in der That, ohne ersichtlichen Grund, die Februarrevolution ausbrach. Wie dem sei, die Linke, mit anderem Wort Neapel und Sicilien, übernahm die Geschäfte, löste die Kammer auf und erwartete den Spruch des Landes. Wie dieser ausfallen würde, konnte Jeder voraussehen, dem die Dialektik der Wahlen und Abstimmungen in Repräsentativstaaten bekannt war. Die Steuern drückten schwer, besonders die direkten — wegen der mit diesen unvermeidlich verbundenen Willkühr von der einen, Lüge von der andern Seite —; wer war daran schuld, als die Regierung? Die Fata Morgana, die die Phantasie diesem Dichtervolke vorgespiegelt hatte, die goldene Zeit, für deren Erreichung das vergangene und das gegenwärtige Geschlecht so viel Opfer an Blut und Vermögen gebracht hatte, sie war nicht näher gekommen — wo anders lag das Hinderniss, als wiederum in der Unfähigkeit, dem bösen Willen der Regierung? So fielen die Wahlen in überwiegender Mehrheit für die radikale Partei aus. Diese Weisen aus Kalabrien, Apulien und Sicilien, begabte Köpfe, aber ohne sittlichen Grund, politische Talente, aber ohne politische Bildung, scheinbar Schwärmer, in Wirklichkeit schlau und ehrgeizig, fanden das Uebel nicht in zu wenig, sondern umgekehrt in zu viel Mass und Vorsicht; auch war das Programm in seinen theoretischen Allgemeinheiten bald fertig: Abschaffung oder wenigstens Minderung der Mahl-, Salz- und Grundsteuer, Ministerverantwortung, allgemeines oder wenigstens erweitertes Wahlrecht, allgemeine Schulpflicht, unentgeltlicher Unterricht, Autonomie der Gemeinden, Privatbetrieb der Eisenbahnen u. s. w. Diese Forderungen hören sich gut an, leuchten der Menge ein, den Erfahrenen konnten sie nur erschrecken. Kommunale Selbständigkeit, ein loseres Gemeindestatut, Decentralisation — d. h. die Städte sollen frei Schulden machen, Lotterieanlehen aufnehmen und den Lockungen jedes Spekulanten ein Ohr leihen dürfen; auch hat die Stadt Florenz bereits ihre Zahlungen eingestellt, das demokratische Regiment des Herzogs von S. Donato hat Neapel zu Grunde gerichtet und der Stadt nicht einmal ihr dringendstes Bedürfniss, frisches Wasser, schaffen können, noch andere Städte werden bald händeringend die Centralregierung um Rettung anflehen, in allen aber sind die lokalen Auflagen ins Unerschwingliche gestiegen — da gälte es die Aufsicht vielmehr zu verschärfen, statt sie einzustellen; Steuernachlass d. h. das kaum bezwungene Deficit wieder heraufbeschworen; Steuerreform d. h. ein Riesenwerk, dem keiner dieser ephemeren Staatskünstler gewachsen wäre und das die Rechnungen der Nation in ein Chaos verwandeln würde; ein neues Wahlgesetz, Herabsetzung des Alters, des Census, Jeder, der eine Elementarschule besucht hat, soll Wähler sein — ein unberechenbares Unheil für das Land; Ministerverantwortlichkeit — ein Wort ohne realen Gehalt und praktischen Werth, ein Spielzeug für politische Kinder; Privatbetrieb der Eisenbahnen und keine Gesellschaft da zur Uebernahme, keine Kapitalisten, die erträgliche Bedingungen stellten; Abschaffung der Schuldhaft, Freilassung gegen Caution — Verzierungen, wohlangebracht wenn das Gebäude schon sicher gegründet ist und fertig dasteht; obligatorischer Unterricht und keine Lehrer und Schulmänner, keine Lehrbücher und Lokale, keine Eltern, die die Sache begriffen, vor Allem kein — Geld. Glücklicher Weise fanden sich für die zweifelhaften Kabinete des Südens zwei Führer aus dem Norden, erst Depretis, dann Cairoli, zuverlässige, sich selbst achtende Männer, wenn auch als Politiker von geringer Einsicht. Sie werden nun bald drei Jahre regiert haben und von den Versprechungen ist keine in Erfüllung gegangen. Auch die gefürchteten charlatanistischen Experimente sind nicht angestellt worden — mit Ausnahme der einen unglücklichen Sitzung, wo durch ein feierliches Votum die künftige Abschaffung der Mahlsteuer beschlossen und damit eine gefahrvolle Bahn betreten wurde. An diesem Tage zitterten die Abstimmenden selbst vor ihrem Beginnen, aber sie konnten nicht mehr anders: sie hatten ja das leichtsinnige Wort so oft unter die Menge geworfen und nun schallte es von dort tausendfach zurück: so erfuhren sie das Joch des blinden Parteigeistes, den sie selbst früher nach Kräften geschürt. Vielleicht wird auch Italien nächstens des Regiments der idealen Reformer wieder müde werden und auf anderer, praktischer Seite Hülfe suchen. Und in der That, ein tüchtiges Geschäftsministerium thäte dem Lande Noth, mit einem charaktervollen Mann an der Spitze, der bündig zu befehlen, vor Allem das freigewordene Volk zur Arbeit anzuhalten und reicher zu machen verstünde. Zunächst dazu berufen, dies Werk in die Hand zu nehmen, wäre der König selbst. Das ist freilich inconstitutionell, denn im Katechismus steht: der König herrscht, aber regiert nicht: aber unter gegebenen Umständen, am richtigen Orte, in Zeiten des Uebergangs ist der Scheinconstitutionalismus die vollkommenste Staatsform, eine Selbsthülfe der Natur bei widriger Lebensordnung. Und wenn dabei die Stimmen im Redetempel, dem Parlament, auf eine Weile minder laut würden, auch das misstönende Orchester der täglichen Presse etwas gedämpfter spielen müsste, der Nachtheil wäre nicht allzu gross. Victor Emanuel besass wohl den nöthigen Scharfblick und energischen Willen, um das Steuer zu führen, aber ihn bewegten mehr ritterliche Leidenschaften, und als das Ziel erreicht war, liess er mit königlichem Leichtsinn den öffentlichen Angelegenheiten ihren Lauf, mit Ausnahme höchstens der auswärtigen Politik.

Wir haben vor Jahren, am Schlusse des Nachwortes, an das schöne Bild von Overbeck: Italia und Germania erinnert und können nun eine Unterschrift dazu liefern – Worte, wie in Erz gegraben. Fürst Bismarck schrieb an den deutschen Botschafter in Paris am 18. Januar 1874: „Wir wünschen keineswegs einen Konflikt zwischen Frankreich und Italien ausbrechen zu sehen, weil wir bei einem solchen uns der Unterstützung Italiens nicht würden entziehen können", und fünf Tage drauf am 23. Januar: „Allerdings ist es meine Ueberzeugung, dass wir Italien, wenn es von Frankreich ohne Grund oder aus Gründen, die auch unsere Interessen berühren, angegriffen werden sollte, nicht hülflos lassen können." So sind die Schicksale beider Nationen fest aneinander geknüpft — und zwar in doppelter Hinsicht. Denn erstens haben auch wir mit den Uebeln zu kämpfen, die eine seit mehr als zehn Jahren athemlos geschäftige, dem Leben vorausgeeilte Gesetzgebung über uns gebracht hat. Auch wir haben Rock nach Rock ausgezogen und stehen nun fast nackt da und durch die geöffneten Fenster und Thüren ziehen alle Winde ein. Ja, Italien ist noch von manchem Unmass verschont geblieben, dessen Folgen wir zu tragen haben. Noch hat es kein allgemeines direktes Stimmrecht, diese denkbar roheste politische Einrichtung*), die Fürst Bismarck als eine ausgespielte, auf dem Tisch liegende Karte vorfand. Und weil es kein allgemeines Stimmrecht hat, darum besteht

*) Ein kundiger Franzose sagte: *il y a à parier que toute idée publique, toute convention reçue est une sottise, car elle a convenue au plus grand nombre.*"

auch in seinem Parlament nicht, wie bei uns, ein reichliches Drittel aus Römlingen, denen am Vaterlande weniger gelegen ist, als an Wiederherstellung des Kirchenstaats und Wiedereinführung des Jesuitenordens, und keine seiner gebildeten Hauptstädte ist, wie bei uns München und Köln, durch Agenten der Kirche vertreten. Das Vereins- und Versammlungsrecht fehlt zwar auch in Italien nicht, liegt aber nicht in den Sitten und wird nur in Ausnahmefällen ausgeübt, wenn es einmal gilt, künstlich aufzustacheln. Auch aus dem Laster des Tabakrauchens weiss Italien schon seit Jahren in Gestalt einer cointeressirten Regie den Vortheil zu ziehen, den uns tausend eigennützige, in allerlei Rollen verkleidete Rathgeber vorenthalten wollen. Der ähnlichen innern Lage beider Völker entspricht die äussere im europäischen Staatensystem. Das deutsche Reich, so gekünstelt sein Aufbau ist, steht ja für den Augenblick sicher und gefürchtet da; noch lebt sein grosser Schöpfer; es glaubt auch manchen Rückhalt erworben zu haben, an den es im Falle der Noth sich werde lehnen können. Aber an den Höfen wechseln die Stimmungen: neue Einflüsterer, unter ihnen la femme und le prêtre, schaffen sich Gehör, wecken alte Begierden, verführen durch lockende Pläne. Anderswo kocht der Hass, so sehr er sich zu verbergen sucht; wer nicht hasst, den treibt die Schadenfreude, das Abenteuer; Alle glauben nicht mit Unrecht, im Innern der Nation selbst Bundesgenossen zu finden. So wird, fürchten wir, früher oder später, im natürlichen Zuge der Dinge und aller Staatskunst spottend, dem deutschen Reiche dieselbe Constellation gegenüber stehen, die bei Beginn des siebenjährigen Krieges Friedrich dem Grossen und seinem jungen Königreich den Untergang geschworen hatte, — ja selbst das Gegenstück der damaligen Reichsarmee wird vielleicht nicht fehlen. Gelingt es, die Feinde zu schlagen, sie wieder zu trennen, ihnen zuvorzukommen, dann ist auch Italien gerettet; sind im umgekehrten Falle die Franzosen erst Herren in Mainz und Köln, dann ziehen sie auch in Rom wieder ein, und stehen die Oesterreicher erst in Dresden, dann schlagen sie auch bald wieder ihre Brücken über die Etsch und den Po. Solcher Möglichkeit gegenüber ist allein das deutsche Heer das Palladium der Nation oder vielmehr beider Nationen, ihr Hort und Rettungsanker, ihr höchstes Kleinod.*) Wer an dem Heere kargt und spart und der Sorge, es in Geist und Einrichtung unversehrt zu erhalten, bürgerlich-kurzsichtig oder nach constitutionellem

*) Als im Jahre 1862 ein militärischer Redner im preussischen Abgeordnetenhause die Jugend der Kadettenhäuser für die Blüte der Nation erklärte, da schallte ihm von allen Seiten Hohn und Gelächter entgegen und setzte sich durch die Presse und weit und breit durch das Publikum fort. Ebenso, als in den letzten Jahren ein mühsamer Vergleich zu Stande gekommen war, wonach für eine Zeitlang die Armee in ihrem bisherigen Bestande erhalten blieb, da rief in einem öffentlichen Meeting in Berlin ein einflussreiches Mitglied der Fortschrittspartei: hoffen wir, dass nach Ablauf dieser Frist die Nation für einen tüchtigen Conflict reif sein wird! Und am 18. September 1878 nannte Gambetta, der doch auch ein Fortschrittsmann ist, in seiner grossen Rede in Romans die Armee unter allgemeinem Beifall „die Blüte Frankreichs" und in Frankreich sowohl, als in Italien, hat die öffentliche Meinung dem sich sträubenden Ministerium, das auf die Finanzen Rücksicht nahm, Summen für die Armee gradezu aufgedrängt!

Brevier entgegentritt, der will seinem Vaterlande nicht wohl, der ist auch ein Feind der bürgerlichen Freiheit und der Kultur überhaupt. Denn mit der Vernichtung der deutschen Kriegsmacht und des deutschen Reiches würde eine Aera eintreten, an die der Menschenfreund nur mit Schauder denken kann.

LANDSCHAFT UND LEBENSFORMEN

VICTOR HEHNS ITALIENBILD

Für Klaus Weidauer

I

Dreimal war Victor Hehn (1813–1890) in Italien (1839/40, 1860 und 1863), nicht epigonal auf den Spuren Goethes, doch, darf man sagen, in seiner Nachfolge. Denn es ging ihm wie Goethe keineswegs nur um die Überreste der Antike auf italienischem Boden, sondern nicht minder, ja eigentlich mehr noch, um Italien als ein Naturphänomen, um Flora und Fauna und um die Physiognomie der Landschaft, das Charakteristische der Bevölkerung, das Typische ihrer Lebensformen. V. Hehn war nicht, wie noch in einer jüngsterschienenen Publikation unterstellt, von den Spezialinteressen eines Fachgelehrten gelenkt – der er schließlich nicht war –, auch wenn man ihn der Bequemlichkeit halber herablassend als kulturhistorischen Schriftsteller zu bezeichnen liebt.

Schließlich hat er auch ein bedeutendes, unverändert lebendig gebliebenes Buch unter dem Titel ›Gedanken über Goethe‹ geschrieben, das sogar ein rezeptionsgeschichtliches Kapitel (›Goethe und das Publikum‹) enthält, ferner eine exemplarische monographische Studie über das Salz sowie ein beinahe monumental zu nennendes Werk unter dem eher bescheidenen Titel ›Kulturpflanzen und Hausthiere in ihrem Übergang aus Asien nach Griechenland und Italien sowie in das übrige Europa‹, dessen einzelne Abschnitte er als „Historisch-linguistische Skizzen" bezeichnet.

V. Hehn, der Baltendeutsche aus Dorpat, ist, seinem Italien-

Buch mit dem Untertitel ›Ansichten und Streiflichter‹ zum Trotz, das unter Kennern den Ruf genießt, das schönste seiner Art zu sein, einer der fast vergessenen Prosa-Autoren von Rang, welche die deutsche Literatur der 2. Hälfte des 19. Jahrhunderts, die in der Lyrik blaß, im Drama weitgehend epigonal, in der Erzählkunst provinziell zu werden begonnen hatte, bereichern und ihre lebendige Kraft gewissermaßen auch beglaubigen, wie schon Varnhagen von Ense, dann aber F. Gregorovius, J. J. Fallmerayer, K. Hillebrand, Historiker, Essayisten, Kritiker – man scheut sich, sie einfach als Reiseschriftsteller und Publizisten zu bezeichnen (das war, obschon amüsant genug, Fürst Pückler-Muskau). Der heutige Leser nun ist Aktuellerem zugewandt, fürs Historische sind die Museen da, und der Sinn für Würde, Klarheit und Eleganz der nichterzählenden darstellenden Prosa ist weitgehend verkümmert.

Auch wird mancher vielleicht sein Unbehagen nicht verbergen, daß der Verfasser der ›Ansichten und Streiflichter‹ auf Italien einen gleichsam goetheschen Blick gerichtet hält, obschon er es allerdings vermeidet, die ›Italienische Reise‹ einfach fortzuführen, gar zu wiederholen. Eher darf man wohl sagen, daß er diese, wie vielleicht auch die von Karl Philipp Moritz, die ihm nicht unbekannt geblieben sein dürfte, auf souveräne Weise ergänzt. Die Übereinstimmung ist eine der Perspektiven, des morphologischen Blicks, wie der Gesinnung, will sagen der Sympathie, und der Vielfalt der Interessen. Klassisch ist das südliche Land wohl auch für V. Hehn, aber nicht als die Heimat der antiken Trümmerstätten und Statuen, sondern das Land selbst ist es (wie seine Bewohner es in gewisser Weise noch sind), neben dem die romantischen Traumbilder und Farbphantasien rasch verblassen. Auch F. Nietzsche, der von Hehn immerhin das Goethe-Buch kannte und benutzte, hat dieses Italien fast nicht mehr wahrgenommen, eher schon gelang dies J. J. Bachofen in seiner bedeutenden Darstellung der mittelitalienischen Landschaften mit ihrer eigenartigen geologisch bestimmten Physiognomie.

In den Bergen Latiums notiert Hehn im Dezember 1839 in seinem ausführlichen Reisejournal: „Ich hatte sonst ein Vorurteil gegen die architektonische Gartenkunst, die in geometrischen Linien bildet, aber ich habe ihr Unrecht getan und sie erst in Italien verstehen gelernt. In diesem Lande der Gestalt ist die Natur selbst plastisch und architektonisch; auch sie ist nach dem klassischen Prinzip gebildet, sie kennt die unbestimmte, anschauungslose, wortlose Romantik nicht. Ihre Zypressen sind Spitzsäulen, ihre Pinien Wölbungen, scharf ist jede Zeichnung, jedes Haus, jeder Berg ist ein Kristall" (15.–18. Dezember 1839).

Wer aus dem Norden nach Italien gelangt, heißt es ganz zu Beginn seines Italien-Buches, fühlt sich versetzt „in ein braunes Sonnen- und Lichtland, in ein Land, wo der Naturgeist in Formen gebunden ist", und unter dem Titel ›Landschaft‹ lesen wir: „Es ist, als ob die bauende Thätigkeit der Erde nach einer Periode wilder Umwälzungen, deren Spuren in den Alpen vorliegen, hier in dem klassischen Lande sich beruhigt und geklärt hätte." Italien, das hat er bald erkannt, ist „ein Land der Architektur, in dem auch der krystallinische Kalkstein, der leicht zu behandelnde Travertin, der harte Peperin und der Mörtel aus vulkanischer Asche heimisch sind und dessen klarer Himmel die architektonischen Linien so wirksam macht".

In den ›Ratschlägen, die nicht im Bädeker stehen‹, durch die er den berühmten Reiseführer provozierend, zuweilen auch polemisch übertreibend ergänzt, warnt er die Landsleute vor falschen Erwartungen: „Dass es auf der ganzen italischen Halbinsel keine Natur noch Landschaft gebe, dafür haben ihre Bewohner seit Jahrhunderten gesorgt. Sie wohnten schon in Städten, als es in Deutschland nur noch Urwälder gab, ja in der frühesten Vorzeit, da wo ihre Geschichte für uns beginnt, haben sie längst hinter Mauern sich geborgen, die Hügel abgeschrofft und auf der Höhe ihre Burgen gegründet. Kein Wunder, dass dem Deutschen das Stadtleben nicht zur andern Natur geworden ist, dass er gern durch das hohle Thor ins Freie flüchtet, den Fuchs jagt, über den

Strom schwimmt, auf frischem Heu schläft, an der fetten Milch in der Hütte des Sennen sich labt; kein Wunder auch, dass dem Italiener die Wildnis widerwärtig, das Element feindlich, das von selbst Gewordene und Entsprossene entweder unverständlich und gleichgültig oder ein Vorwurf ist. Auch duldet er es nicht, wo er es trifft: kann er es nicht verwenden, umgestalten, so zerstört er es lieber."

Naturlandschaft also gibt es hier nicht, jedenfalls nicht im Sinne der deutschen Vorstellung davon; Hehn empfiehlt daher, sich der „barbarischen Ansichten" besser zu entledigen. Wer das frische Wiesengrün nicht zu entbehren vermag, wem das Felsengebirge zu kahl, zu unanmutig ist, der hat die entscheidende Schwelle, die vor dem Süden für uns aufgerichtet ist, noch nicht überwunden; „Gärten, Villen, Pflanzungen, starre, dunkelschwarze Bäume, weisse Ochsen und graue Esel, Wege, Pfade und Hecken, Verrichtungen sich mühender oder müssiger Menschen, gradwinkelige Wände mit einfachem Verhältniss tragender Kraft und ruhender Last – Alles zusammen wird sich Dir, wenn Du Geduld hast, als eine zweite, veredelte Natur offenbaren, als Natur und Kunst, Natur und Kultur, Beides in Eins verschmolzen und wieder zu unmittelbarem, absichts- und bewusstlosem Dasein, d. h. zu Natur geworden".

II

Paradoxerweise haben sich in eben dieser fast vollständig kultivierten Natur, der nur wenig Ursprünglich-Natürliches mehr anhaftet, altüberlieferte „Naturformen des Menschenlebens" erhalten, die den Nordeuropäer des 19. Jahrhunderts verblüffen und fesseln; schon im Reisetagebuch Hehns heißt es, nur kurze Zeit nach dem Alpenübergang, in der Vergegenwärtigung einer Szene aus einem Landgasthof zwischen Ferrara und Bologna: „An demselben Tisch waren etwa acht Bauern versammelt, jeder eine Flasche Wein vor sich. Welch edle und ausdrucksvolle braune Gesichter, von tausend Gemütsäußerungen bewegt, die man mit Teilnahme beobachtete und die niemals tierisch waren! Eine Neckerei des einen beantwortete der andre, indem er ihm scheinbar das Messer, mit dem er eben das Brot schnitt, ins Herz zu stoßen suchte, und zwar mit einer blitzschnellen Bewegung. So sind die Scherze dieser Menschen. Sie kamen mir gerade wie die Hirten des Virgil vor, und ich glaube, es sind auch dieselben" (17. Juli 1839). Noch anderes erinnert ihn immer wieder an die Gegenwart der Antike, „die Form der Krüge, der Waschtische, die Leuchter, die Schnäbel der Kähne, die Art zu rudern, sich zu kleiden, zu leben. Alles ist öffentlich, geschieht auf der Straße. Man sieht ins Innere jedes Gewerbes" (ib.).

Victor Hehn hat Italien noch vor der bald darauf einsetzenden und rasch sich vollziehenden Industrialisierung gesehen, welche die wachsenden Bedürfnisse mit praktischen, billigen und meist häßlichen Massenprodukten zu befriedigen versteht (weshalb man schließlich das 'Design' erfunden hat), aber noch immer ist das Leben weitgehend öffentlich in den italienischen Städten, auch wenn das Fernsehen inzwischen schon zu einer Institution geworden ist, durch welche die Öffentlichkeit weniger erweitert als vielmehr auf täuschende Weise ersetzt wird und welche die Menschen stärker an ihre Wohnräume fesselt als dies früher der Fall gewesen. Hehn hält Szenen, verallgemeinernd, fest, die der heutige, fast immer zu eilige Reisende oder der an berühmten Ferienorten mit ihrem Komfort gleichmütig Verweilende nur selten noch beobachten kann: „In keinem Lande wissen die Frauen des Volkes ihr Haar so reizend, mit so edler Simplicität aufzustecken als in Italien, nirgends der Mann, den Mantel umzuwerfen, die Lumpen selbst mit Stolz zu tragen wie hier. Man sehe dort die Gruppe Männer auf dem Markte, tief verhüllt, mit spitzen Hüten auf dem Haupt, ernst und schwarz halblaut Worte austauschend – ob es nicht Römer des Forums sein könnten, ehrfurchtgebietende Senatoren, Republikaner in der Verschwörung? Dort die Mädchen, nach dürftiger Musik unter freiem Himmel auf staubiger Landstraße tanzend – welche Grazie, welches Mass, Bacchantinnen, Nymphen, direkt aus einem antiken Basrelief in die Wirklichkeit versetzt, mit demselben Faltenwurf, demselben Schwung der Linien, der Säume und Gewänder" (›Pro Populo Italico‹).

Schönheitssinn, Anstand, Liebenswürdigkeit und Humanität erschienen hier als gewissermaßen angeborene Eigenschaften, deshalb vermag Hehn auch den berühmten Worten Vittorio Alfieris zuzustimmen: «La pianta uomo nasce più robusto in Italia che in qualunque altra terra.» Robust ist eben nicht allein kräftig, fest und zäh, sondern auch kernig, beständig und von anhaltender Wirkung.

Freilich scheut V. Hehn sich nicht, die Kontraste wirkungsvoll auszuspielen; zuweilen meint man sogar, er tue dies mit einer gewissen Voreingenommenheit, so wenn er, schematisch, italienische Feinnervigkeit und nordalpine Grobschlächtigkeit gegenüberstellt, lebhafte Gewandtheit und schwerbewegliches Phlegma, lockere Anmut und pedantische Korrektheit, aber diese Art verhaltener Polemik steht doch im Dienst eines Kampfes gegen antiitalienische Vorurteile und Geringschätzung als Folge deutscher Überheblichkeit; sie wird dann auch bei Gelegenheit an anderer Stelle vorsichtig-einlenkend wieder korrigiert. So gehört zu dem Kapitel mit der programmatischen Überschrift ›Pro Populo Italico‹ jenes andere, in dem er dem deutschen Leser Ratschläge erteilt, „die nicht im Bädeker stehen". Er verschweigt die Widersprüche nicht, er will auch nichts verklären. Der jünglingshafte Enthusiasmus des Sechsundzwanzigjährigen, der einige Jahre nach Goethes Tod zum ersten Male nach Italien gelangt und freudig Entdeckungen macht, hat das spätere Italien-Buch nicht diktiert. Denn er hat sich das südliche Land allmählich zugeeignet und keineswegs verschwiegen, daß dabei auch Widerstände zu überwinden waren. Weder romantische Verzauberung noch klassizistische Kunstgesinnung leiten ihn bei der Niederschrift des anspruchsvollen Buches. Sein Blick ist auf Landschaften und auf Lebensformen gerichtet, in ihnen entdeckt er Kontinuität, findet im Gegenwärtigen Vergangenes: „Nicht bloß der Himmel und das Land sind in Italien schön, auch das Menschenleben ist eine bildende Kunst. Alles gruppiert sich, alles bewegt sich in edlen Maßen und schließt sich zum Bilde zusammen. Die Menschen sind von schönem Schlage, die Gesichtsbildung ist selten häßlich, nie gemein, Haltung und Bewegung voll natürlicher, nie weichender Würde. Der gemeinste Italiener trägt seinen Lumpenmantel, als wäre er Konsul der Republik, er reitet auf dem Maultier, als zöge er weltherrschend in Babylon ein" (15.–18. Dezember 1839).

Dergleichen mag hin und wieder augenfällig sein, anders freilich verhält es sich mit der Landschaft, die keineswegs üppig sich aufdrängt, die in ihrer Zurückhaltung und nüchternen Plastizität erst allmählich dem gewöhnenden Auge sich erschließt. Hehn gesteht, daß er Zeit gebraucht habe, um den Ölbaum schön zu finden; und wer ehrlich ist, wird zugeben, daß es ihm mit diesem zunächst eher doch unansehnlichen, für die Landschaft freilich charakteristischen Gewächs mit dem metallisch-stumpfen Farbton seines Blattwerks ähnlich ergangen ist. „Jetzt liebe ich ihn über alles", heißt es im Tagebuch, „denn erst mit der Zeit löste Gott die Binde vom stumpfen Auge des Barbaren, so daß er das Schöne schön sieht" (8. Februar 1840).

So ist auch in der Landschaft noch eine gewisse Kontinuität seit den Tagen des Altertums zu entdecken; Ölbaum und Steineiche, Platane, Zypresse und Rebstock zeugen hierfür, doch auch sie ist wesentlich – Menschenwerk. Die Antike selbst wiederzufinden will sich Hehn gar nicht erst suggerieren: das Altertum ist z. B. aus Rom fast vollständig verschwunden, als er dort eintrifft, und mit stets sich erneuernder Trauer begibt sich der Fremdling auf eine erfolglose Suche; nicht einmal das Mittelalter hat auffallende Spuren hinterlassen, und auch die Renaissance scheint Rom nicht auf entscheidende Weise geprägt zu haben. Dennoch: in Rom ist nichts klein. Trotz allem, was ihn fesselt, bleibt Hehn ein nüchterner Beobachter und beklagt eben schon in seinem Tagebuch „die unermeßliche Ferne des Altertums“, die ihm aufgeht, als er sieht, wie tief die Säulen und Tempel in den Erdboden gesunken sind, „so daß man sie ausgraben, zu ihnen herabsteigen muß. Die Erde schwoll wie eine wachsende Flut an ihren Stufen hinan und jeder Fußbreit Tiefe bedeutet ein Jahrhundert“ (17. September 1839).

III

Das offene Eingeständnis der Schwierigkeiten, das Wahrhaben der Widersprüche, ein offenbar langer und in der Reflexion bewußt gewordener Prozeß der Aneignung und die erst allmählich wachsende Vertrautheit sind Voraussetzungen für das Italien-Buch Victor Hehns und gewissermaßen Garantien für seine Dignität. Auch schützen sie es vor unmündiger Schwärmerei und naiver Andacht. Hehn läßt sich Zeit, er will nicht sofort alles gesehen und begriffen haben. Das hat er von Goethe, vielleicht auch von Moritz gelernt, und so heißt es in seinem Tagebuch vom römischen Aufenthalt, nachdem er längere Zeit nicht hat notieren können, in charakteristischer Offenheit, die keinerlei Prätention kann erkennen lassen: „Wie lange liegen diese Blätter, wie unermeßlich vieles ist seitdem an meinem Geiste vorübergestürzt! Manches davon verflog unwiderbringlich, andres liegt in weicher Verwirrung begraben. In eine Gesellschaft schnell reisender Flüchtlinge geraten, bin ich von Eindruck zu Eindruck, von Anschauung zu Anschauung geführt worden, ohne daß etwas mein Eigentum, in mir verarbeitet, in Ausdruck verwandelt werden konnte. Rom ist eine Welt, mein Gehirn ist eng und meine Zeit fließt reißend“ (17. September 1839).

Das Italien-Buch Hehns, gut fünfzehn bis zwanzig Jahre nach

dem ersten Aufenthalt konzipiert und geschrieben, während F. Gregorovius in der Hauptstadt der Alten Welt an der ›Geschichte der Stadt Rom im Mittelalter‹ arbeitet, ist kein Reisebuch, mag es auch die späte Frucht einer frühen Bildungsreise sein.

Der Versuch, die eigentümliche Physiognomie eines Landes und seiner wechselnden Landschaften, den Charakter seiner Bewohner und ihre Lebensweise, die Phänomene des Beharrenden zu erfassen, hat die zwölf Kapitel von aller Aktualität so freigehalten wie von sentimentaler Subjektivität, von der Auflösung der Gegenstände im selbstgenießenden Empfinden. Einige Sätze über die italienische Landschaft mit ihrem gedämpften Grundton und gleichsam architektonischem Maße bis in die Vegetation hinein machen dies deutlich: „Was dem nordischen Naturschwärmer als kalt und arm erscheint, ist daher vielmehr Fülle der wirkenden Natur, die bis zu reiner und ganzer Darstellung ihrer selbst gelangte. In ihrer Stille ist sie sich selbst genug; die Phantasie braucht ihr nichts mehr zu leihen; vor dem Auge, das sehen gelernt hat, liegt sie wie eine Sammlung von plastischen Bildern da, eher ernst als freudig, oder vielmehr auch in der höchsten Freude durch einen Zug von Wehmut gedämpft, bei der höchsten Erregung durch ein eingeborenes Maß beherrscht" (›Landschaft‹).

Das ist charakteristisch für seine Art der Wahrnehmung und der Interpretation, nicht minder charakteristisch ist aber auch der sich anschließende Satz, in dem er ein für ihn kennzeichnendes Motiv wiederholt, das zuweilen beinahe so wirkt, als wolle er sich gegen in ihm selbst aufstehende Versuchung wehren oder doch verwahren: „Zu sentimentaler Auffassung aber giebt es keinen Anlass: da täuscht den Kranken nichts durch Mitempfindung, da klingt kein Echo unbeschreiblicher Seelenstimmung wieder. Der ganze und gesunde Mensch geht auf diesem Boden in Leidenschaft und Ruhe den mannigfachen Zwecken des Lebens nach, hasst und liebt, ergreift oder umschleicht den Gegenstand seiner Begierde, hilft und beneidet, bemitleidet und mordet, und blickt auf die umgebende Natur nur, insofern sie ihm nützlich oder schädlich, gegen ihn karg oder freigiebig ist."

Solche Sätze sind aber für den Autor nicht allein wegen der kaum merklichen Polemik oder im Hinblick auf eine vielleicht selbstverordnete Haltung aufschlußreich, sondern wegen der Klarheit und Genauigkeit dieser so lebendigen wie sachlichen, unpathetischen aber wohlklingenden Prosa eines bedeutenden Stilisten, der sich an Goethe, gewiß auch an Alexander v. Humboldt zu schulen gewußt. Aufschlußreich ist auch die aus Einzelzügen herausgetriebene Verallgemeinerung, die Eigentümlichkeit, raffend und bewegt Kontraste einzufangen, mit Appositionen und Partizipialkonstruktionen die gedrängte Darstellung beweglich zu gestalten und zu gliedern. So auch der römische Über-Blick im Kapitel ›Architektur und Gärten‹, wo es heißt: „Alles aber, altes wie neues Gemäuer, Säulen wie Paläste und Kirchen, Trümmer des Alterthums wie die Werke mittelalterlicher Barone und der Päpste, ist in den Sonnenton der südlichen Landschaft getaucht, drückt, wie diese, nicht excentrischen Schwung, sondern ruhiges Dasein aus und ist, wo die Hand des Menschen etwa irrte, von der Natur selbst in ihre Einheit zurückgeführt und rein gestimmt."

Daß ihm die Gegenwart so wenig gleichgültig war wie etwa Alexander v. Humboldt, zeigen nicht allein die ausführlichen politischen Erörterungen in dem jeweiligen Nachwort (1866 und 1878), sondern auch eine zugespitzte aphoristische Sentenz läßt es erkennen, die sich im Kapitel ›Pro Populo Italico‹ findet: „Nur die Freiheit erzieht den Charakter, nur das öffentliche Leben bildet Männer, nur die weiteren Verhältnisse eines grösseren Staates erzeugen Menschen von weitem und grossem Sinn."

Nachdrücklich, fest, fast abweisend auch, klingt der noch immer beherzigenswerte, den Bädeker ergänzende Ratschlag: „Praktische Naturen, deren Philosophie grober Empirismus ist, werden überall mehr lernen und geniessen, als in den Ländern am Mittelmeer. [...] Wem die Gabe der Phantasie nicht zu Theil geworden ist und wer nicht durch klassischen Unterricht von früh auf gelernt hat, sie an der Einfalt und Strenge antiker Dichtung und Sprache zu zügeln und zugleich zu vertiefen, dem kann ein Boden nichts bieten, wo alles verlangt, als Bild gesehen zu werden." Diesem Verlangen wußte Hehn nachzugeben wie nur wenige.

Er bezeichnet sein Italien-Buch selbst als eine „Reihe von Bildern", deren jedes ein Ganzes darstellen sollte. Er geht bei der Vorbereitung der 2. Auflage (1879) auch auf kritische Einwände ein, insbesondere auf den verständlichen Vorwurf, Natur, Land und Menschenleben in verschönerter Weise wiedergegeben zu haben. Es könnte daran wohl etwas Wahres sein, räumt er ein und fügt erklärend hinzu: „Stellt man sich aber das Publikum vor Augen, welchem das Buch zugedacht war, so wird man finden, dass der Verfasser bemüht gewesen ist, das Gewicht so zu vertheilen, dass die Schalen möglichst gleichschwebend würden. Zu Harthörigen spricht man lauter und der voreingenommene und abgewandte oder auch nur kalte und gleichgültige Leser wird schon selbst den Abzug vornehmen, den die Wahrheit der Sache fordert." Die Erläuterung hat wiederum leicht polemischen Charakter, es ist offenkundig, daß der Verfasser seinem Publikum nicht schmeicheln will. Und nicht ohne Resignation nennt er sein Buch dann nur noch ein Zeugnis mehr dafür, daß es Einzelne gibt, die, einer klassischen Tradition verpflichtet, sich nicht mit dem jeweiligen Partikularen ihrer beruflichen Betätigung begnügen wollen, sondern danach streben, ihr ungeteiltes Menschenwesen zu entfalten, die also „aus der Dürre der Technik und Mechanik, des gemeinen Verstandes und groben Nutzens gern zu Kunst und Alterthum, zu der Naturgestalt und uralten Kultur des Südens wie zu einer reinen Bildungs- und Lebensquelle flüchten". Die Gefahr wird erkennbar, daß in der Epoche der Industrie und des ökonomischen Denkens die Welt des Altertums, die klassische Bildung, die Erfahrung des Südens zur bloßen Kompensation herabsinkt und zur illusionären Tröstung einer gegenwartsfernen Elite. Das Nachwort läßt aber auch erkennen, daß Hehn sich bewußt war, ein Italien zu schildern, das schon dabei war, sich auf vielleicht allzu stürmische Weise unwiderruflich zu verwandeln.

Das Selbstverständnis Hehns als Schriftsteller, als Prosaautor, findet im Vorwort zur 2. Auflage seines Buches über ›Kulturpflanzen und Hausthiere‹ auf ihrem Weg von Asien nach Europa mit dem Blick auf die Reaktionen, welche diese „Historisch-linguistische Skizzen" bei ihrem ersten Erscheinen hervorgerufen hatten, in aufschlußreicher Weise seinen Ausdruck. Hier heißt es in distanzierter Rede: „Der Verfasser gegenwärtiger Schrift schmeichelt sich mit der Hoffnung, ein Buch geschrieben zu haben, das indem es dem Gelehrten genug that, doch zugleich lesbar und verständlich wäre, – etwa wie über der Thür französischer Gasthäuser steht: ici on loge à pied et à cheval. Doch das mag in Frankreich angehen, bei uns ist das Unternehmen gefährlich. Der Fachmann zuckt die Achseln und ruft mitleidig: ein elegantes Buch – und man weiss, was er darunter versteht; der sogenannte Gebildete sagt: ganz interessant, nur Schade, dass so viel Griechisch drin ist – –" Ins Ungenießbare freilich hat V. Hehn das Buch denn doch nicht übersetzen wollen; er meinte, davon gebe es bereits genug. Man kann diese Selbsterklärung ohne Willkür auch auf das Buch über Italien übertragen, das, indem es dem Fachmann wie dem gebildeten Liebhaber Genüge leistet, ein Werk sui generis geworden ist – und bis heute noch nicht übertroffen.

Auffallend ist allerdings, und das darf nicht unerwähnt bleiben, daß V. Hehn den religiösen Phänomenen und ihrer Gegenwart in Heiligenverehrung, Festen, Prozessionen, der in Brauchtum und Alltag hineinwirkenden Frömmigkeit keine Aufmerksamkeit schenkt. Das mittelalterliche Rom, das Wirken der Päpste findet so gut wie keine Erwähnung. Es ist, als ob der Verfasser der ›Ansichten und Streiflichter‹ absichtlich den Blick davor verschließt, und er tut dies wohl um der eindrucksvollen Kontinuität einer noch älteren Vergangenheit willen.

Aber er weiß, daß dieses Land, das er mit verhaltenem Enthusiasmus beschreibt, einer Zukunft sich geöffnet hat, die er wohl bejaht, die ihm aber auch jenen Zauber – „weihevolle Stimmung" sagt er sogar einmal – schon geraubt hat, der es so lange umgab und der fortan durch die prosaische Wirklichkeit der modernen industriellen, nationalstaatlichen und demokratischen Zustände ersetzt werden sollte. „Er wird und muss also kommen, der Tag der Trauer, wo der stille elegische Zauberhauch, der die sieben Hügel und die von ihnen getragenen Säulen, Bogen und Giebel und das vor den Thoren sich ausbreitende einsame Gefilde umweht, dem gemeinen Lärm moderner Staatsverrichtungen weicht, wo befehlshaberische Civil- und Militäruniformen, grade Linien, Gesundheits- und Reinlichkeitspolizei, vielleicht gar rauchende Schlote die reizenden Szenen des Volkslebens und die idealen Landschaftsbilder entheiligen." So heißt es schon im 1. Nachwort (1866) – die „widerwärtige Eisenbahn" ist bereits bis nach Rom vorgedrungen. Was weiterhin geschieht, ist vorhersehbar: „Die Bauten und Schöpfungen der Jahrtausende der Priesterherrschaft werden eine zweite Ruinenwelt bilden, neben der sich eine neue Zeit ansiedelt, und Rom wird wieder einmal zerstört werden, um einen dritten Lebensabschnitt zu beginnen und ein anderes Antlitz zu tragen!"

So lesen wir dieses Buch von Victor Hehn notgedrungen und nicht ohne Bedauern doch als ein Werk von gestern, ja von vorgestern, und wenn es der Gegenwart nicht mehr voll entsprechen kann, so lebt es doch fort durch den Glanz der Darstellung, die Ruhe und Klarheit dieser seiner Prosa, durch die darin eingegangene Intensität der Vergegenwärtigung und, wenn man will, durch die darin liegende große Sympathie.

Rudolf Borchardt, der sich in seinem ›Villa‹-Essay wiederholt auf Victor Hehn bezieht, beginnt seine klassisch gewordene Prosaarbeit über diese architektonische Verkörperung der italianità mit dem herausfordernden, eng an Hehn angelehnten Satz: „Das Italien unserer Ahnen ist, wie man weiß, seit die Eisenbahnen es für den Verkehr erschlossen haben, eines der unbekanntesten Länder Europas geworden." Das Italien unserer Ahnen, das uns so ferngerückt, es ist das Goethes und das Victor Hehns.

R.-R. Wuthenow